哲学宗教日記

1930-1932／1936-1937

ルートヴィッヒ・ウィトゲンシュタイン
鬼界　彰夫 訳

講談社学術文庫

学術文庫版まえがき

哲学者ウィトゲンシュタインは生涯に二度だけ日記というものを書いた。最初の日記は第一次大戦従軍中に、後に『論理哲学論考』として結実する哲学的思考が記入されたノートの反対側のページに書かれた（邦訳『秘密の日記』春秋社、二〇一六）。第二の、そして最後の日記は独立した専用のノートに一九三〇―三二年、一九三六―三七年の期間書かれた。本書はその最後の日記の全訳である。最初の日記がウィトゲンシュタインの戦争体験のリアルな内的記述と呼べるとすれば、この日記は『論理哲学論考』から『哲学探究』への巨大な思想的変遷を実現するために哲学者が潜り抜けなければならなかった魂の内的な葛藤と闘いの、血がにじみ出るような生々しい記録だということができるだろう。

『哲学探究』という書物に関心のある読者に対して本日記は、この高名な哲学書に隠されながらもどこかに漂っている著者の実存の響きというものが生み出された現場を提示するだろう。だがなにより本日記は、哲学的思考の可能性というものが思考者自身の生（実存）の質に深く依存していることを身をもって示すことにより、哲学がいかに真剣なものなのか（ものであらざるをえないのか）を我々に教えるものだ。

このように広い読者に対して大きな意味を持っている本日記邦訳（二〇〇五）は品切れのため残念ながら長い間入手困難だった。今回、本書が学術文庫化されたことは訳者にとって大きな喜びであることは言うまでもないが、ウィトゲンシュタインに関心を持つ多くの読者にとっても小さからぬ朗報となると確信している。本日記の原編者イルゼ・ゾマヴィラによる丁寧なコメンタールは、著者ウィトゲンシュタインの私生活と彼の時代・文化に関する詳細な説明を提供している。それは哲学者がこの日記を記した現場へと時空を超えて読者を連れゆき、日記の各文を極めて身近なものに感じさせるだろう。

なお今回文庫化にあたり、原本のページの体裁が技術的理由により一部変更された。詳しくは凡例を参照されたい。また今回数ヵ所で訳文の脱落と誤りが見つかったが、特別に断ることなく修正した。読者のご了解をお願いしたい。

二〇二四年七月

訳者

目次

はじめに

ウィトゲンシュタインの死後四〇年以上の歳月を経た一九九三年、彼が生前にしたためた一冊の分厚い日記帳が「発見」された（「発見」に至る経緯については「編者序」参照）。本書はその日記帳の全訳である。後に「MS 183」と命名されたこの日記帳は、それ以前は存在すら知られていなかったものだが、これまで十分に明らかでなかったウィトゲンシュタインの内的な精神生活、彼の宗教体験、そして彼の哲学的変遷の過程に新しい光を当てるものである。

周知のようにウィトゲンシュタインは『論理哲学論考』と『哲学探究』という、内容においても方法においても、そして文体においても対照的な二つの主著を世に残した。前者から後者への巨大な思想的変遷は明らかに一九三〇年から一九三七年の間になされたのだが、この過程に関する従来の資料は決して豊富なものではなかった。それに対して本日記は、まさにこの期間、新しい思想を生み出そうとしたウィトゲンシュタインが直面しなければならなかった精神的・宗教的体験とそれをめぐる思索の記録を提供している。本日記がこれまでのウィトゲンシュタイン像に欠けていた部分を補い、謎に包まれたこの哲学者の、より包括的な理解の道を拓《ひら》くきわめて重要な資料であることに疑いの余地はないだろう。それがウィトゲンシュタイン研究に対して持つ価値は計り知れないと言わなければならない。

しかし本日記は、哲学者ウィトゲンシュタインのより良き理解という観点を離れても読まれうるし、本来そのようにこそ読まれるべきものであるように思われる。というのも、ここで自らの精神的苦闘を記録しているのは、二〇世紀を代表する大哲学者であるというよりは、むしろ臆病で、虚栄心の強い一人の悩める人間だからである。にもかかわらず、この人間は常にありのままの自分を見つめ、可能な限り真剣かつ純粋に生きようとした。幾度となくくじけながらも、その度もう一度立ち上がり、よろけながらも歩み続けた。こうした生の戦いの純粋に私的な記録というべき本日記は、同様に臆病で、虚栄心の強い者たちの生に、すなわちわれわれすべての生に不思議な光と励ましを与える文書である。それは自らに課せられた特異で困難な内的生をどこまでも生き抜こうとした人間が、同時代を生きる者たちに（おそらくある根本的な理由から、日記帳の運命をあえて偶然の手にゆだねることにより）、期せずして遺した心の贈り物として広く読まれうるだろう。このように考えたことこそ、訳者が自らの非力を顧みずあえて本日記の翻訳に携わった理由である。本日記を独語原版の持つ高水準の学術的厳密さを損なうことなく、日本のできるだけ広い読者層に理解可能なものにするという目的には、あまりにも不十分な訳者の能力を、編者イルゼ・ゾマヴィラ女史の詳細にして優れたコメンタールが補ってくれることを切に望みたい。

二〇〇四年一二月

訳者

編者序

ここに刊行されたテキストは、ルートヴィッヒ・ウィトゲンシュタインが一九三〇年から一九三二年、および一九三六年から一九三七年にかけて記し、つい最近になってはじめてその存在が知られるようになった日記帳を再現したものである。ゲオルグ・ヘンリク・フォン・ライトによって編集された「ウィトゲンシュタイン遺稿目録」にもこの日記帳はまったくリストアップされておらず、遺稿番号を付けた上で「所在不明」と記載されてもいない[1]。今では広く知られるようになったように、この日記は『論理哲学論考』のタイプ原稿の一つ、「倫理学講話」の手稿、『哲学探究』の手稿――所在不明と見なされていたMS 142――とともにグムンデンでウィトゲンシュタインの姉マルガレーテ・ストンボローが所有していた。弟の死後マルガレーテは上記の文書をルドルフ・コーダー、エリザベス・コーダー夫妻に思い出の品としてゆだねた。

ルドルフ・コーダーは[オーストリア]ニーダーエステライヒ州のプッホベルク村の教師であったが、一九二三年当地でウィトゲンシュタインと知り合った。音楽に対する共通の関心を通じて二人の間には深い友情が築かれ、それは一九五一年のウィトゲンシュタインの死まで続いた。

一九九三年末、ルドルフ・コーダーの子息、大学教授ヨハネス・コーダー博士と彼の姉妹マルガレーテ・ビーダー＝コーダー女史（いわゆる「コーダー遺稿」の現在の所有者）とインスブルック大学ブレンナー・アルヒーフの間で接触が持たれた。

その後、コーダー教授は彼の両親が所有していた遺稿の中の日記帳を出版することをブレンナー・アルヒーフに委託した。

＊　＊　＊

ウィトゲンシュタインには、しばしば自分の哲学的思考過程を同時に何冊かの手稿ノートに記入する習慣があったが、そこには時として個人的な性格の省察や文化史的内容の省察が混じっており、時にはそれらのうちの長短様々な長さが暗号体で綴られている。

その際しばしば同じ思考が、しかも時には同じ文書で異なった箇所に登場する。同様に本日記帳には、遺稿中の様々な手稿で見出される種々の考察が登場する。この点でこの日記帳はとりわけウィトゲンシュタイン研究者に対して大きな意義を持っており、彼の全著作との対照が望まれる所である。しかしながら本日記帳の極めて個人的な記述を通じて、同時に「人間」ウィトゲンシュタインに対する洞察がもたらされる。そして（最近になってようやく体系的に考察されるようになった）彼の生の問題と哲学的な思考法の間の密接な関係が明るみに出てくるのである。加えて本日記帳により、ウィトゲンシュタインの根本的な思考法の連続性が明らかとなるだろう。つまり第一次世界大戦中に彼がすでに没頭していた問題、そして『草稿 1914–1916』と『秘密の日記』の出版によってわれわれに知られるようになった問題が、二〇年以上の時を経て再び登場するのである。だがこの手稿ノートは単に学術的志向の読者に対してばかりでなく、これまでウィトゲンシュタインの著作に、あまり、あるいはまったく親しんでいない読者にとっても興味深いものである。幅広いテーマに及ぶウィトゲンシュタインの考察を通じ、読者は彼の思考と人物に近づくことができるのである。

ウィトゲンシュタインの省察は、単純な文体であるにもかかわらず、表現の明快さと思考の深みによって人を魅了するものであるが、その対象は芸術、文化（とくに音楽）から倫理・宗教的な問いにまで及んでいる。

これらの省察はしばしば覆いをまとって生み出されている。すなわちウィトゲンシュタインは絵画的比喩を用いて書いており、それによって自分が終生抱き続けた語りうるものの限界に関する見解を暗示しており、「示し」、証示している。

彼の言語に対する格闘が倫理的な基礎を持つものであることが、そして彼にとって哲学的明晰さを求めるとは、自分自身に対する明晰さを求めることであることが示されている。

それゆえわれわれはこの日記を読むにあたって、「倫理学と美学とは一つである」（『論考』6.421）というウィトゲンシュタインの見解を念頭に置くことができるのである。ウィトゲンシュタインの意味での芸術、倫理、宗教の問題が属する「語りえぬものの領域」がきわめて重要であることは、彼の生涯を通じて示されている。

この日記における「事実の世界の外側」の領域、すなわち「世界の意味」に対するウィトゲンシュタインの取り組み（つまりウィトゲンシュタインの宗教的思考）がところどころにおいて、すでに出版されている『秘密の日記』と『雑考』（*Vermischte Bemerkungen* 邦訳：丘沢静也訳『反哲学的断章』青土社、一九九九）と類似しているのは事実である。しかし「魂の苦しみ」（ウィトゲンシュタインは宗教的体験をこう呼んだ）、つまり語ることができ、科学的に説明可能なものの限界に向かっての内的な苦悩を、この日記におけるような著しい緊迫感と信憑性をもってウィトゲンシュタインが表現している著作は他には存在しない。

この日記に示されているウィトゲンシュタインの根本的な思想の連続性を無視して、彼の哲学的営為における硬直や停滞を口にすることはできない。むしろ逆に哲学的問題に対する彼の取り組みがダイナミックな過程であることがここには示されているのである。彼の思考に停止や「休息」はありえないのであり、自分自身を源泉としながら彼の思考は常に「運動」し、更新されているのである。

このダイナミズムは書くという過程にも現れている。絶えることのない、そして倦むことのない変更と書き直しの中に、彼の人格的・哲学的な多動性が認められる。きわめて慎重にすべての語を選び、きわめて慎重にすべての文を推敲するという彼の特徴、あらゆる思考過程や状況を多様な角度から考察するという彼の特徴、それらの特徴の結果として彼のテキストは多数の「異稿」とバージョンを伴うものとして作成されたのである。

本書の編集においては、近年になってはじめて、しかも多くの場合、端緒的にのみ注意が向けられるようになった、こうした言語的側面に考慮を払った。本書は、ベルゲン大学ウィトゲンシュタイン・アルヒーフで開発された転記法を用いて、ウィトゲンシュタインのテキストを原文に忠実に再現している。「異稿」も含めたウィトゲンシュタインの文体と執筆過程の再現により、読者はウィトゲンシュタインの思考過程を（彼の哲学的営為における「思考運動」を）生き生きと追体験できるはずである。

注

（1）この日記帳は一九九六年にG・H・フォン・ライトによりウィトゲンシュタインの哲学的手稿として認められ、それ以降MS 183と定められた。

編集ノート

編者序でも触れたように、この日記はコーダー夫妻が所有していた遺稿の中から見つかったものである。それはクロス装の手稿ノートであり、二四四ページ、つまり一二二葉の罫線の入った二二・五×一七・五センチ判の紙からできている。ウィトゲンシュタインは一－一五七ページを鉛筆で、ただしその中の一四六－一四七ページと一五七ページを一部インク、一部鉛筆で、一五八－二四三ページをインクで書いている[1]。

日記帳の一－一四二ページはケンブリッジで書かれた（時期は一九三〇年四月二六日から一九三二年一月二八日まで）。一四二－二四二ページはショルデンで書かれた（一九三六年一一月一九日から一九三七年四月三〇日まで）。二四二－二四三ページ、つまり一九三七年九月二四日の記入は同じくショルデンで書かれた[2]。

ショルデンで記入された部分は一部暗号体で書かれている。『草稿一九一四－一九一六』［MS 101, 102, 103］では形式的区分（通例ウィトゲンシュタインは左ページに暗号体で［日記的記入を］、右ページに普通の表記法で［哲学的考察を］書いていた）が認められるのに対して、ここではそうした区分はない。ウィトゲンシュタインは普通の表記と暗号表記で書かれた長短様々な段落を入り混じらせながら書いている。

あたかもウィトゲンシュタインは秘密にしておきたいきわめて個人的な内容の部分を暗号で書いたかのような印象がしばしば存在するが、すべての暗号体テキストにこの基準が当てはまるわけでは決してない。まったく差し障りのない叙述や哲学的考察が時として暗号で書かれている。

ただほとんどの場合、その背後にこめられた意図が存在していた。ウィトゲンシュタインは自分にとってとくに大切な思考を、急ぎ足のうわべだけの読者がすばやく読んでしまうことから護るために覆い隠すつもりだったように思われる。MS 157a［p.58r］の次の箇所はこうした推測の正しさを示唆している。「容易に流れるように読める文書の効力と、書けるものの容易には解読できない〈読めない〉文書の効力には大きな違いがある。後者において人は思考を、いわば手提げ金庫にしまいこむのである」。［〈 〉内は異稿を示す］

＊＊＊

この日記帳の原文の活字への転記は、ベルゲン大学ウィトゲンシュタイン・アルヒーフによって、機械解読可能な版を全遺稿に対して作成するために開発されたコンピューターシステムMECS-WITを用いて行われた。MECS-WITはウィトゲンシュタインの特異な書記法を、多数の修正、抹消、挿入、書き直し、等を保存しながら原文に忠実に再現するという構想の下に設計されている。(3)

この版では、読者の多様な必要と関心にそうように、原文を二種の転記形式で、つまり「標準化版」と「文献学版」(4)によって提供する。［邦訳では文献学版を割愛した］

標準化版、あるいは読書版、と呼ばれているものは、そのままでは時として理解困難な箇所、つまり読みづらい箇所を容易に読めるようにするためのものである。

以下の本文では、ウィトゲンシュタインによる異稿中の最後のものが再現され、異稿全体は書かれた順に脚注［本文庫版では、〈 〉に入れ、本文中に挿入した］に記録されている。ウィトゲンシュタインが反復を避けるために同じ文字列を点々で代用している場合、主テキストの点々に対応する箇所を完全な文字列で再現し、編集上の処理が為されたことを示すためにボールド体を用いた［邦訳ではボールド体表記はすべて割愛した］。異稿を示すために後でウィトゲンシュタインが用いた鉤カッコや二重斜線は本文を読む妨げとならないよう標準化版では省かれている。

これに対して文献学版では、これらの文字列と共に、代用として用いられた点々もそのまま保存されている。そこでは文書が現実に書かれた過程が記録されている。すなわちいわゆる主テキストとして最初に書かれたバージョンが示されると共に、書き加えられた異稿や上書きされた異稿が原文で記入されている通りの箇所に示されている。

標準化版ではウィトゲンシュタインの原稿を最新標準のドイツ語正書法に従って改めるというノルウェーで用いられている方法とは異なり、本書編集に当たっては、ウィトゲンシュタインの誤記（その多くは速く筆記された場合の見落とし等に起因する）を、"ins"の代わりに"in's"を用いる（例えば"ins Reine Kommen"の場合など）といった彼独特の習慣的書法と共に原文に忠実に再現した（"der Beste Zustand", "zum umschnappen", "des guten und des rechten"等）［誤記に関する情報は邦訳ではすべてコメンタールに収めてある］。大文字と小文字の特異な使用法も、それが意図的なものなのか、不注意によるものなのか、それとも正書法上の知識の欠如によるものなのか解明できないため、原文を尊重した。ウィトゲンシュタインが用いた"und"の略号"&"もそのまま残した。

一九世紀から二〇世紀への世紀の変わり目に際してドイツ語正書法の改革が行われたが、ウィトゲンシュタインが多くの綴り方において改革以前の書法を踏襲している事実は、新書法への移行には時間が掛かったことを示している。改革に従うなら〝k〟や〝z〟と綴るべき所を彼はしばしば"Conzert", "Correlat", "Concentrieren", "Scene"等のように〝c〟と綴っている。〝e〟を二つ重ねる"seelig"の綴り方や"Ware"の代わりに"Waare"とする綴り方、"Nymbus"のように〝i〟の代わりに〝y〟を使う綴り方や"Thaler"のように〝t〟の代わりに"th"を用いる綴り、ウィトゲンシュタインのこれらの綴り方は古い正書法の遺物と見なさなければならない。

あまり知られていない表現や当時のオーストリア方言、つまりウィーン方言でしか使われない表現（“Übelkeit”の代わりに“Übligkeiten”を用いたり、“sich fangen”の代わりに“derfangen”を用いるといった）は本文ではそのまま残し、コメンタールで説明した。

作曲家マーラー Mahler の綴りに〝h〟が抜けているといった書き間違いや筆記の流れの中で“seit”の代わりに“sei”と書かれている場合、あるいは“schwerer”といった語の代わりに“schwerere”と書かれている場合に限り、誤りを修正し、それをボールド体［本訳書では割愛］で示した上でコメンタールで説明した。

判読が困難で、編集者が適切と思われる読みを採用した箇所についてはコメンタールでその旨示されている。

暗号体表記：

ウィトゲンシュタインは本手稿ノートにおいて幾つもの箇所を暗号体で書いているが、彼の「暗号」自体の解読は簡単である。それは単純にアルファベットを逆にしたものであり、〝a〟が〝z〟を意味し、〝b〟が〝y〟を意味し、……、というものである。例外は〝r〟と〝n〟であり、〝r〟は〝i〟または〝j〟を意味し、〝n〟はそのまま〝n〟を意味する。

ただしウィトゲンシュタインの暗号の使用は必ずしも常に首尾一貫しているわけではないので、個々の語や文の理解を著しく妨げるような誤りが時に生じている。こうした誤りは次のような根拠に基づいて修正した。

つまりウィトゲンシュタインが暗号体で書くべきところを誤って普通の表記を用いた場合、例えば〝h〟（これは暗号体では〝s〟を意味する）の代わりに〝s〟と書いている場合、この文字は暗号に即して修正したうえで表示した。こうした編集上の操作はボールド体［本訳書では割愛］で示した。ウィトゲンシュタインは〝ß〟を暗号体で常に“hh”と書いているので、〝ß〟の代わりに“ss”と表記した。

普通の書体で書かれているテキストから区別するため、暗号体のテキストは斜体で印刷した。［邦訳においても斜体は暗号体テキストを示す］

変音（ウムラウト）：

筆記の流れの中でウィトゲンシュタインはしばしばü、ä、ö、へのウムラウト記号を書き忘れたように思える。これらは標準化版では修正し、文献学版では原文のまま再現した。暗号体箇所でのウムラウト記号（ü、ä、öの代わりとしてのf、z、m、の上へのウムラウト記号）は文献学版でも再現されていない。

句読点：

ウィトゲンシュタインの句読点の使用法は多くの場合標準的でなく、しばしばそれは意図的に用いられている[5]。

それゆえ本書で句読点は、単なる書き間違いにすぎないと思われるいくつかの場合を含めて修正しなかった。

引用符：

ウィトゲンシュタインは引用符を下につけたり、上につけたりしている。それらは文献学版では原文のまま再現し、標準化版では標準表記に改めた。一重引用符と二重引用符の区別はどちらの版でも

保存した。［邦訳では書名以外の引用符はすべて「　」で表現した］

下線：

これまでドイツ語で出版されたウィトゲンシュタインの著作での下線［邦訳では傍線］は、大部分がズーアカンプ社版で採用されている方法（一重下線をイタリックで、二重下線を小ポイント活字の大文字で、三重下線を大ポイント活字の大文字で、三重以上の下線を大ポイント活字と下線で印刷する）にしたがって処理されてきたが、本書ではそれとは異なりウィトゲンシュタインの下線を原文のままに再現した。

ズーアカンプ社版著作集と『雑考』（*Vermischte Bemerkungen* 邦訳：丘沢静也訳『反哲学的断章』青土社、一九九九）の参照がなされているコメンタールにおいてのみ、それらに用いられている様式に従ってテキストが引用されている。［邦訳でも基本的にはそれらの著作の邦訳にしたがって引用した］

表現に対する疑いを示すためにしばしば用いられている波線による強調は点線によって示した。［邦訳でもドイツ語原版に従い、点線は原文の波線（表現の適切性に対する疑いを示す）を、一重傍線は原文の一重下線（強調を示す）を、二重傍線は原文の二重下線（特別な強調を示す）を示す］

小節：

ものを書く場合ウィトゲンシュタインには、通常一行の空行で（ごくまれに二行あるいはそれ以上の空行で）区切られた複数行からなる小節を書き連ねてゆく習慣があった。こうした小節の区切りは本書では原文のまま再現されている［本訳書でもできるだけ再現した］。この日記帳では若干の場合に、新たな日付の前に空行がなく、節と節に区切られていないことがあるが、それはおそらく日付が後から空行に挿入されたためだと考えられる。

行頭字下げ：

　ウィトゲンシュタインはしばしば小節の冒頭や途中で行頭を下げた。これら大小の行頭字下げは文献学版では原文での区別に対応して再現し、標準化版では一律の字下げとした。［本訳書は、標準化版によっている］

ページ番号：

　ウィトゲンシュタインは手稿のページ番号付けを様々な仕方で行った。原則に従って一貫したページ番号が続くこともあれば、ページ番号が欠けているページもしばしば出てくる。本日記帳で彼は、各ページ上部欄外にテキストが挿入されていてページ番号が読み取れない二ヵ所の例外を除き、右側のページ上部中央にページ番号を記入しており、左側のページに番号は記入されていない。文献学版においては、ウィトゲンシュタインによるページ番号が原文の通りに右側ページの上部中央に記されている。左側ページ、つまり裏ページ（verso）には原文ではページ番号が記されていないが、文献学版では“Verso Page 2, Verso Page 4”のようにページ番号が印刷され、右側ページには“Recto Page 3, Recto Page 5”のようにページ番号が印刷されている。

　標準化版においては、原文のページ番号は欄外に各ページごとに示されている。加えて新たなページがテキストの途中で始まる場合は、その始まりを○囲みの数字で示した。［学術文庫邦訳では原テキストのページ番号の欄外表示は技術的理由により割愛した。本文中の○囲み内のページ番号の位置については「凡例」参照］

図版：

一つの夢の説明においてウィトゲンシュタインはイラストを二ヵ所で記入している（原文一二六ページ、一二八ページ）。本書ではそれらを、文字〝f〟の線描（原文二三六ページ）と共に写真版で再現した。

注

（1）Johannes Koder:"Verzeichnis der Schriften Ludwig Wittgensteins im Nachlaß Rudolf und Elisabeth Koder". In: *Mitteilungen aus dem Brenner-Archiv*, Nr.12, 1993, pp.52–54, 参照。

（2）この点について私はヨハネス・コーダーと見解が一致しない。彼はG・H・フォン・ライトを引き、九月二四日のウィトゲンシュタインの記入の場所はケンブリッジだと推測している。ウィトゲンシュタインはMS 118で九月一八日にショルデンからベルゲンへの旅について記しており、次いで九月二二日にフランシス・スキナーをベルゲンまで送っていったことを記し、一〇月一日には彼を再び連れ帰っているのだから、この期間彼はノルウェーに滞在していたはずである。

（3）Claus Huitfeldt:"Das Wittgenstein-Archiv der Universität Bergen. Hintergrund und erster Arbeitsbericht". In: *Mitteilungen aus dem Brenner-Archiv*, Nr.10, 1991, pp.93–106, 参照。

（4）これらは"normalized version"と"diplomatic version"を区別しているMECS-WITにもとづく名称である。

（5）MS 136, p.128b: 1948. 1. 18, の次の記述参照（VB, p.131, よりの再引用）、「じつは私は、たえず〈ひんぱんに〉句読点を打つことによって、読むテンポを遅らせたい。ゆっくり読んでもらいたいのである。（私自身が読むみたいに。）」。［丘沢訳『反哲学的断章』p.188、〈　〉内は異稿］

謝　辞

この場で私は、本書の実現に協力してくださったすべての方々に感謝の意を表したい。

先ずヨハネス・コーダー博士とその姉妹マルガレーテ・ビーダー＝コーダー女史に対して、彼らがブレンナー・アルヒーフに多大の信頼を寄せられ、逝去されたご両親が所有されておられた遺稿中の貴重な手稿ノートを、学術的編纂のためにわれわれの自由な使用に供していただいたことに対して感謝したい。

大学教授ヴァルター・メトラーグル博士と大学教授アラン・ヤニック博士に対しては本書編集の機会を与えていただいたことと、日記帳に関する議論に際して常に関心を寄せていただいたことに感謝したい。

ベルゲン大学ウィトゲンシュタイン・アルヒーフと同所長クラウス・ヒュイットフェルト氏には、氏が開発された転記法MECS–WITを本書で使用することを許可していただいたことに大きな謝意を表したい。ウィトゲンシュタイン・アルヒーフの研究員であるアンジェラ・レクウェイト、ピーター・クリップス、ウィルヘルム・クリューガー、フランツ・ヘスペ、マリア・ソロハブの諸氏には、原稿を校閲していただいたことと、常に快く情報を提供していただいたことに感謝したい。

マルガリート・ド・シャンブリエ女史（旧姓レスピンガー）に対しては、詳細な情報を寄せていただいたことと、ウィトゲンシュタインの女史宛の手紙を提供していただいたことに対して感謝したい。

コメンタールに関する問い合わせについては、ジョン・ストンボロー少佐、ジョナサン・スミス氏

（トリニティー・カレッジ）、オトマール・コスタ博士（インスブルック大学）、フリードリヒ・ヘラー教授（ウィーン大学）、クヌト・オラフ・アマス氏（ベルゲン大学）に感謝したい。

ハイモン出版のベノ・ペーター博士には、責任ある入念な版組みと校正の遂行に対して感謝したい。

遺稿管理人のヘンリク・フォン・ライト教授、エリザベス・アンスコム教授、ピーター・ウィンチ教授、サー・アンソニー・ケニー教授には、本書出版に同意されたことに対して感謝したい。

学術研究助成基金に対しては、大きな財政的援助に対して感謝したい。

一九九七年一月　インスブルック

イルゼ・ゾマヴィラ

凡　例

・本書は一九九三年に発見されたルートヴィッヒ・ウィトゲンシュタインの日記帳（MS 183）の全訳である。
・翻訳の底本には *Ludwig Wittgenstein: Denkbewegungen. Tagebücher 1930–1932, 1936–1937*. Hrsg. von Ilse Somavilla. Innsbruck: Haymon–Verlag, 1997.（Haymon 版）を用い、編者序、編集ノート、標準化版本文、編者による脚注とコメンタール（巻末註）、文献表を訳出した。原文にウィトゲンシュタインによる題名はなく、邦題『哲学宗教日記 1930–1932, 1936–1937』は訳者によるものである。
・○内の番号は、ウィトゲンシュタインの日記帳のその番号のページが始まる位置を示す。原文と訳文でページの始まりの位置を厳密に対応させることは、日独両言語の語順の違い等のため不可能であるが、原則として対応する原文が当該ページの始まりに最も近い句、文、空行の前にページ番号を配した。その際コメンタール各項目の参照ページ番号が原文と訳文で同じとなるよう配慮した。ただし、原文のページが日記の日付で始まる場合には、日付の後にページ番号を配した。
・〈 〉内はウィトゲンシュタインが原文に残した異稿を示すものであり、日本語訳文に反映可能な限りすべて訳出し、違いを翻訳に反映するのが困難な場合は原文のまま示した。上から下に異稿が古い順に並んでいる。
・（ ）内の番号は、各部末の訳注を表す。訳者によるテキストの背景説明、解釈等も、訳注として各部末尾に収めた。なお、訳注におけるページの参照は、原文のページ番号による。

・コメンタールは原文のページ番号によって参照されたい。

・《 》で囲まれた本文内の斜体は、ウィトゲンシュタインが原文を暗号体で書いていることを示す。《 》は見やすさの便のためのものであり、原文には存在しない。ウィトゲンシュタインの暗号コードについては編集ノート参照。

・原文およびHaymon版には、本文内に日付以外の見出しを伴った区切りは一切存在しないが、日本語版では一九三〇—一九三二年と一九三六—一九三七年の二つの時期に応じて本文を二部に区切り、理解を助けるためそれぞれの期間にいたるまでのウィトゲンシュタインの生活史の概略を［これまでの経過］として付した。加えて記入が中断している箇所でその間の出来事の知識が日記の理解に寄与すると考えられる場合も、簡単な経過説明を［この間の出来事］として挿入した。

・本文中の種々の傍線は原文の区別に対応している。一重傍線、二重傍線は強調を、点線は表現の不確定さを表している。詳しくは編集ノート「下線」の項参照。

・［ ］内は特別に注記がある場合を除いてすべて訳者による補足である。

第一部　一九三〇―一九三二

［これまでの経過1］

一九一二年にケンブリッジで開始された六年に及ぶ不断の哲学的思考の成果として、『論理哲学論考』を第一次大戦中の一九一八年に完成させたウィトゲンシュタインは、終戦と同時にイタリア軍の捕虜となり、モンテ・カッシーノの収容所に収容された。第一次大戦中にトルストイの『要約福音書』の「発見」を介した宗教的体験も一因となり、一九一九年ウィーンに帰還後、彼は哲学から離れ小学校の教員として生きる道を選ぶ。一九二〇年よりオーストリア山間部の山村の小中学校の教師となるが、一九二六年に児童に対する暴行事件を起こし、小学校を辞職する（cf. レイ・モンク『ウィトゲンシュタイン1』みすず書房。以下『モンク伝記』と略記。pp.248–249）。ウィーンに戻った彼は一九二六年末より姉グレーテルの住宅の建築に携わるが、この時期にマルガリート・レスピンガーと知り合い、二人の交際が始まる。一九二七年よりモーリッツ・シュリック、フリードリヒ・ヴァイスマンら「ウィーン学団」の哲学者グループとの接触が始まり、一九二九年一月に哲学的活動を再開するためにウィトゲンシュタインはケンブリッジに再び戻った。ウィトゲンシュタインはこの後一九三六年夏まで、学期中はケンブリッジに滞在し、クリスマス、イースター、夏の休暇にはウィーンを始めとするヨーロッパ各地に滞在・旅行するという行動を規則的にくり返すことになる。一九二九年六月には『論理哲学論考』に対してケンブリッジ大学より博士号が授与され、奨学金を獲得し、一九三〇年一月からは講義を開始する。同年のイースター休暇にはケンブリッジ帰還後の手稿ノートをもとに『哲学的考察』を作成し、それに対してケンブリッジ大学より五年間研究助成金が支給されることになる。本日記第一部はこのイースター休暇明けにウィーンからケンブリッジに戻った直後から開始される。

はできない。

一九三〇年四月二六日①

いくばくかの勇気なしには、一度たりとも人は自分自身に関するまともな考察を書くことはできない。

私は時に思う、

自分は一種の精神的な便秘を患っている。それともこれは、腹の中に実はもう何もないのに吐き出したいと感じる時のような幻想に過ぎないのか？

私はとても頻繁に、というか、ほとんど常に不安で満たされている。

私の頭はとても興奮しやすい。今日マルガリートから誕生日にハンカチをもらった。どんな言葉であっても、そのほうが私にはもっとうれしかっただろうし、そしてキスだったらさらにもっとうれしかっただろうけど、それでも私は喜んだ。

今生きている人間の中で、②彼女を失うことは私にとって最も大きな打撃だろう。私は軽はずみでこう言っているのではない。というのも私は彼女を愛している、あるいは愛したいと願っているからだ。

疲れていて考えが湧かない。もっとも到着したばかりの何日間かは、この気候に慣れるまでいつもこうなのだが。とはいえもちろん、自分がこれから絶対に空虚な時をすごさないと言っている訳ではない。

いつ私から奪われるかもしれない一つの才能に、自分の職業がいかに完全に依存しているか考えると、私はいつも恐ろしくなる。きわめて頻繁に、何度もこのことについて考える。とりわけ、一人の人間からいかにすべてが奪われうるかについて、そして、自分がどれだけのものを持っているかを人が決して知ることがないということについて、あらゆるものの中で最も本質的なものに人がはじめて気づくのは、③まさにそれを突然失ったときであるということについて考える。まさにきわめて本質的で、それゆえ、きわめて当たり前であるがゆえに、人はこのことに気づかないのである。ちょうど気管支炎になり、当たり前だと思っていたことが決してそんなに当たり前ではないと分かるまでは、自分が絶えず呼吸していることに気づきもしないように。そして精神的気管支炎には、より多くの種類が存在するのだ。

　私は何度も、あたかも自分の中に何か塊のようなものがあり、それが柔らかくなりそうになると私を泣かせたり、あるいは私がそのときにふさわしい言葉（あるいはひょっとするとメロディーですら）を見出すのであるかのように感じる。しかしこの何か（それは心なのか？）は私の中で革のような手触りがして、④柔らかくはならないのだ。それともただ私が臆病で、体温を十分に上げられないだけなのか？

折れるにはあまりにも弱すぎるという人間が存在する。私もその一人だ[1]。

私の中でおそらくいつか壊れそうで、そして時としてそれが壊れるのではないかと恐れる唯一つのもの、それは私の理性である。

時に私は、自分の頭脳がいつか酷使に耐えられずたわんで[2]しまうのではないかと思う。なぜならその能力に比べて恐ろしいほどのことを要求されているからだ、少なくとも私にはしばしばそのように思えるのだ。

二七日

二三歳ごろまでなら一つだけ独立したベッドで眠ることなどできなかっただろう。⑤仮にできたとしても、壁に顔を向けていなければならなかっただろう。いつこの恐怖がなくなったのかわからない。戦争の時が最初か？

数日前に次のような夢を見た、

私は自分が世話係をしているらしいラバを引いていた。最初、東洋の町と思われるある通りにいて、次にある事務所にいた、そこでは大きな部屋で待たなければならなかった。その前には大勢の人がいる小さな部屋がもう一つあった。ラバは落ち着きがなく反抗的だった。私はラバを短いロープでつなぎ、ラバが壁（私はその上に座っていた）に頭をぶつけておとなしくなればいいと自分は願っているのだと考えていた。私は絶えずラバに話しかけ、⑥その際ラバを「検査官」と呼んでいた。しかも私にはラバをその名で呼ぶことが、馬を「クロ」と呼んだり豚を「ブー」と呼んだりするような普通の呼び方のように思われた。そして私は、「今馬を手に入れたなら〈馬を手に入れるのなら／今馬を手に入れたなら〉、それも検査官と呼ぶだろう」と考えた（つまりラバとの付き合いで検査官という言葉に私はそれほど馴染んでいるのだ）。そこで目が覚めたとき私ははじめて、人は決してラバを検査官と呼びはしないことに気づいた。

私にはラムジーの精神がとても嫌だった。およそ四年前、⑦サセックスのケインズ宅で彼と出会った時の思い出があまりにもひどいものだったため、一五ヵ月前ケンブリッジに来た時には、彼とは付き合えないだろうと思っていた。しかし私がこう言うとケインズは、私が単に論理についてばかりでなくラムジーとうまく話し合えるようになるはずだと思っていると言った。そしてケインズの言っていた通りだったことがわかった。というのもR.〔ラムジー〕と少なからぬことについてまったく良く理解し合えたからである。しかしいつまでも本当にうまく行ったわけではない。R.は本当には熱狂できないこと、あるいは同じことなのだが、本当の尊敬ができないことが、結局私の気分を次第に悪くさせた。他方で私にはR.に対するある種の恐れがあった。他人から考えが提示されたときの彼はきわめてすばやい熟練した批判者であった。しかし彼の批判は何かを助けて先に進ませるものではなく、押しとどめ、酔いを醒ますものだった。ショーペンハウアーが、一つの真理が人間にとって初め逆説として、ついで平凡として現れる二つの長い期間の間の短い時間、と呼んだものがR.にあっては一点になってしまっていたのだ。⑧それだから、人が彼に何かを明らかにしようとして徒《いたずら》に長い間苦労しているのに、その挙句彼は突然それに対して冷淡な身振りを見せ、そんなこと当たり前じゃないか、と言うのだった。しかしその際彼が不誠実だったのではない。彼は嫌な精神の持ち主だったのだ。だが彼は嫌な魂の持ち主ではなかった。彼は音楽を本当に楽しんだし、理解もしていた。そして音楽が彼にどんな影響を及ぼしたかも彼から見て取れた。おそらく彼が何より愛していたベートーヴェンの最後の弦楽四重奏曲の一つの最終楽章について、ここで天が開くように感じる、と彼は私に語った。そして彼がこう語ったとき〈彼について／彼がこう語ったとき〉、それは何かを意味していたのだ。⑨

確かにフロイトは実にしばしば間違っているし、彼の性格はといえば、多分下劣な人間かそれに近いものだろう。しかし彼が言うことの中には、恐ろしく多くのことが含まれている。そして同じことが私にも言える。私が言うことの中には、多くのことが含まれている。

私はだらだらするのが好きだ。おそらく今ではもう以前ほど好きではないが。

二八日

自分が成し遂げてみたい最高のことは、旋律の作曲だろうとしばしば思う。というか、旋律を作ろうとしても自分にはひとつたりとも浮かんでこないことが私には驚きなのだ。しかしそれに加えて私はこう言わなければならない、私に旋律が浮かぶなどというのは多分決して起こりえない、なぜなら、まさにそれにとって本質的な何かが、あるいは本質的なるものが私には欠けているのだから、と。⑩旋律を生み出すことがかくも高い理想として私に浮かんでくるのは、そのとき自分の生をいわば要約できるだろうからであり、結晶化できるだろうからである。そしてたとえそれが小さなみすぼらしい結晶にすぎなかったとしても、それはやはり結晶なのである。

二九日

ある特別な意味で熱狂しているときだけ、私は健康なのだ。そしてそうしたときにも、この熱狂が壊れてしまうのではないかという不安を感じる。

今日、ムーア夫人がブルックナーの第四交響曲に関するひどい批評を見せてくれた。その批評家はブルックナーを罵り、ブラームスとヴァーグナーについて失礼なことを語っていた。犬が大小あらゆるものに吠えるのは当たり前のことだから、最初は何の印象も抱かなかった。⑪しかしそれから私は痛ましく感じた。精神が決して理解されないと思うとき、私は自分がある意味で（変な具合に）触れられたように感じるのだ。

三〇日

収穫乏しく、だらけている。精神的なものについて。この頃つまらない奴が出てきて自分の意見を述べることで、この偉大な者たちはかつてないほどひどく傷ついてしまったと、そんな［昨日のような］時にはいつも思う。こう考えるとき、私はしばしばある種の絶望感に襲われる。――トリニティー［カレッジ］の庭で昨日しばらく座っていた。そこにいる一人一人の中で、見事な肉体的発達と精神性の完全な欠如（理解力の欠如と言いたいのではない）がいかにして同居しているのか私には不思議だった。⑫そして他方で、ブラームス本人の腹は出っ張っていたのに、彼の主題にあふれる力と気品と活力がどうして備わっているのかが不思議だった。それに対し今日の精神には足下の跳躍台が欠けている。
一日中ただ食べて眠りたいだけだ。私の精神が疲れているかのようだ。でも何に？　ここのところしばらく、本当の仕事をまったくしていない。自分がくだらない臆病者のように感じられる。

五月一日

私には何かがはっきりする〈wird／ist〉まで異常なほど長い間かかる。――これはいろんな分野に当てはまる。たとえば他人との関係も、いつも長い時間がたって初めてはっきりする。それはちょうど大きな霧の塊がゆっくりと消えて、対象そのものが見えるのに恐ろしく長い時間がかかるようなものだ。⑬しかしその間私は一度たりとも自分の不明瞭さを完全に意識するということはない。そして突然、事が本当はどうなっているのか、あるいは、いたのかが見える。それゆえ途中ですばやい決断をしなければならないような場合には、おそらく私はまったく役に立たない〈ないのだろう／ない〉。いわば私は、しばらくの間目がくらんでいて、それから初めて目から鱗が落ちるという人間なのだ。

五月二日

講義で聴衆の機嫌をとるために、私はしばしばちょっと面白い言い回しを使う。進んで私に耳を傾けてくれるように、聴衆を喜ばせようとするのだ。これは確かに悪いことだ。

自分がしていることの成功や価値がどれほど自分の素質に依存しているかを考えて、しばしば私は悩む。⑭コンサートの歌手以上に悩む。いわば私の中には何も蓄積されておらず、ほとんどすべてが瞬時に生み出されなければならないのだ。思うに、これはきわめて異常な種類の活動あるいは人生である。

自分がきわめて弱いため、私は並外れて他人の意見に左右される。少なくとも行動に際してはそうだ。自分を持ち直すだけの十分な時間があるのでない限り。

誰かが私に述べるやさしい一言や好意的な笑顔は、長い間気持ちよく励ましたり、保証するような影響を私に残す。そして不快な、つまり好意的でない言葉も同じように長い間気持ちをくじくような影響を残す。⑮

そんな時一番いいのは自分の部屋で一人過ごすことだ。そこで自分のバランスを回復させるのだ。神経がなお印象をひきずっているとしても、少なくとも精神的なバランスを回復させるのだ。
私にとって最良の状態とは熱狂の状態だ。笑うべき考えを熱狂は少なくとも部分的に食いつくし無害なものにするからだ。
私がするすべてのこと、あるいはほとんどすべてのことは、そしてこのノートへの記入は、虚栄心に染まっている。そして私にできる最良のこととは、言ってみれば虚栄心を切り離し、孤立させ、虚栄心が常に見つめていてもそれを無視して正しいことを行うことだ。虚栄心を追い払うことは私にはできない。時にそれが不在となるだけだ。⑯
マルガリートのことをとても愛している。もう一週間も彼女から手紙が来ないので、彼女の具合が良くないのではとても不安になる。一人のとき繰り返し彼女について考えるが、一人でなくてもそうだ。私がもっときちんとしていれば、彼女への愛ももっときちんとしていただろう。それでも今彼女のことを精一杯心から愛している。心から、というのは多分私にもできる。だが、きちんと、というのはできない。
五月六日
シュペングラーの『[西洋の]没落』を読む。一つ一つをとってみれば無責任なところもたくさんあるが、多くの本物の重要な思想を見出す。多くは、多分ほとんどは、⑰私自身が考えてきたことに完璧につながっている。同時に眺めると一つが別のものの継続であるかのような複数の閉じた体系の可能性。

そしてこれらすべては、どれだけのものが人間から奪われうるのか、あるいは人間に与えられうるのかを我々はまったく知らない（考慮していない）のだ、という思想と結びついている。

つい最近〔トーマス・マンの〕『ブッデンブローク家の人々』で偶然チフスについて読んだ。そしてハンノB.が最後の病気で、どんなふうに一人の友人を除いて誰もわからなくなったかについて読んだ。そこで私の注意をひいたのは、一般に人がこのことを当たり前とみなし、当然だ、いったん脳がそこまで損なわれたら、そうなるのはまったく当然だ、と考えているということである。⑱だが、なるほど現実には我々が人を見て誰か認識できないというのは普通に起こることではないとはいうものの、我々が「認識」と呼ぶものは、それを失っても劣等とみなされることなく突然失われうる一つの特殊な能力に過ぎないのだ。私が言いたいのはこういうことだ。我々が人間を「認識する」のは当たり前のことであり、もし誰かが人間を認識できないとそれは完全な崩壊である、と我々は考えているように見える。しかしこの認識という石が建物から欠けることは実際にありうるのであって、その場合も崩壊が問題になったりはしないのだ（他方この思考はフロイトの思考と、⑲言い間違いに関する彼の思考と近い間柄にある)。

つまりこういうことだ。我々は自分たちが持っているものすべてを当たり前とみなしており、自分の理性の完全性にとって不可欠に見えるので個別特殊な能力とは決して思っていないしかじかの物[3]がたとえ無くなっても、自分たちは完全でありうる、ということをまったく知らないのだ。

シュペングラーが彼のすばらしい思想にとどまらずに、自分が責任をもてないほど遠くに行ってしまったのは残念なことだ。たしかに、もっと潔癖であったなら彼の思想は理解しにくいものになっていただろう。しかし同時に、そうすることによってのみ思想は本当に持続的な影響を及ぼしうるのだ。一六―一七世紀に弦楽器の形は最終的なものとなったという思想が巨大な影響力(そして象徴的意義)を持っているのも、そのようにしてなのだ。⑳ただ大多数の人間は、誰かがこうした思想を多くの付随物なしに示しても、そこに何も見ないのである。それはちょうど、人間は無際限に発達し続けると信じている者に、誰かが次のように言うようなものだ、「見なさい、子供の頭蓋骨は…年でくっついて閉じる。これは、どのような発展でも終わるものだということを示している。そこで発展するものは閉じた全体であり、いつか完成するものであって、好きなだけ伸ばせるソーセージのようなものではないのだ」。

㉑一六年前に、因果法則それ自身は無意味であり、因果法則を考慮しない世界の考察が存在するという思想を抱いたとき、私は新時代の始まりを感じていたのだ。

ある点で私はとても現代的な人間に違いない。というのも映画が私に異常に快く作用するからである。私にはアメリカ映画ほど適切な精神的休息を想像することはできない。見るものと音楽が、多分〈ほぼ／多分〉幼児的な意味での、だからといって決して弱くはない幸福な感覚を与えるのだ。私がしばしば考えたり、述べたりしているように、㉒総じて映画とは夢に良く似たものであり、フロイトの思想〈方法／思想〉を直接適用できる。

一つの発見は偉大でも卑小でもない。それが我々に何を意味するのかが問題なのだ。

我々はコペルニクスの発見に何か偉大なものを見る。それはその時代にとってその発見が大きな意味を持っていたことを我々が知っているからであり、おそらくはそれに加えて、その意味の残響が我々にまで届いているからである。そして類推によって我々は今、アインシュタインの発見、等も少なくとも同じくらいに偉大なものだと推定する。しかしそれらは、大きな実践的価値を持ち多面的な興味を引くとしても、㉓（象徴的な）意味を持つ度合いに応じてのみ偉大なのである。それゆえ当然のことながら、事は――例えば――英雄的精神についてと同じなのである。正当にも、古い時代の闘いは英雄的行為と賞賛される。しかしながら、それと同じくらい困難な、あるいはもっと困難な今日の闘いが、純粋なスポーツであって英雄的行為と呼ぶにはふさわしくない、ということが十分にありうるのである。困難さ、実践的意味、それらはすべて、いわば外側から判断されることである。偉大さ、英雄的精神、それは行為の持つ意味によって決定される。行為の様式と結びついた熱情によって決定される。

しかし特定の時代や人種は、まったく特定の行為様式と熱情を結びつけるので、人間は誤って偉大さと意味がその行為様式に宿っていると信じるのである。㉔そして常にこの信念は、大激変により価値の転倒が起こるときに初めて、つまり本当の熱情が別の行為様式に宿るようになって初めて馬鹿げたものになるのである。そして、おそらくは常に、新しい洞察がやがて当たり前のことと見なされ、「当たり前だが、これらの古い紙幣は無価値だ」と人が言うようになるまでは、古く、今や無価値となった紙幣が流通し続け、まったく誠実というわけではない人々によって、偉大で意味あるものの代わりとして使用されるのである。

ある時代には象徴的意味を持つ飲酒という行為が、別の時代には飲んだくれることとなる。すなわちこういうことだ。輝き、つまり本当の輝きとは、㉕外的な事実に、つまり事実に付着しているのではない。

「俺たちをならず者にする悪党本人ども！」[4]、哲学の講義では、しばしばこう言える。

八日

私は一度もふざけたことがないし、多分これからも決してそうすることはないだろう。それは私の性分に合わないのだ（すべての本性的なものと同様に、これが短所だとも長所だとも私は思わない）。

九日

私はR.「マルガリート・レスピンガー」に夢中だ。もちろんずいぶん前からそうなのだが、とりわけ今激しく夢中なのだ。けれども、十中八九絶望的だということはわかっている。つまり、いつ何時彼女が婚約し、結婚するかもしれない、という覚悟を私はしなければならないのだ。㉖そしてそれが私にとってきわめて大きな苦痛になろうことはわかっている。だから、いつか切れてしまうことがわかっているこの紐に自分の全体重をかけるべきでない、ということもわかっている。つまり私は両足で大地にしっかりと立ち続け、紐はただつかむだけにしておき、それにぶら下がるべきではないのだ。でもこれが難しいのだ。愛をつかみながら、そして愛にはつかまれないように無私に愛することは難しい。――うまく行かなくなったとき、それを負けゲームと見なす必要がなく、「心構えはできていた、それでも事は申し分ない」と言えるように愛することは難しい。次のように言えるだろう、「馬にまたがらず、馬に自分を完全に委ねないなら、㉗もちろん君は振り落とされないだろう、けれど同時に馬に乗ってゆくことも望めない」。これに対しては、ただ次のように言えるのみである、「君は馬に自分を完全に捧げなければならず、でもいつ振り落とされるかわからないという覚悟もしなければならない」。

しばしば人は――そして私自身しばしばこの誤りに陥るのだが――自分が考えることすべてが書き付けられるのだと信じる。現実に人が書き付けられるのは――つまり馬鹿げたことや場違いなことをせずにそうできるのは――我々の中で文字という形で生まれるものだけだ。他のすべてのものは滑稽でいわば泥〈ごみ／泥〉のように見えるのである。つまり、ふき取られるのがふさわしい何物かのように。

ヴィッシャーは、「話されたものは書かれたものではない」と言った。そして考えられたものは、なおさらのこと書かれたものではないのだ。

㉘（新しいページを始められるのは、いつもうれしい。）

私は考える、いつかもう一度R.［マルガリート］を抱擁し、口づけできるだろうか？　そして、それが起こらないという覚悟もし、それに甘んじられるのでなければならない。スタイルとは普遍的な人間の必然性の表現である。これは文章のスタイルにも建築のスタイルにも（そして他のすべてのスタイルに）当てはまる。
　スタイルとは永遠の相の下で見られた普遍的必然性である。

かつてグレーテルはクララ・シューマンについて実に見事なコメントをしたことがある。彼女には——我々にそう思えるように——何か人間的なものが欠けていたに違いないということについて、あるいは彼女の初心を装った態度について私たちは話していた。そのときグレーテルが、㉙「要するに彼女はエブナー＝エッシェンバッハじゃなかったのよ」、と言ったのだった。これはすべてを物語っている。

ロース、シュペングラー、フロイト、そして私、これら全員はこの時代に特徴的な同一のグループに属している。

一二日
　これまでずっとかなり上手くいっているにもかかわらず、講義を前にすると私はいつも不安になる。その上この不安はあたかも病気のように私を捕らえる。ついでに言うなら、これは試験を前にした不安以外の何物でもない。

講義はまあまあだった。ともかくもう疲れた。私の頭脳が為し遂げたことをするのに、私の頭脳がどれだけ働かなければならなかったか、聴衆の誰も想像できないだろう。私の成果が一流のものでないとしても、それは私の為しうる最高のものなのだ。

一六日㉚

私が思うに、事物をクラウスの意味での記号と見なさないことが、今日では英雄的行為に属している。すなわち、決まりきった繰り返しになりうる記号体系から自由になるということが。もちろんこれが意味するのは浅薄に記号体系を今一度見直すといったことではなく、いわば安っぽい記号体系の雲をより高い気圏へと蒸発させることである（大気が再び透明となるように）。

今日においてこの記号体系に身を委ねないのは困難なことである。

私の本『論理哲学論考』には素晴らしい真正の箇所と並んで、まがい物の箇所、つまり、言ってみれば私が自分特有のスタイルで空所を埋めた箇所も含まれている。㉛この本のどれだけがそうした箇所なのか私にはわからないし、今それを公正に見積もるのも困難である。

五月二六日
私より才能のある人間とは、私が眠っているその〈その場所／その時〉時〈wo／wenn〉に目覚めている人間だ。そして私はよく眠る。だから私より才能があるというのは簡単なことだ。

［この間の出来事1］
一九三〇年夏、ウィトゲンシュタインはウィーンのシュリック邸でシュリックとヴァイスマンと会合を持ったが、その目的は九月にケーニヒスベルクで開かれる学術会議で発表される数学の基礎に関するヴァイスマンの講演の準備であった。この会議においてヴァイスマンは『論考』のウィトゲンシュタインの数学論を、論理主義、直観主義、形式主義と並ぶ代表的立場として紹介することになっていた。ただしこの会議の関心は、そこで発表されたゲーデルの不完全性定理の証明に集中した（cf.『モンク伝記』pp.313f.）。

一〇月二日
ケンブリッジに着いた。［九月］二六日ウィーンを発ちトゥーマーズバッハのクララ叔母のところへ。叔母宅の様子はいつものラクセンブルクのようにとても豪華というわけではないが、それでもすばらしく、気持ちよく叔母宅を発った。二七日夕方ゴットリーベンに着いた。はっきりしないたくさんのものが宙に浮いていたので、初めは緊張した雰囲気だった。
㉜私たちは彼女［マルガリート］が私を迎えに来た車の中に座っていた。夕食の間は黙ってい

るか、どうでもいいことについて話していた。本当に重大な問題を内に押しとどめているときに人がするように、言葉に詰まったり、不自然にぺらぺらと話したりした。夕食の後、私は彼女の最後の手紙について話し始めた。その手紙の勝ち誇ったような調子は間違っているように思える、と私は言った。そして、すべてがうまく行っているなら、君は勝ち誇ったような調子では書かなかっただろう、というのも、その場合困難なことにも目をむけ、喜ばしいことを天からの恵みと受けとめただろうから、と言った。できるだけ早くウィーンに来て、そこで働くよう彼女に求めた。㉝私たちが（とりわけ私が）ずいぶんと話した後になって初めて、彼女がとても悲しそうなのが私にはわかった。根本のところ彼女はなにより結婚について考えていたのだ。自分にとってそれが唯一の本当の解決だと彼女は思っていたのだ。自分はそれを必要とし、それ以外は何も必要でないと。私は彼女に我慢するよう頼んだ、そうすれば正しいこと――彼女にふさわしいこと――が見つかるだろうと。今君は何よりもう一度ちゃんと働くべきであり、それはまだ待つべきだ、と。ちゃんとした仕事に就いてこそ、すべてはよりはっきりするし、耐えやすくなるだろう、と。――この会話の間、彼女はまたもや私に対してまったくよそよそしくなり、私がキスをしようとしてもかわし、㉞頻繁にまっすぐ窓をのぞきこんでいた。そこには私が今まで見たことも無い彼女の一面が、いわば私を驚かせるような一面がのぞいていた。彼女は私に対して冷たく、厳しく、悲しそうで、ほとんど拒絶するように見えた。次の朝、事は少しましだった。私たちは散歩し、少しおしゃべりをした。彼女は前日よりは打ち解けて、温かかった。その時彼女はウィーンに行く決心をしており、およそ前より落ち着いたようすだった。しかし夕方、さらに真剣な会話をした後、彼女は泣き出した。私は彼女を抱きしめ、彼女は私の肩の上で泣いた。しかし彼女が泣いたのは良かった。彼女は穏やかになり、幾分気が楽になったようだった。翌朝、私はもともとの計画を変えてもう一日滞在することに決めた。㉟それは彼女には（そして全体的にも）良いことだと私は感じた。彼女も――私が信じるに――それを喜んだ。午後私たちは、彼女がタラに編んだ二着のセーターを小包で送るためにコンスタンツまで行った。私はある種の嫉妬、あるいはそれに似た感情を抑えなければならなかった。そのせいか、あるいは多分その前の興奮のせいか（すべては私にとって極度に緊張させるものだったから）、帰る途中私は激しい感情の乱れを感じ、涙が流れ、止まらなかった。私はM.に先に帰ってくれるように頼み、後から帰った。一人になれて楽になった。ホテルでもまだ動悸が止まらず、㊱自分の部屋に戻り、そこで自分が何か惨めに感じられた。それから私はまだ興奮したままでサロンのM.のところに行った。サロンで私たちは一緒に座るのが習慣だった。彼女は私の状態に少し驚いて（心配して）いた。しかし私の状態は、おそらくは彼女が心配してくれたせいもあってすぐに良くなった。その夜私たちの関係は以前の日々のように素晴らしい親密なものだった。私は彼女を抱きしめ、二人は長い間キスをした。私は滞在を延ばしたことがうれしかった。しかし翌日タラからの手紙が届き、気分は急変、あるいは悪化した。㊲午後ライン川をボートで渡り、あたり一面と同様に葦の生い茂った小島まで彼女を連れて行き、葦の中にボートで漕ぎ入るという、私の大好きなことをした。そこでボートに座って私たちはお互いの関係について長い間話した。私がいないとき、彼女にとって私がどれだけ小さな意味しか持っていないかを彼女は語った。そして私との関係がまったく理解できないこと、そして、たとえば、彼女は私にキスをさせたり、私にキスをしたりするが、他の誰ともそんなことはしようとしないだろうに、私とならなぜできるのかわからない、と語った。私は彼女に相当のことについてできるだけ説明した。私たちは一緒にバーゼルまで行った。彼女はそこに用事があったが、ブーローニュ行きの私の列車が出発するまでホームで待っていた。㊳バーゼルに行く途中、彼女の気分はだんだん悪くなった。彼女は再び暗く、悲しげになった。それがタラからの手紙の内容のせいなのか、それとも手紙が来たということ自身と、手紙によって彼女のむなしい願望が呼び起こされたせいなのかは分からない。私は絶えず彼女の手を握り、——無意識にではあったが〈ほとんど無意識に／無意識にではあったが〉——ささやかな支えを与えるために時々何かを語りかけた。最後の別れで私たちはキスをしたが、私は重い気持ちと、彼女を悪い状態のままにしておくのだという感覚を抱きながら別れた。昨日の午後ロンドンに着き、すぐにムラカミのところに行った。㊴彼の上品で心のこもった作法に救われた。それからギルバートと夜を過ごした。当然のことながら私の重い気分は決して消えなかったけれど、私たちは本当にとても陽気だった。今日の午前中、M.との滞在の結果と滞在そのものについて、できるだけ上手く述べた長い手紙をグレーテルに書いた。それからケンブリッジに来た。ここでは私に対して好意的でとても親切にしてくれるレティスの所に滞在している。彼女にマルガリートのことと、彼女との問題について話した。

M.との経験すべてが自分にどんな意味を持っているのかまったくはっきりしない。これがどのようになるべきか分からないし、それに最善の影響を与えるために自分が何をすべきかも分からない。そして自分の利己主義も私の考えの中では働いており、㊵自分でははっきり分からないものの、おそらくそれがすべてを最も混乱させているのだ。

三日

M.「マルガリート」に手紙を書いた。頭の中で私は、彼女が考えているのが私のことでないと分かっていながらも、ただ彼女が無意識のうちに支えや助けが得られるようにと、バーゼルに行く途中でしたように彼女の手を握っていた。あるいは多分、彼女がいつかそのことを良き感情とともに思い出すようにと。

四日

自分がM.を助けられないと考えると悲しくなる。自分はとても弱く、お天気屋だ。もしも神の助けによって自分が強くあり続けたなら、多分それで彼女を助けられるだろう――彼女が必要としているのは、何より強くそしてしっかりとした杭《くい》、彼女がどれだけ揺れようがじっと動かない杭なのかもしれない。㊶そんな力を自分が持つようになるだろうか？　そして無くてはならない誠実さを？　無くてはならないものを神が私に与え給うように。

未来の音楽が単旋律になったとしても私は驚かないだろう。それともこれは単に、複数の旋律をはっきりと思い描くことが私にはできないからなのか？　いずれにしても古い偉大な諸形式（弦楽四重奏曲、交響曲、オラトリオ、など）が何らかの役割を果たしうるだろうとは私には考えられない。何かがやってくるのなら、それは――私が信じるに――単純でなければならない、透明でなければならない。

ある意味で、裸でなければならないのだ。

それともこれは、ある特定の民族にだけ、ある種の音楽にだけあてはまるのだろうか？

一〇月七日
㊷部屋を探す、惨めで落ち着かなく感じる。集中できない。M.からまったく手紙が来なかった、このことも私を落ち着かなくする。自分が彼女を助ける可能性がないということ、あるいはどのように彼女を助けたらいいいか〈いいだろうか／いいか〉も分からないということは恐ろしい。自分がどんな言葉をかけるのが彼女にはいいのか、あるいは私からは何も聞かないのが彼女にとって最善なのか分からない。どんな言葉なら彼女は誤解しないのだろうか？　どんな言葉なら耳を傾けるのだろうか？　ほとんどいつも、どちらの答え方もできる、そして結局は神に委ねなければならないのだ。
ムーアとの不思議な関係について時々考えた。私はムーアのことをとても尊敬している

し、㊸小さからぬ特別の好意を抱いている。それに対して彼のほうはどうか。彼は私の理解力、哲学的才能を高く評価している、つまり私がとても頭がよいと思っている。しかし私への好意はおそらくかなり小さいだろう。そしてこれは私が感じているというよりは、勝手に思い描いていることなのだ。というのも彼は誰に対してもそうであるように私に好意的だし、この点で彼が人によって違ったところがあったとしても、そんなニュアンスは私にはほとんど分からないので、そうした違いには気づかないからだ。私は活動的あるいは攻撃的なのに、彼は受動的だ。それだから彼とつきあっている間、いかに自分が彼にとって異質なのかまったく気づかない。これについては、姉のヘレーネを思い出す。彼女も人との関係がまったく同じなのだ。こうした人間にあっては、自分が意図したり望んだりしないのに、人に自分を押し付けてしまったと感じる気まずい状況が生まれる。㊹人に対して自分が抱いている〈人に対して自分が示す／人に対して自分が抱いている〉感情に彼らが応えるわけではないので、人との関係が自分の考えているものとは違うということに突然気づく。しかしこの関係での人の役割は毎回大きく違うので、好意と嫌悪のニュアンスが簡単に隠れてしまい、それまでは気づかないのだ。私は今日ムーアに、（昨年のように）定期的にムーアの所を訪ねるとうれしいかとたずね、どんな返事が返ってきても気を悪くしないから、と述べた。彼が、よく分からない、と言ったので、私は、それについてよく考えた上で私に知らせるべきだ、と言った。そうする、と彼は約束した。返事によって自分が悲しまないとは約束できないが、それによって気を悪くすることはない、と私は言った。㊺――彼の返事を聞き、それに耐えること、それが私にとっての神の意思なのだと信じている。

自分はペーター・シュレミールの一種〈に似たようなもの／の一種〉だと、あるいは、であるべきだと繰り返し思う。そしてこの名前が「不運なやつ」と同義なのであれば、その意味するのは、彼は外的な不幸を通じて幸福になるべきだ〈ならねばならない／なるべきだ〉、ということである。

一〇月八日

新しい住まいで。新しいスーツのように、まだしっくりこない。冷たく、落ち着かない感じがする。こんなことを書いているのは、ただ何かを書くため、そして自分に語りかけるためだけなのだ。次のように言えるだろう、今ようやく自分ひとりになった、㊻次第に自分自身との会話をしなければならない、と。

大都市文明〈大都市－文明／大都市文明〉において精神は、ただ片隅にのみ刻み込まれうる。しかしそこで精神は何か時代遅れで余計なものなのではない、それは文化の灰塵の上空を（永遠の）証人として――いわば神性〈神／神性〉の報復者として漂うのだ。

あたかも（新たな文化における）〈seine／eine〉新たな具現を待ち望むかのように。

この時代の偉大な風刺家とは、どんな外観を呈さなければならないのだろうか？

哲学について考え始めて三週間になるが、それについて何を考えようとも、そんなことはもう何年も考えたことがないかのように私には異質に感じられる。㊼最初の講義で哲学特有の困難について話すつもりなのだが、次のように感じる。それについてどうやって何かを話せるのか、もうそれについてはまったく知らないのだ。

九日
本当に親切な人たちの中にいるのに（あるいは、まさにそれゆえに？）、いつも邪魔されているように感じ、――現実に彼らは邪魔をしていないのに――自分に戻れない。これは恐ろしい状態だ。彼らが話す言葉が聞こえるたびに、それが私を妨げる。取り囲まれ、仕事に取り掛かる〈休息する／仕事に取り掛かる〉のを邪魔されているように感じるのだ。

自分の部屋にいると、孤独というよりは追放されているかのように感じる。

一六日㊽
総じていくらか具合よく感じる。自分の仕事はまだできない、自分の中での英語とドイツ語の表現方法の葛藤が部分的にその原因となっている。本当に仕事ができるのは、持続的に自分自身とドイツ語で語り合えるときだけだ。しかし今は講義のために事柄を英語でまとめなければならず、ドイツ語の思考は妨げられている。少なくとも二つの言語の間に平和状態が築かれ、いくばくかの間、おそらくはずっと長い間その状態が持続するようになるまでは。

私はどんな状況にも順応できる。違った環境下の新しい住居に引っ越す場合、私はいろんな不便さに耐え、摩擦を避けるための術をできるだけ早く用意しようとする。㊾与えられた環境に私はこうして順応するのだ。そしてこのようにして、徐々に、これはある程度の克己と分別〈抜け目なさ／分別〉だけでやっていけるというものではないのだ、という考えにも自分を慣らしてゆく。そうではなくこうしたことは自然になされ、整わなければならないのだ、という考えに。ちょうど、こうした強いられた状況でも、結局人は眠ってしまうのと同じように。そして仕事ができるということは、実に多くの点で、眠れるということに似ているのだ。フロイトの睡眠の定義を考えるなら、どちらの場合も関心の部隊移動が問題なのだ、と言えるだろう（一方の場合は単なる撤退が、㊿他の場合は撤退と別の場所への集中が）。

私の質問に対して後からムーアがこんな風に〈こう／こんな風に〉答えてきた。確かに私の事は本当のところ、好きという訳ではない、しかし私との付き合いは彼にとってとてもためになるので、それを続けるべきだと思っている、と。これは奇妙な返事だ。

一方で好かれるいくばくかの理由もあるだろうに、総じて私は愛されるというよりはむしろ尊敬される（そしてもちろん私が尊敬されるというのは正当なことではない）。

私の思考装置は飛びぬけて複雑で、繊細な造りであり、そのため普通より敏感なのだと思う。㉛もっと粗い仕組みなら妨害しないような多くのことがこの装置の働きを妨害し、活動できなくさせる。小さな塵が精巧な器具を止めても、もっと大造りの器具には影響を与えないように。

私の考察が特に洞察に富んでいるわけではまったくないのに、論理について何かを今一度書けるということがいかに強く私を幸福にするかというのは、不思議で奇妙なことだ。それでも単に論理だけと一緒に居られるということが、私に幸福感を与えるのだ。再び守られ、再び我が家に在り、再びぬくもりの中に居られるということ、それが私の心の求めるものであり、私の心をかくも幸せにするものなのだ。

一八日

ものを書く技法とは、その背後で心が自分の顔を好きなように切り整える、一種の仮面である。

(52)真の謙虚さとは、一つの宗教的問題である。

一九日

本当に自分のことを理解していない人たちと話すとき、常に人は自分が馬鹿にされたと〈常に人は自分で自分を馬鹿にしていると［この部分英語］／常に人は自分が馬鹿にされたと［従属節の部分英語］〉感じる、少なくとも私はそうだ。そしてこれはここでは繰り返し起こる。完全な疎外とこの不愉快な体験のどちらかを選ぶかだ。それどころか次のようにさえ言えるだろう、この危険に陥ることなく話せる人間がここにも一人か二人はいる、なぜ他の人間との交際を完全に絶たないのか、と。しかしそれは困難で私にとって不自然なのだ。難しいのは、人と話しながら、互いによく理解しえないようなことには触れないことだ。(53)誤解につながるに違いないことには触れずに真剣に話すこと、私にとってそれはほとんど不可能なのだ。

二二日

本当に我々の時代はあらゆる価値の価値転倒の時代である（人類の歩みがある角を曲がり、以前の上が今は下である、など）。ニーチェは今起こっていることを目論んでいたのか、それとも彼の功績はこれを先んじて予感し、それに対する言葉を見つけたことにあるのか？

芸術においても、優れた業《わざ》［ドイツ語では「作品」も意味する］によって永遠の生命を無理やり手に入れることができると信じる人間と、神の恵みに身を委ねる人間が存在する。(5) ㊺

今日の咽喉炎みたいに体に具合の悪い所があると、私はすぐにとても不安になり、もっとひどくなったらどうなるのか、医者に診てもらわないといけない、ここの医者はまったくだめだ、多分長い間講義を休まないといけない、などと考える。あたかも神様が、ここではお前を妨げずにおく、という契約を私と結んだかのように。もし他人がこんな不安を抱いているのを見たなら、「とにかくそれを甘受せねばならない」、と私は言う。享受ではなく甘受する心構えをするというのは、自分自身の場合はとても難しい。

人は（自分たちに演じられている）劇として、喜んで他人のうちに英雄を見る。しかし自分自身が英雄であるということは、それがどんなに些細なことであっても、まったく違った味がするものなのだ。㊼

もれ出てくる光の中での英雄的精神は、派手な光の中でとは違った色彩を帯びる（［この考察は出来が］良くない）。

むしろ違いは、眺められた料理と食べられた料理の違いだ。なぜならここで経験は本当にまったく違っているからだ。

一一月一日

私の睡眠の邪魔をするものは、私の仕事の邪魔もする。口笛に会話。でも機械の騒音は違う、少なくともその度合いはずっと小さい。

九日

愛国心とは、一つの観念に対する愛だ。

一六日

睡眠と精神的仕事は多くの点で互いに対応している。明らかにこれは、どちらにも注意を一定の物事からそらすということが含まれているからだ。[56]

二六日

神と結ばれている存在は強靭である。

一九三二年一月一六日

私の人生には、自分が他人より〈自分の同僚より／他人より〉ずっと頭がいいという事実の上に自分の人生を築こうとする傾向がある。しかし自分がそれほどには他人より頭がよくないのではないかと見まわしてみてこの想定が壊れそうになる時、その時初めてこの想定が正しいにもかかわらず、あるいは正しいとしても、これがどれほど誤った基礎なのかに気づく。ともかく他の人間が皆自分と同じくらい頭がよいという想像をしなくてはならない、と自分に言う時、⑰それによって私はいわば生まれつきの長所、親譲りの財産を放棄しているのだ。——それでは善意のみでどこまで行くのか見ようじゃないか、自分にこう言うとき、私は自分の卑小さを意識してしまうのだ。

それとも私は次のように言うべきか、自分の中にあって、ある性格の標識と見なしたがるものの中のどれだけ多くが、単なるみすぼらしい才能の結果に過ぎないことか！ と。

これはほとんど次のようなことだ。ある男が自分の軍服の勇敢勲章を見て、「俺はまったく勇敢な男だ」と言うが、やがて多くの人間に同じ勲章を見つけて、これは勇敢さの報酬ではなく、ある特定の技能の認証なのだ、と自分に言わなければならなくなる。

㊽自分が師匠だと感じたい場所で、繰り返し自分は生徒だと思ってしまう。
　自分はものをたくさん知っていると思っていたが、他人と比べると何も知らないことに気づく生徒のように。

一七日　土曜日

今一番肝心な時期なのにマルガリートとの関係に考えが行ってしまって、仕事、つまり講義の準備をするのが難しい。⑲ほとんど自分が与えるものだけから満足を得られる関係。仕事をさせてくれるよう神に願わなければならない。

二七日

過去の〈あらゆる／過去の〉時代の音楽というものは常に時代自身の特定の良き、正しき規範に対応している。だから我々はブラームスの音楽にケラーの原理を認めたりするのだ。それゆえ今日、あるいは少し前に見出された良き〈ある／良き〉音楽、つまり現代的な音楽は、馬鹿げたものに見えざるを得ない。なぜなら今日言い表されている規範のいずれかに対応しているとすれば、それはつまらないものに違いないからだ。⑳この命題は理解しやすいものではないが、それはこういうことなのだ。たとえ今日正しいことを公式化しようとしても、それはどれほど利口な者でもできないほど大変なことであって、言葉で言い表されているいかなる公式や規範も無意味なのである。真理はいかなる者にとってもまったくの逆説と響くだろう。そして自身のうちに真理を感じる作曲家は現在言い表されているすべてのものと対立せざるを得ず、そのため現在の基準では馬鹿げたナンセンスなものに映らざるを得ないのである。しかし人を惹きつけるような風に馬鹿げているのではなく（というのも、そうだとすると根本においてはまだ今日的見方に対応していることになるから）、何も語らないがゆえに馬鹿げているのである。いくつかの少数の作品に見られるように、真に意義深い創造を行った時のラボールは、こうした作曲家の一例である。[61]

宗教的人間は歩くときに上を向いている、非宗教的人間はまっすぐ前を向いている、この点だけで両者を区別する世界を想像することができる。そしてここでの上を向くという設定は事実我々のある宗教的仕草と関係している。しかしそれは本質的なことではなく、逆に宗教的人間がまっすぐ前を向くのであっても構わない。私が言いたいのは、この場合、宗教性は言葉ではまったく言い表されないように見えるし、それでもあの仕草は、我々の宗教的経典の言葉とまったく同じだけのことを語っている、ということである。[6]

二月一日[62]
かつて姉のグレーテルはクララ・シューマンについて卓抜したコメントをしたことがある。彼女の人格の中の初心を装った点について、そして彼女には何かが欠けているということについてを私たちは話していた。そしてグレーテルが、「彼女にはエブナー＝エッシェンバッハにあったものが無かったのよ」、と言ったのだった。そしてこれはすべてを要約している。[7]
彼女［クララ・シューマン］には先天的な何かが欠けていた、と言えるだろうか。——かつてラボールは私に、彼の面前で彼女が、音楽で目の不自由な人にこれこれのことができるのかしら、という疑問を呈した、と語ってくれたことがある。それが何だったか私はもうおぼえていない。明らかにラボールはそれに憤激したようで、「いや、目が不自由であってもそれはできるんだ」と私に言った。そして私は考えた、盲目の音楽家に対して半ば同情し、半ば軽蔑するようなことを言うのは、彼女が持っていたに違いない礼儀にとってどれぐらい特徴的なのか、と。⑥③——これは悪しき一九世紀であり、エブナー＝エッシェンバッハなら決してそんなことをしなかっただろう。

五日

我々は自分の皮膚の中に捕らわれている。

七日

授業ができるようになるために、私には途方もないエネルギーが必要である。少しでも無気力になったり、すぐに講義の準備ができなくなったりするとき、これがわかる。

第九交響曲の合唱導入前の三つの変奏は、⑥④歓喜の早春、歓喜の春、歓喜の夏と名づけられるだろう。

もし私の名が死後も生き続けるなら、それは偉大な西洋哲学の終点としてのみである。——

あたかもアレキサンドリアの図書館を炎上させた〈に火をつけた／を炎上させた〉者の名のごとくに。

八日

私には少し感傷的になる傾向がある。ただ感傷的な関係への傾向はまったく無い。――感傷的言語への傾向も無い。

ある人間の思い出にとって、独りよがりほど永遠に有害なものは無いと私には思われる。謙虚さという衣装をまとってそれが登場する場合でも。

⑥⑤歳をとるにつれて〈とると／とるにつれて〉、ますます私は論理的に視野が狭くなる。私の物事を一挙に見る力は衰えている。そして私の思考は息が短くなっている。

哲学の仕事とは、無意味な問いについて精神をなだめることである。そうした問いを抱く傾向の無い者に哲学は不要である。

九日

私の思考は、すぐ忘れないようにしようとすれば目覚めた直後に書き留めねばならない夢のようにうつろいやすく、たちまち消えてしまう。

一〇日

かつて数学のローテ教授が私に、㊱ヴァーグナーの効果的な活動によってシューマンが本来持っていた影響力の大部分は奪われてしまった、と語ったことがある。――この考えには多くの真理が含まれている。

一三日

読書は私の魂に麻酔をかける。

パンとゲーム、ただし数学や物理学でさえゲームであるという意味でのゲームも含めて。サッカー場におけるのと同様、芸術や実験室においても、人々の精神が現れるのは常にゲームにおいてである。

一四日

人は乏しい食料に胃袋を慣れさせることはできても、それに体を慣れさせることはできない。胃袋がもはや何の異議申し立てもせず、それどころかさらなる食料を拒否するまでに、すでに至っている場合でも、体は栄養不足に苦しんでいるのである。㊲同じことが好意や感謝といった気持ちの動きを表出することについてもいえる。以前はなんでもなかったことにも尻込みするようになるまで、これらの気持ちの表出を人為的にせき止めようと思えばできるだろう。しかしその場合も、魂の他の組織は栄養不足に苦しんでいるのである。

一九日
私は、大小のあらゆる可能な浅ましさを、自分自身それを経験したことがあるため知っている。

二〇日
たいていの人は行動するに当たって、抵抗の一番少ない進路を進む。私もまたそうである。

二二日
ハーマンは神を自然の一部と見なし、同時に自然だとも見なしている。
そしてこれによって、㊳「自然がいかにして自然の一部となりうるのか？」という宗教的パラドックスが表現されてはいないか。
ハーマンへの手紙においてモーゼス・メンデルスゾーンがすでにジャーナリストとして登場しているというのは興味深いことである。

ハーマンやキルケゴールといった書き手とのつきあいは編集者を思い上がらせる。［アンゲルス・シレジウスの］『ケルビムのさすらい人』の編集者は決してそうした誘惑を感じないだろう、ましてやアウグスティヌスの『告白』やルターの著作の編集者ならなおさらである。
多分書き手のアイロニーが読者を思い上がらせがちになる、ということだろう。

そしておよそこういうことだ、彼らは自分が何も知らないことを知っていると言う、しかしこの知識について彼らは驚くほど思い上がっているのだ。

(69)当たり前の道徳律[8]に私は興味を持たない。少なくとも他のどんな自然法則[9]に対するほどの興味も持っていない、そしてある人間が道徳律を破る理由のほうにより興味を持っている。道徳律が当たり前である場合、私はその侵犯を擁護したくなるのだ。

二五日
今日において誰かがカトリックからプロテスタントに、あるいはプロテスタントからカトリックに改宗するという考えは（他の多くの人にとってそうであるように）私にとってはばつの悪いものである（それぞれの場合で違った風に）。そこでは（今や）伝統としての意味しか持たないことが、信念の問題として変更されるのである。それはあたかも誰かが我々の

〈自分の／我々の〉国の葬儀の風習をよその国の〈トルコ人たちの／よその国の〉ものと交換しようとするようなものである。――プロテスタントからカトリックに改宗する者は私には精神的な怪物に見える。どんな良きカトリックの司教でも、⑩もし非カトリックに生まれていたならそんなことをしなかっただろう。そして逆方向の改宗は、ある底なしの愚かさを示している。

おそらく第一の改宗はある深遠な愚かさを、第二の改宗はある浅薄な愚かさを示している。

三月一日

マルガリートは私のことが特に好きなのではない、と想定する根拠が今やある。そしてこれに関する事態は私にとって奇妙なものだ。私の中のある声は、それなら終わりだ、この辺にしておけ、と言う。――そしてもう一つの声は、そんなことに屈してはいけない、その覚悟をしなければならない、どんなに望みのことであっても、あることが起こるのを前提にしてお前の人生を築いてはいけない、と言う。

そして最後の声が正しい。ただそれに従うとは、まさに生き、そして痛みに苦しむ人間の場合である。⑪その人間は痛みによって生きる喜びが奪われないように闘わなければならない。そして彼は弱さが自分を襲う時に対する不安を覚える。

もちろんこの不安自体が一つの弱さ、あるいは臆病さでしかない。

要するに人は常に喜んで休息したいのであり、闘わねばならぬことなど望みはしないのである。神が彼女とともにありますよう！

自分が最も愛するものを結局は神の手に委ねられず、むしろ〈そして／むしろ〉いつも自身の手で弄びたいと思う者は、それに対する正しい愛を抱いてはいないのである。つまりこれが愛に備わるべき厳しさなのだ（私は『ヘルマンの戦い』とヘルマンが盟友にたった一人の伝令しか送ろうとしなかった理由を念頭においている）。

確実な予防措置を講じないというのは、安易なことではなく、⑫むしろこの世で最も居心地の悪いことなのだ。

ベートーヴェンはまったくのリアリストだ。彼の音楽はまったくの真理だ、と私は言っているのだ。私はこう言いたいのだ、彼は人生をまったくそのあるがままに見て、それからそれを高めるのだ、と。それはまったく宗教であり、宗教的な詩などではない。それだから、他の者達が苦しむ者を慰めるのに失敗し、苦しんでいる者が、「この苦しみはそんなものじゃないのに」と自分自身に対して言わなければならないときに、ベートーヴェンは本当の痛みにおいて［苦しんでいるその人を］慰められるのである。彼は決してきれいな夢の中の気休めを言わずに、世界をそのあるがままに英雄として見ることにより、世界を救うのである。

ルターはプロテスタントなどではなかった。

二日
私は並外れて臆病であり、戦場で臆病者が振る舞うように人生で振る舞っている。

七日
⑬この数ヵ月の仕事で疲れた、そしてマルガリートとのつらい事態に打ちのめされている。私はここに一つの悲劇を予見する。でも要は一つのことしかないのだ、最善をつくし、さらに仕事をすること。

三月一一日
繰り返し何度も思い出されるエンゲルマンの卓抜なコメント。私たちがまだ一緒に働いていた時のこと、〔姉グレーテルの住宅の〕建築中に彼は、建設業者との打ち合わせの後で私に言った、「この人間と論理について君は話し合えないよ！」——私、「私は彼に論理を教えよう」——彼、「なら彼は君に心理学を教えてくれるだろう」。

五月六日
使徒であるとは一つの生きかたである。それは部分的には多分その者が語ることのうちに表されるだろう。ただしそれが事実であるということのうちにではなく、(74)それを彼が語るということのうちに表されるのである。観念のために苦しむというのが使徒であることの本質をなす。しかし、「この男〈これ／この男〉は使徒である」という命題についても、命題の意味はその検証の方法であるということは成り立つ。ある使徒を記述するとは、ある生きかたを記述することである。この記述が他人に与える印象については、彼らに委ねなければならない。ある使徒を信じるとは、彼としかじかの関係を持つこと、——行為を通じた関係を持つことである。

もうこれ以上怒りたくないと思うなら、喜びもまた違ったものにならなければならない。それはもはや怒りの相関物であってはならないのだ。(75)

キルケゴールへ、私があなたに一つの生きかたを描くから、あなたがそれとどう関係しているかを見てみなさい、そのように生きることがなおあなたを惹きつける（そのように生きるようせきたてる）かどうか、あるいはそれに対して自分が他のどんな関係を持つのか、を見てみなさい。この描写を通じて私は、いわば〈quasi／gleichsam〉、あなたの生きかたを和らげたいのだ。

　私の思考がどの程度まで飛行に成功しているのかはどうでもよいことだ（つまり、私にそんなことは分からないし、それについてあれこれ言いはしない）。とにかくそれは跳躍なのだ。――

「これは善い、神がそのように命じたのだから」、これは無根拠性の正しい表現である。

⑯倫理的命題は、「汝これをなすべし！」とか「これは善い！」といった内容を持っており、「これらの人間はこれが善いと言っている」という内容を持ってはいない。しかし倫理的命題とは一つの個人的な行為なのである。事実の確認などではないのだ。賛嘆〈der／ein〉の叫びのようなものなのだ。「倫理的命題」の根拠付けとは、その命題を、自分にある印象を与える別の命題へと連れ戻そうとすることに過ぎないのだということをぜひとも考えよ。もしお前があれに対する嫌悪もこれに対する賛嘆も感じていないのなら、その名に値するどんな根拠付けも存在しないのだ。

ピアノに向かって、ピアノを使って作曲された曲、⑰ペンを使って考えながら作曲された曲、内的な耳だけで作曲された曲、それらはまったく違った性格を帯び、まったく違った種類の印象を生み出すに違いない。

ブルックナーは内的な耳とオーケストラ演奏の想像によって、ブラームスはペンによって作曲したのだと私は断固として信じている。もちろんこれは現実よりはずいぶんと単純な描写だ。しかしそれはある特徴を言い当てているのだ。

これに関する情報は作曲家の譜面から得られるはずである。そして実際ブルックナーの譜面は、私が思うに、(78)不器用でぎこちなかった。

ブラームスのオーケストラの響きの色は、道標の色である。

いつであれ悲劇というものは「もし……でなければ、何も起こらなかっただろう」という言葉で始めることができよう。

（もし彼の洋服の端が機械に巻き込まれなかったら？）

しかしこれは、一つの出会いが我々の全人生を定めうる〈我々の全人生を決定しうる／我々の全人生について決定しうる／我々の全人生を定めうる〉、ということのみを悲劇に言わせようとする一面的な見方ではないか？

(79)

私が信じるところでは、仮面で演じられるような劇が今日存在しうるだろう。その登場人物は、様式化された人間のタイプそのものである。こうしたことはクラウスの著作において明瞭に見られる。彼の作品は仮面で演じられうる、いや、演じられねばならないだろう。もちろん、これはこうした作品の抽象性に呼応しているのである。そして私の考えている仮面劇とは、総じて精神的人格の表現なのである。そのため（もあって）この劇への傾向があるのは、おそらくユダヤ人だけである。

喜劇と悲劇の対立は、⑳かつて常に演劇的空間概念〈演劇空間／演劇的空間概念〉をアプリオリに分割するものとして強調されてきた。そして当時は、喜劇は人間のタイプに、悲劇は個人に関わる、といった一定の考察が人を驚かすことができた。しかし実際には、喜劇と悲劇の対立とは〈sind／ist〉、演劇空間から一方を取り除くと他方が残るというものではない（長調と短調がこうした対立でないのと同様に）。それら〈それ／それら〉はむしろ多数の可能な演劇の種類の中で、ある特定の（過去の）文化にとってのみそれ以外にはありえないと思われた〈erschienen／erschienen sind〉二つの種類なのである。正しい比較とは、現代［音楽］の調性との比較である〈であろう／である〉。

㉑過去の文化的諸時代の理論家に特徴的だったのは、アプリオリ〈a priori／A-priori〉なものを、それが存在しない所に見出そうとしたことである。
あるいは、過去の文化的諸時代に特徴的だったのは、「アプリオリ」という概念を生み出した〈形成した／生み出した〉ことである、と言うべきかもしれない。

というのも、もし彼らが最初から事態〈事物／事態〉を我々が見るように見ていたなら、彼らは決してこの［「アプリオリ」という］概念を生み出さなかっただろうからである（その場合、世界は偉大な――重要な、と言いたいのだ――誤りが存在しないまま進行していただろう）。しかし現実には、こうした理屈をこねることはできない。というのも、この概念は文化全体に〈文化自体に／文化全体に〉根ざしていたのだから。

人が誰か他人を軽蔑していることは、㉜それが無意識的（パウル・エルンスト）と呼ばれるものにすぎなかったとしても、次のようにして軽蔑している当人に明らかにすることができる。すなわち、現実には一度も起こらなかった（そして多分これからも起こらないような）ある特定の状況をその人に示し、その人が自分はその状況でしかじかに振る舞うだろうと、そしてその振る舞いによって軽蔑の念を表しているだろうと〈自分はその状況でしかじかに振る舞うだろうと／自分はその状況でしかじかに振る舞うだろうと、そしてその振る舞いによって軽蔑の念を表しているだろうと〉認めざるを得ない場合に、このことは明らかにされるのである。

もしキリストの奇跡、例えばカナの結婚式の奇跡［ヨハネによる福音書、第二章］をドストエフスキーがしたように〈getan hat／tat〉理解しようとすれば、それは象徴として理解しなければならない。水をぶどう酒に変えるのはせいぜい驚くべきことであるに過ぎず、㉝そうしたことができる人間を我々は呆然と見つめるだろうが、それだけのことである。つまりそれは素晴らしきことにはなりえないのだ。――婚礼の人たちにキリストがぶどう酒を調達してやる〈daß er ihnen den Wein／daß er den Wein ihnen〉というのも、彼らにぶどう酒をあのような前代未聞のやり方で届けてやる〈調達してやる／与える／届けてやる〉というのも素晴らしきことなのではない。奇跡とはこうした行為にその内容と意味を与えるものでなければならない。そして奇跡ということで私が意味するのは、尋常でないことでも、現に起きた出来事でもなく、そうした出来事がなされる〈成就される／なされる〉精神〈ある精神／精神〉、水のぶどう酒への変化がそれの象徴、（いわば）それを示すジェスチャーに過ぎないような何かなのである。（もちろん）それは、こうした尋常でないことをなしうる者のみが示しうるジェスチャーである。㉔奇跡が我々に語りかけるものであるのなら、それはジェスチャーとして、表現として理解されなければならない。奇跡とは、それを奇跡的な精神でなす者がなした場合にのみ奇跡なのである、とも言えるだろう。この奇跡的精神がなければ、それは単に異常で奇妙な事実〈行為／事実〉であるに過ぎない。それが奇跡だと言えるために、私はいわばすでにその人物を知っていなければならないのだ。そこに奇跡を感じるために〈そこに奇跡的なるものを感じるために／そこに奇跡を見るために／そこに奇跡を感じるために〉、私は全体を本当に正しい精神で読まなければならないのだ。

おとぎ話で魔女がある人を野獣に変えるという話を読むときも、私に対して〈私に／私に対して〉感銘を与えるのはやはりその行為の精神なのである。⑮彼は敵〈他人／敵〉をにらみ殺すだろう、と言う。（ある人間について我々は、もしできるのであれば、彼は敵〈他人／敵〉をにらみ殺すだろう、と言う。）

かつて偉大な作曲家の下にいた後代の作曲家たちが、単純〈明快／単純〉で調和的な進行〈比率／進行〉の曲を作曲する場合、彼らは自分たちの祖先への賛意を表明している〈彼らは自分たちの祖先への賛意を表明〈しているかのようだ／したいかのようだ〉／彼らは自分たちの祖先への賛意を表明している〉。

まさにこうした瞬間に〈他の作曲家たちが最も感動させる時に〉、マーラーは私にとってとりわけ耐えがたく思えるのだ。そうしたとき私はいつも言いたくなる、君はこれを他の作曲家から聞いただけじゃないか、それは〈本当は〉君なんかの物じゃないのだ、と。

私はすべてを自分の虚栄心で汚してしまう。

⑯ある者〈相当数の者／ある者〉にとって教育〈教養の獲得〉とは自分を自分本来の財産へと導くことにすぎない。その人はそれによっていわば父の遺産を知るにいたる〈それによっていわば父の遺産を点検する／それによっていわば父の遺産を知るにいたる〉のである。他方、別の者は教育を通じて自分の本質にそぐわない〈自分には異質な／自分の本質にそぐわない〉型を身につけ

る。こうした者にとっては、たとえまったく無作法で無教養の〈何の洗練もない／無教養の〉まだとしても、教育を受けないでいるほうが良いだろう。

臆病さからではなく、正義感から、あるいは他人への配慮から正しくありたいと思う者は幸福である。——私が正しくする場合、私の正しさはたいてい臆病さに由来する〈私はほとんど常に臆病さのために正しくする／私が正しくする場合、私の正しさは〈ほとんど常に／たいてい〉臆病さに由来する〉。

ついでながら言えば、自分の中の、いわば宗教的次元で生じるあの正しさを私は断罪しない。⑻自分の欲望と嫌悪の汚らわしい低地から私はその次元へと逃れる。この逃避は、それが汚れへの恐れ〈嫌悪／恐れ〉から生まれる場合、正しい。

つまり私がより精神的な次元に赴く場合、その次元においては〈そこでは／その次元においては〉自分は人間で在ることができるのだが、そこでは私のすることは正しいのだ。——これに対して他の人たちはそれほど精神的ではない次元においても人間で在ることができるのだ。

まさに私は建物のその階に〈そのように生きる／建物のその階に〉彼らのような権利を持っていないのだ。そして彼らの次元においては、正当にも自分に劣等感を感じるのである。

私はもっと希薄な大気の中で生きなければならない。そこに属しているのだ。そしてもっと濃い気圏で生きようと望むのを許されている他の人々と、共に生きようという誘惑に屈してはいけない。

(88)
哲学においてと同様に人生においても、うわべだけのアナロジーが我々〈人／我々〉を惑わす（そして他人がすること、するのを許されていることへと我々を導いてしまう）。そしてここでも誘惑に対抗する手段はただ一つしかない。ここでの事情はあそことは違うのだよ、とささやく小さな声に耳を傾けることである。

ここで私は自分の虚栄心の最後の根底（最深部、のことを言っているのだ）をまったく暴露していない。

悲劇に感動するとき（例えば映画で）私はいつも自分で、ちがう、僕ならそうはしない、とか、ちがう、こんな風になるべきじゃない、と言う。ヒーローとすべての者たちを慰めたくなるのだ。(89)しかしこれは私が出来事を悲劇として理解していないということである。それゆえ同様に私には（初歩的な意味での）ハッピーエンド［ドイツ語：グーテン・アウスガング（良き結末）］しか分からない。ヒーローの転落というのは私には理解――心の底からは――できない。つまりもともと私はいつもメルヘンが聞きたいのだ。(映画が好きなのもこうした理由からである)そしてそこで私はいつも感動し、思考に動かされるのである。すなわち、恐ろしく出来が悪くさえなければ、映画はいつも私に思考と感情の材料を提供してくれるのである。

私の兄ルディの写真には、どこかオーバーレンダーのようなところが、もっと正確に言うなら、昔の雑誌『フリーゲンデ・ブレッター』の良きイラストレーターたちのスタイルに似たところがある。

英国の建築家、あるいは音楽家(たぶん芸術家全般)がペテン師であることは、ほとんど確信してもよい!⑨⓪

私は絵筆の質を判断することはできないし、絵筆のことは何も分からない。絵筆を見てもそれが上質か悪質か普通なのか分からない。でも私は英国の絵筆は飛びっきり上等だと確信している。そしてまったく同じように、英国人は絵画のことが何も分からないと確信している。

ここ[英国]では材料は常に際立っているが、それを形にする能力が欠けているのだ。つまり人々に几帳面さも、知識も、器用さもあるのだが、技と微妙な感覚が〈技が／技と微妙な感覚が〉ないのだ。

(91)私の自己認識の仕方は次のようなものである。いくつかのベールが私を覆っている場合、まだ私ははっきりと見ることができる、つまりベールを。しかしそのベールが取り除かれ、自分の視線をもっと自分に近づけられるようになると、自分の像が自分にとってぼやけ始めるのだ〈自分の像が目の前でかすみ始めるのだ／〈自分の像が／自分の像が自分にとって〉ぼやけ始めるのだ〉。

私はあまりにも簡単に多弁になり〈たくさん話し／多弁になり〉すぎる。——人は一つの質問、一つの異議で、私を、流水のごとく話すようにそそのかすことができる。話している途中に、自分が下品な水路へと向かっていると分かることが時としてある。意図している以上に話したり、人を喜ばせるために話したり、印象付けるために余計なことまで引っ張り込んだりするのが分かるのだ。そうした時、私は会話を修正し、(92)もう一度もっと上品な〈上品な／もっと上品な〉軌道へと戻そうとする。しかし恐れのため（勇気がないため）軌道を少し変えるだけで、十分に変えようとはしない。そして悪い後味が残る。

特に英国でこのことはよく起こる。意思疎通が初めから（言葉ではなく性格のせいで）とてつもなく難しいからである。その結果しっかりとした大地の上ではなく、揺れ動く筏《いかだ》の上で意思疎通の訓練をしなければならないことになる。というのも他人が自分を完全に理解しているかどうか決して分からないからである。そして他人が自分を完全に理解することは決してないのである。

［この間の出来事2］
この夏の初め、ウィトゲンシュタインは将来の結婚を真剣に考えながらマルガリートをノルウェーに二週間招待するが、その間マルガリートはウィトゲンシュタインが手配したショルデンのアンナ・レブニの農家に宿泊し、自身の小屋に滞在していたウィトゲンシュタインとは宿を別にした。夏の終わりにも二人は三週間、ホッホライトのウィトゲンシュタイン家の別荘に滞在したが、ウィトゲンシュタインは「著作」の構想に携わっていた（cf.『モンク伝記』pp.337f.）。

一九三一年一〇月一二日
昨夜、戦慄が走って夢から目が覚めた。そして、こんな戦慄は確かに何かを意味していることが突然分かった〈こんな戦慄は何かを意味していることに気づいた／こんな戦慄は確かに何かを意味していることが突然分かった〉、㊈そしてそれが意味することについてよく考えるべきであることが。
その夢は言ってみれば二部からなっていた（ただそれらは途切れずに続いていたが）。第一部では誰かが死んだ。それは悲しく、私はうまく振る舞っていたようだった。それから家に帰ったようで、そこで私に誰かが、それも頑丈で年老いた田舎の人間（我が家のロザリーのような種類の）（クーマイの巫女《シビュラ》のことも考えた）が、ほめ言葉を言った。それは「確かにお前はひとかどの者だ」といった言葉だった。それからこの場面が消え、私は暗闇の中で一人きりでいた、そして自分に対して皮肉っぽく「確かにお前はひとかどの者だ」と言った。そして私の周りで「だが負債は支払われなければならない」あるいは「だが負債は支払われていない」という大きな叫び声がした（しかし叫ぶ者は誰も見あたらなかった）。怖い夢から覚めたかのような感じで目が覚めた㊾（こんな時に子供の頃からいつもしていたように、私は顔を毛布の中に隠し、数分してからようやくおそるおそる顔を出し、目を開けてみた）。さきほど述べたように、この戦慄には深い意味がある、という考えが意識に浮かんだ（ただし、すぐ後になって自分にはっきりした〈していた／した〉ように、この考えは腹から来たのだったが）。それはすなわち、このように戦慄できる能力は私にとって〈私の中で／私にとって〉何かを意味している〈hat.／habe.〉、という考えであった。目覚めた直後、戦慄の中で私は考えた。夢であったにせよ、夢ではなかったにせよ、この戦慄は何かを意味している。その間、自分の体が何をしていたにせよ、確かに私は何かを為したのであり、何かを感じたのだ。

つまり、人はこんな戦慄を味わうことがあるのだ。――そしてこれは何かを意味しているのだ。

たとえ人が夢の中で地獄を体験し、⑮その後目覚めるのだとしても、地獄はやはり存在しているのだろう。

私の言葉はうまく訓練されていない（あるいは、全く訓練されていない）。つまりしつけが良くないのだ。――恐らくはたいていの人間の言葉がそうであるように。

かつてクラウディウスの本で、スピノザが自分自身について書いている箇所の引用を読んだことがある。でも私はその考察〈考察／その考察〉があまり気に入らなかった。そして今では、その考察を、具体的にどことは言えないが、ある点で信じていないのだと思えてくる。しかし本当のところ今思うのは、スピノザは自分自身を認識していなかった〈認識していない／認識していなかった〉、と私は感じているということである。これはすなわち、私が自分自身について言わなければならない〈知っている／言わなければならない〉ことだ。

⑯下らないおしゃべりはよせ[10]！
彼「スピノザ」は自分が惨めな罪びとであることを認識していなかったようだ。もちろん今私は自分が惨めな罪びとだと書ける。しかし私はそのことを認識してはいない、認識しているならこんな風ではないだろう。

認識という言葉は実に紛らわしい。というのも問題なのは勇気を必要とするある行為なのだから。

自叙伝について、それは劫罰を受けた者が地獄から書いているのだ、と言えるだろう。

ある命題には、その背後に存在するだけのものが詰まっている。

今自分の夢の中での気持ちが少し理解できる。

スピノザからの〈の／からの〉あの引用中の「知恵」という言葉について考える。(97)私にはそれが、現実にあるがままの本当の彼〔スピノザ〕という人間がその背後に隠れる（自分から隠れる、と言いたいのだ）、ある究極的には空しいもののように思われた（そして今も思われる）[11]。

お前が何なのかを暴き出せ。

例えば、私は了見の狭い嘘つきな小人だ、しかし偉大な事物について語ることができる。

そしてそれらについて語っている間は、自分が自分の了見の狭さから完全に切り離されているように思える。しかしまったく切り離されてなどいない。

自己認識と謙虚とは一つのことだ（これらは安っぽい考察だ）。

一三日

私は多くの商品〈manchen Waaren／mancher Waare〉に起こることが自分に起こってほしくない。⑱それらは陳列台に並べられ、買い物客が見る。商品の色や艶が買い物客の目を捕らえ、彼らはそれらを一瞬手に取り、それから欲しくない物のように陳列台に戻す〈買い物客が見る。すると商品の色や艶が買い物客の目を捕らえるので、みんな品物を手に取り、一瞬見つめ、それから〈望ましくない物の／欲しくない物の〉ように陳列台に戻す／買い物客が見る。商品の色や艶が買い物客の目を捕らえ、彼らはそれらを一瞬手に取り、それから欲しくない物のように陳列台に戻す〉。

私の思考が無傷で生まれて〈zur Welt／in die Welt〉くることは滅多にない。生まれたとき、それはどこかが曲がっているか折れている。さもなくば思考は総じて早産であって、まだ言語の中で生きてゆく力がない。⑲その時小さな命題の胎児が生まれるが、最も重要な手足はまだそろっていないのだ。

若い頃のベートーヴェンの作品のメロディーは（すでに）、例えばモーツァルトのメロディーとは違った種族の顔立ちをしている。この〈これらの／この〉種族に似つかわしい顔のタイプを描くことができるだろう。その中でも特にベートーヴェンの属する種族の顔は、丸顔であれ四角い顔であれ、ずんぐり、がっしりしており、モーツァルトの種族は繊細ですらりとしているが丸みを帯びている。そしてハイドンの種族はオーストリアの相当数の貴族のように面長でほっそりした顔をしている。それともここで私はこの人々の外見について自分が抱いている像に惑わされているのか。そうではないと信じる。

⑩

いかにある素材がある形式に抵抗するかを見るのは興味深いことである。いかにニーベルンゲン神話という素材が劇という形式に抵抗するかを。この素材は決して劇になろうとしないし、決して劇にはならない。それは詩人や作曲家が自ら叙事詩的になろうと決心した場合にのみ、彼らに従うのである。それゆえ「指環」で後世に残る本物の箇所はどれも、せりふや音楽が物語を述べている叙事詩的な箇所なのである。そしてそれゆえに「指環」で最も印象深い言葉とはト書きなのである。

私は哲学をする際の自分の思考の動き方にいささかほれ込んでいる（そして多分私はこの「いささか」という語を省くべきである）。

ついでに言えば、これは私が自分の文体にほれ込んでいるということではない。私はそのようなことはない。

⑩ものは、それが現実に真剣である程度においてのみ真剣なのである〈ものは、それが真剣である程度においてのみ真剣なのである/ものは、それが現実に真剣である程度においてのみ真剣なのである〉。

多くの人が自分の話すのを喜んで聞くように、私は自分が書くのを喜んで聞く、多分そういうことなのか?

何か考えがお前に浮かぶというのは天の贈り物である。しかし問題は、それを用いてお前が何をするかだ。

もちろんのことだが、正当にも、こうした素晴らしい教訓もまた、それに倣ってお前が行動する一つの行為なのだ(前の命題で私はクラウスについて考えていた)。

⑩お前自身を認識せよ、そうすれば自分が繰り返しあらゆる仕方で哀れな罪びとであることが分かるだろう。しかし私は、決して自分が罪びとでありたくないと思い、あらゆる方法で逃れようとする(この判定から逃れるための扉としてすべてを用いる)。

私の正直さはいつもある特定の地点で〈において／で〉行き詰まってしまう！歯医者で虫歯に穴をあけられる時、虫歯の様子がよく分かっているような気がするように、人は穴をうがつように考えながら〈思考に穴をうがつことにより／穴をうがつように考えながら〉、ある思考のあらゆる場所、あらゆる穴を認識し、そして再認するのである。

私が、いわば、魂の中の劇場で（キルケゴール）演じていることは、(103)魂の状態をより美しくするのではなく、（むしろ）より忌むべきものにする。それなのに私は繰り返し何度も、舞台の美しい場面を通じて魂の状態をより美しくしているのだと信じてしまう。

というのも私は、全体を外から眺める代わりに、その劇場の観客席に座っているからである。なぜそうするかといえば、私は飾り気がなく、平凡で、無愛想な大通りより、暖かくて快適な観客席に座るほうが好きだからだ。

そうなのだ、ただわずかの間だけ私は屋外へと〈大通りへ／屋外へと〉出てゆくのだ、そして恐らくそれでさえ、いつでも暖かさの中に逃げ戻れる〈戻ってもよい／戻れる〉のだと感じる場合にのみ。

他人の好意なしでいることは、私にはまったく不可能だろう。(104)というのもこの意味での私の自己はあまりにも小さい（あるいは、まったくない）からである。

恐らく私の自己とは、自分が本当に拒絶されたと感じる限りにおいてのみ存在するのだ。

そして拒絶されたように感じると私が言う場合、それはこの感覚の表現ではまったくない（あるいは単に、表現であることはほとんどない、と言うべきか？）。

私はしばしば自分がクラウスや彼に類した人々にかなわない事に思い悩んできた。そしてこうした考えを自分に突きつけては傷ついてきた。こんなことを考えるとは、いったいどれほど巨大な虚栄心が私にはあるのか。

一〇月二四日⑮

椅子や家の寸法取りの秘密とは、それによって対象の把握が変化するということである。これを短くすると、それはこの部分の延長のように見えるし、長くするとまったく独立した部分に見える。これをもっと分厚く頑丈にすると、もう一方がそれに支えられているように見えるし、薄くするともう一方に寄りかかっているように見える、等々。

本当に大切なのは連続的な寸法の相違ではなく、把握の質的な相違なのである。

ブラームスのオーケストレーションには色彩感覚がないと批判しようとするなら、そもそもブラームスの主題には無彩性⑫が存在しているのだと言わなければならない。⑯ブルックナーの主題がすでに色彩に富んでいるように、ブラームスの主題はすでに白黒なのである。何らかの訳があって、ブルックナー〈彼／ブルックナー〉は実はいくつもの主題を一つの体系へとまとめ上げたのであって、彼のオーケストレーションについては何も分からないのだとしても、そうなのである。

そこで次のようにも言えるだろう、それなら結局すべてはうまく行っているのだ、白黒の主題に同じような白黒の（無彩の）オーケストレーションが加わるのだから、と。ただ私としては、ブラームスのオーケストレーションの弱点とは、しばしばそれがはっきりと白黒［無彩的］になっていないという点にこそあるのだ、と思うのだが。

そこから次に、何かに色彩が乏しいと思われるのは、現にそこにある色彩が我々を楽しませるように作用していないからだ、としばしば我々に思わせる印象が生まれる。⑰しかし私が思うに、そうした場合に必要だが欠けているのは実は無彩性なのである。このことは実にしばしばはっきりと現れる。例えば［ブラームスの］バイオリン協奏曲の最終楽章で、きわめて特異な音の効果が用いられている箇所があるが（音があたかも枯葉のようにバイオリンから落ちるように聞こえる箇所）、それは聴衆には孤立した音響効果としてしか体験されない。それに対してブルックナーでは、音の響きが主題〈彼の主題／主題〉という骨格の自然な外皮〈自然な肉付き／自然な外皮〉として体験される（これと事情がまったく違うのがブラームスの合唱曲の音である。それは、ブルックナーのオーケストレーションがブルックナーの主題に根ざしているのとまったく同じように、主題に根ざしている）（ドイツ・レクイエム第一部の最後のハープのパート）。

⑩⑧

「寸法取りの秘密」について。寸法取りの本当の意味は、対象の様々な寸法の比率が変化するに応じて、それを違った名前で呼ぶことができるということのうちに示されている（言うまでもないが、顔の部分の比率が変わると、「悲しげな」、「ふてぶてしい」、「荒々しい」等と表情の呼び方が変わるのとまったく同様に）。

自分の思考（哲学的思考）に対する喜びとは、私自身の奇妙な生に対する喜びである。これは生きる喜びなのか。

自分のことをたいした者だなどと思わず、しかも、自分のことをひとかどの者だと思う権利は誰にでもあるという（アナロジーによる）あらゆる証明は、欺瞞であるとはじめから断言すること〈みなすこと／断言すること〉、しかもその証明がどこかおかしいと見抜く〈わかる／見抜く〉前に（それどころか、たとえ決して誤りが見抜けなくとも）、そのように断言することはとても難しいことだ。⑩⑨

一〇月三一日
今日、哲学の研究への準備が最もよくできているのは、依然として物理の学生である。自信に満ちた伝統の中にはまりこんでいる数学者に比べると、彼らの理解力は誰の目にも明らかな物理学の不明瞭さによって、より柔軟になっている。

私は自分のことを、他人の道徳的概念がその上に簡単にくっついて〈ひっかかって／くっついて〉しまう非道徳的な核のようなものと見なしても、おそらく構わないだろう。

その結果として、私が話すことそれ自体は決して私自身のものではないことになろう。というのも、なにしろこの核は話せないからである（それは私には白い死んだボールのように見える）。(110)そればかりかこの核には印刷された紙きれがぶら下がっている。そしてこれらが話すのだ。もちろん元のままの状態で話すのではなく、他の紙きれとごちゃ混ぜになり、核に対する位置関係に影響されながら話すのだ。——しかし、たとえこれが私の運命なのだとしても、私から責任というものが免除されることはないだろう。そしてこの運命を嘆いたりするのは罪あるいは無意味なことだろう。

お前は生まれついての徳というものを軽蔑しているな！　自分にそれがないものだから、と人は言えるだろう。——しかし、そうした生来の贈り物をまったく受け取らなかった人間でも人間で在りうる、ということのほうがもっと驚くべきことではないか、あるいは、同じくらい驚くべきことではないか！

⑪「お前は苦境を徳に転化しているな」。確かに。でも苦境が徳に転化できるということは驚くべきことではないか。

これを次のように言い表せよう。死者には罪が犯せない、ということが驚くべきことなのだ。そして生者は確かに罪を犯しうる、しかし罪を断念することもまたできるのだ。私は善くも在りうる限りにおいてのみ悪しく在りうるのだ。

時々私は人間を球として想像してみる。あるものは全部本物の金でできている。別のあるものは表層が無価値な材質でできていて、その下が金になっている。また別のものは表面が紛らわしいニセの金メッキで、その下が金。さらに別のものは金メッキの下がごみになっており、また別のものはそのごみの中に小さな本物の金の球がある等々、等々。

⑫
たぶん最後の種類が自分なのだと信じている。

しかしこうした人間を判別するのがいかに難しいか。ある人間について第一の層が偽物だと分かり、「そうか、あいつには値打ちがないのだ」と人は言う。というのも本物の金に金メッキがしてあるとは誰も思わないからだ。あるいは金メッキの下にガラクタを見つけて、「当然だ！　こんなことだと思っていた」と人は言う。だが、その場合でもガラクタの中にまだ本当の金が隠れているに違いない、こう想像することは難しいのだ。

もし対空砲が彩色されていて、上空からは樹や石のように見え、本当の輪郭が分からなくなり、その代わりにニセの輪郭がこしらえてあったなら、この物を判別するのはいかに難しいことか。⑬次のように言う者も想像できよう、「つまりすべてはニセの輪郭なんだ、だからこれには本当の輪郭〈本当の形／本当の輪郭〉というものはないのだ」。だがそれには確固とした本当の形があるのであり、ただ普通の方法ではそれを判別できないのだ。

かつて姉のグレーテルがエマソンの『エッセー』のある箇所を読んでくれたことがある。そこでエマソンは友人のある哲学者を（名前は忘れてしまった）描写していた。姉はこの記述から、この人物は私に似ていたに違いない、と読み取れたと信じていた。私は内心、何たる自然のいたずらだろう、と考えた。——カブト虫が木の葉のように見えるとはなんという自然のいたずらだろう！　でも、その場合にも本当のカブト虫は存在するのであり、人造の木の葉が存在するわけではない。

⑭正しく書かれた命題においては、一つの粒子が心や脳からはがれ落ち、命題として紙の上

に飛来する。

私の命題はたいていの場合、自分に浮かんだ視覚的な像の描写だと思う。

リヒテンベルクの機知とは、ある純粋な蠟燭においてのみ燃える炎である。

「私はこうした嘘をつくことができる——あるいはこうした嘘もつくことができる——あるいは最高の方法としては、真実をまったく率直に語ることによって嘘をつくことができる」。私はしばしばこのように自分自身に対して語る。

一一月二日

(115)あるところでドストエフスキーは、今の悪魔とはくだらないことを恐れる心という姿をしている、と述べている。そしてこれは本当に違いない。というのも、くだらないことほどに私が恐れるものはなく、くだらないことほど私が無条件に避けたいと思うものはないからである。しかし私には、これが他のすべての恐れと同じく一つの臆病さであり、あらゆる場所から追い出されてしまった臆病さが、それを最後の難攻不落の砦としているのがわかっている。あれやこれやの場所を放棄しても、臆病さの敗北が見かけだけのこととなるように、臆病さはそれを砦としているのである。というのも、臆病さは最後に平然とこの砦に戻り、そこでは安全だからである〈多くの場所で／多くの場所から〉引き下がっても、臆病さの敗北が見かけだけのこととなるように、臆病さはそれを砦としているのである。というのも臆病さはこの砦に平然と赴くのであり、そこでは安全だからである（そしてそこから全国土を再度占領するだろう）。臆病さに対する勝利全体が単なる喜劇だったのである／あれやこれやの場所を放棄しても、臆病さの敗北が見かけだけのこととなるように、臆病さはそれを砦としているのである。というのも、臆病さは最後に平然とこの砦に戻り、そこでは安全だからである〉。

もし私が人々に対して、自分について彼らに言うべきことを言ったなら、⑯私は私を知っているほとんどすべての人の軽蔑と嘲笑に晒されるだろう。

〈ユダヤ人に対する表現としての〉「祖国なき無頼の徒」とは「鷲鼻の無頼の徒」という表現と同水準のものである。何故なら人は欲しいからといってまっすぐな鼻が手に入るわけではないように、欲しいからといって祖国が手に入るわけではないからだ。

罪を負った良心は簡単に告白できよう。虚栄心の強い人間は告白できないのだ。

私は自分のどんな決定のとりこにもなりたくない〈ならないだろう／なりたくない〉。ただし決定が私を捕らえた場合は別だが。

⑰自分のためにではなく、その者のために人を抱きしめよ。

七日

良心と思考のために、今心はまったく乱れている。

上下二つの部屋に二つの世界が宿れるとしたら、それは奇妙なことだ。上で大騒ぎをしている二人の学生の階下で私が暮らすとき、それが起こっているのだ。それは本当に二つの世界であり、いかなる意思疎通もありえない。

もしマルガリートを失うようなことがあれば、自分は（内面で）修道院に入らなければならないかのような感覚が今ある。

マルガリートの法的な婚約のことを考えると、吐き気を催す。違う、この場合、⑱私は彼女のために何もできないだろう、そして私は彼女が酔っ払った場合のように彼女を扱わなければならないのだろう。すなわち、彼女が眠って酔いからさめるまでは、彼女と話さないことである。

確かに人はかつて住み慣れた家々が瓦礫の山となったその跡にも住めるはずだ。だがそれは困難である。自分では気づかなかった〈ほとんど気づかなかった／気づかなかった〉にもかかわらず、やはり人は部屋の暖かみとくつろぎに喜びを見出していたのである。しかし廃墟をさまよっている今、人はそのことを知る。
今や精神のみが暖めてくれること、そして精神に暖められることに自分がまったく慣れていないことを人は知るのである。⑲

（風邪をひいたとき体を洗うとつらい、そして精神を病んでいるときには考えることがつらい。）

私には享楽を放棄することはできない（つまり、放棄したくない）。私は楽しむことを放棄したくないし、英雄になどなりたくはないのだ。このゆえに私は、見捨てられることの刺しぬくような、そして恥じ入らせるような痛みに悩んでいる。

絶望に終わりはない。自殺もそれを終わらせることはない。人が奮起して絶望を終わらせない限りは。

絶望している人間とはりんごをどうしても欲しがるわがままな子供のようなものである。ただ人は普通わがままをやめるのがどういうことなのかを知らないのだ。⑳それは手足の骨を折(り、以前関節がなかったところに関節を作)ることである。

もう長い間腸の上部を圧迫し続けていた思考の古い断片がある機会に出てくることがある。その時、人はある命題の一部分に気づき、これこそ自分が何日か前にずっと言いたいと思い続けていたことなのだと悟るのである〈その時、人はある命題の部分を見出し、これこそ自分が二、三日の間、あるいは一週間の間ずっと言いたかったことだと気づくのである/その時、人はある命題の一部分に気づき、これこそ自分が何日か前にずっと言いたいと思い続けていたことなのだと悟るのである〉。

私にとってマルガリートとタラの関係に関する俗っぽい評判は、あまりにもぞっとするような、耐え難いものである。それを耳にするくらいなら世間から引きこもっているほうがまだましだ。

私はどんな中傷にも耐えられる、⑫だが俗っぽい中傷だけはだめだ。これは変ではないか?

自分の中で病んでいるのが精神なのか肉体なのか分からない。実験をし、いろんなことが現にあるのとは違っているという想像をしてみる。そしてその場合、自分の健康状態が直ちに正常になるだろうと感じる。だからおかしいのは精神なのだ。やる気がなく重い気分で座り込み、精神がいわば濃い霧の中にあって、一種の軽い頭痛が起きるとき、ひょっとしたら

――あるいは、おそらく――マルガリートの愛を失うだろうという考えが浮かんでしまうのはそのせいなのだ！

汚物の中にはまってしまったら、できることはたった一つしかない、前に向かって歩くことだ。苦労のあまりぶっ倒れて死んだとしても、嘆きながらくたばるよりましだ。(122)

霊よ、我を見捨て給うな！　すなわち、わが精神のか弱き霊的炎よ、消えることなかれ！

キルケゴールの著作には人をからかうものがある。そしてもちろんそれは意図的なものではないが。私に対して彼の著作が及ぼす影響そのものが意図されたものかどうかは私には定かではないが。そして私をからかう者が、彼の問題に取り組むことを私に強いること、そしてその問題が重要であれば、これがいいことであることに何の疑問もない。――それにもかかわらず私の中には、このからかいを非難する何かが存在する。それは単に私のルサンチマンにすぎないのか。もちろん私はキルケゴールが彼の著作で美的なものの不条理さをその名人芸で示していること、そしてもちろんそれを彼が意図して行っていることを知っている〈見てとる／知っている〉。(123)しかし彼の美学的著作には、言ってみればすでにかすかな苦味が含まれており、まさにそれ自身において詩人の作品とは違った味わいを持っている、というのも事実である。彼は詩人ではないのに、いわば信じられないような名人芸で詩人をまねているのだが、人はその模倣の中に、彼が詩人でないことに気づくのである。何かへと私をそそのかすために誰かが策を弄していると考えるのは不愉快なことである。確かにそのため（こういった策を弄するため）には少なからぬ勇気が必要だし、私にそうした勇気は――ほんの少したりとも――ありはしない。しかしそうした勇気があったとしても、それを用いるのが正しい〈善い／正しい〉ことなのかどうかは疑問である。そうしたことをするためには、勇気に加えて隣人への愛の欠如が必要だと私は信じる。君が隣人愛と呼んでいるものは利己心なのだ、と言ってもいいだろう。⑭ところでこれに加えて、私は利己心なき隣人愛というものを知らない。というのも私は他人の永遠の救いには口出しできないからである。私には次のようにしか言えない。私、自分の魂を気遣う私、は自分が他人に愛されたいと願っている、そのように他人を愛したい。

ある意味で他人にとって永遠に最善なるものを欲することはできない。他人は私に対して、ただ地上的な意味において善くあれるだけなのであり、私の中で最高のものへの努力を示しているかに見えるあらゆるものに対して、敬意を示すことができるだけなのである。

自分の告白について考えるとき、「……もし愛がなければ……」という［コリント人への第一の手紙13：1のパウロの］言葉の意味を理解する。というのもこの告白も、もしそれが言ってみれば倫理的芸当として為されるなら、私にとって何のためにもならないからである。しかし私が言いたいのは、単なる倫理的芸当では不十分だったから告白するのを見送った、ということではない。(125)告白するには自分があまりにも臆病だったのだ。

（倫理的芸当とは、何が自分にできるのかを示すために私が他人に、あるいは単に自分（自身）に対して演じる何かである。）

私には兄クルトの精神状態が完璧に理解できる。それは私の精神状態より少しだけ不活発だったにすぎない。

私の哲学における思考の動きは、私の精神の歴史、その倫理的概念の歴史、そして私の状況の理解の中にも再び見出されるはずであろう。

蚊（の群れ）と闘わなければならない（に抵抗しなければならない）者にとって、何匹かを追い払ったということは重要なことである。しかしそれは蚊と何のかかわりもない者にとって何の重要性もないことである。(126)哲学的諸問題を解決するとき私は、あたかも自分が全人類にとってこの上なく重要なことを成し遂げたかのような感覚を持つ。問題が自分にとってこのように並外れて重要であるように思われるのは（あるいは、自分にとってこのように重要であるのは、と言うべきか）、自分がそれらの問題に悩まされているからだとは考えないのだ。

一五日

昨夜夢を見る。私はある事務所に請求書の集金に行った。部屋の様子はこんな具合で、a、b、cは机、dは扉（cは少し曖昧）。

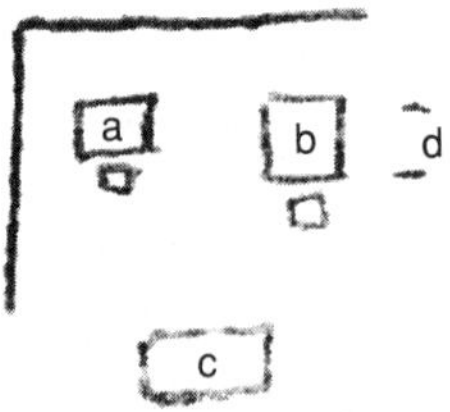

a、bそれぞれの前には椅子があり、aの前の椅子に役人が座り、その左に自分が立っていた。部屋には私の他にもとても騒がしい一団の人々がいて、その一人がbの前に座っていた。彼らはみんな大声で陽気に役人に話しかけていた。bの前にいる人間は、(127)他の連中（彼らはcの所に立っていた）の言うことすべてを役人に面白く翻訳しているらしく、それによってそこで特別の地位を占めていた。役人は彼らとは関わっていられないと言い、私のほうを向いた。私が彼に請求書を渡すと、彼は誰からのものかと訊ねた。とにかくそこに書いてあるから自分で見てくれ、と私は言いたかったが（というのも、彼は発行元の名が見えないような具合に請求書を手に持っていたから）、思いきってそう言えずに、ラヴァルあるいはド・ラヴァルという名を告げた。引き続き役人は、請求書を電気装置の中で調べながら（レントゲン写真を撮ったのだと私は思った）チェックした。請求書は黒い布を巻きつけた一種の箱の中にあった。(128)場面が変わり、今度の部屋は小さな実験室みたいだった。大きな机の上に箱があり、底から何本もの電線が出ていた。私はほとんど電気椅子の犯罪者のように、ある椅子に座っていた。電線は私に達し、それから壁にまで行っていた。私は電線とロープを巻

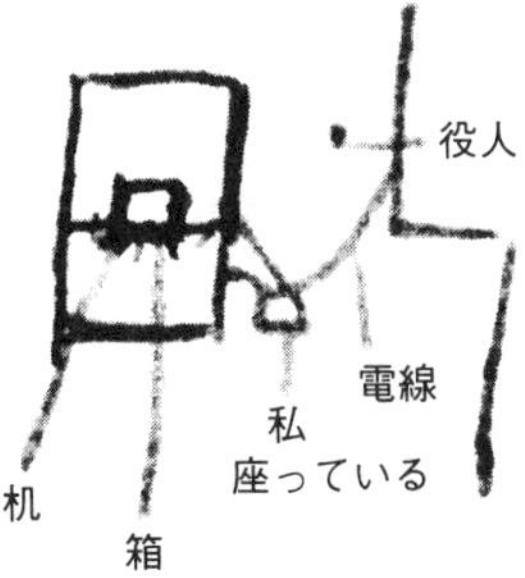

きつけられているようだった。自分がなぜここにそうして座らなければならないのか分からなかった。そして〈私は／そして〉役人に言った、「回路は私の体を通っていない」。彼、「もちろん通っていない」。私（不承不承に）、「でも君は私を拘束したじゃないか」。それに対して彼は、拘束されているのは君の小指だけだよ、「我々は誰にでもこうしているのだ」、と言った。その時私は、自分がまったく拘束されていないことが分かった。[129]確かにロープと電線は自分の周りに渦巻状にぶら下がっている、しかしそれだけで、それらはどこにも触れておらず、ただ小指だけが荷造りひもでフック（机に取り付けられた？）に結び付けられていた。私は自分が自由であるのを確かめるために立ち上がり、少し気まずく役人に言った、「すまない」、自分が（まったく）自由であるのに気づかなかったよ。そこで目が覚めた。

　目覚めた直後、私はこの夢が、マルガリートとの関係を表現するために自分が必要としていた比喩だと解釈した。つまり、彼女と一〇〇〇本のロープで結ばれているように見えるだけで、実際にはそれらのロープは自分の周りにぶら下がっている〈を囲んでいる／にぶら下がっている〉にすぎず、私を誰と結び付けているわけでもなく、私たちの絆とは、細い荷造り紐のみだということである。

⑬⓪お前が成し遂げたもの、それは他人にとってお前自身以上のものではありえない〈ことを意味しえない／ものではありえない〉。

お前が費やしただけのものを、それらが支払うだろう。

キリストの教えが本当に言っているのは、すべての利口さを捨てよということである。

虚栄心を捨て去りたい〈るつもりだ／りたい〉、と私が言うとき、またもやそれを単なる虚栄心から言おうとしているのでないとは言い切れない。私は虚栄心が強い。そして私の虚栄心が強い限り、より善くなりたいという私の願望も虚栄心に満ちている。そんなとき私は、自分の気に入っている虚栄心のない過去の誰々のようになりたいと思うのだが、すでに心の中で虚栄心を「捨て去る」ことから得られそうな利益を計算しているのだ。舞台に立っている限り、⑬①何をしようとも人は役者にすぎないのだ。

私は自分の心の中で自分自身に耳を傾ける代わりに、早くも後世の者が自分について語っているのに耳を傾けている。もちろんこの自分自身とは、私をよく知っているがゆえにまったくありがたくない観客なのだが。

そして私がしなければならないのは、想像の中の他人に耳を傾けることではなく、自分自身に耳を傾けることである。すなわち自分を眺めている他人を眺めるのでなく——というのも私がしているのはこのことだから——、自分自身を眺めることである。自分から目をそらした上で他人を眺めるために、私はどんなに策を弄していることか。どれだけ際限なく何度もそうした誘惑にかられていることか。

宗教的な腹立たしさについても人は、「お前は腹を立てている、ゆえにお前は間違っている」〔原文は仏語〕と言うことができた。というのも、確かなことが一つあるからだ。それは、腹を立てるというのは正しくない、(132)怒りは確かに克服されねばならない〈確かに克服すべきである／確かに克服されねばならない〉、ということである。そこで問題となるのは、結局、相手が自身の言ったことに関して正しいと認められるかどうか、ということだけである。パウロが十字架に架けられたキリストはユダヤ人にとって腹立たしいものであると言うとき、[13]それは確かにその通りであり、しかも腹を立てるのが正しくないというのもその通りなのである。ただ問題は、こうした腹立たしさの正しい解消とはいかなるものなのか？　ということである。

世界における歴史的出来事としての神とは、大きなパラドックスである、それは私の人生の中の、あの時、あの場所における特定の一行為が罪を負っていた、ということと同等のパラドックスである。すなわち私の個人史のある瞬間が永遠の意味を持つということは、世界史のある瞬間や期間が永遠の意味を持つということ以上のパラドックスではないものの、それに劣らぬパラドックスなのである。⑬私は自分の誕生を疑える限りにおいてのみキリストを疑えるのである。――というのも私の罪がその中で生じたのと同じ時間の中で（ただ、ずっと以前に）キリストは生きていたからである。それゆえ次のように言わなければならない。もし善悪というもの全般が歴史的なものなら、神的な世界秩序とその時間的な始まりと中心というものも考えられうるのだ、と。

しかし、もし今自分の罪について考えるなら、私がそうしたことをしたというのは一つの仮説に過ぎないわけだから、なぜ私は、あたかもそれらについてはいかなる疑問もありえないかの如くにそれらを悔いるのだろうか。今それらのことを思い出しているということが私にとっての証拠であり、私の悔恨の根拠であり、自分は臆病でそれらを告白できないという非難の根拠なのである。

⑭
コルシカ島の辻強盗の写真を見て、考えた、キリストの教えを書き込むには、彼らの顔はあまりにも険しすぎ、私の顔はあまりにも柔らかすぎる、と。この辻強盗たちの顔は見るからに恐ろしく、無情であり、独特の冷たさと硬さを持っている。だが恐らくは、彼らが私より

も正しい生からかけ離れているわけではない。彼らは正しきものから外れたもう一方の側に立っているにすぎないのだ〈もう一方の側にいるにすぎないのだ／彼らは正しきものから外れたもう一方の側に立っているにすぎないのだ〉。

弱さとは恐るべき悪徳である。

［この間の出来事3］
一九二九年以来ウィトゲンシュタインはヴァイスマンと共著で『論理・言語・哲学』という『論考』の哲学への入門書を出版する計画に同意し、それに携わってきたが、一九三一年のクリスマス休暇に彼はヴァイスマンに対して、現在彼は『論考』の多くの命題が誤りであると考えているため、『論考』の解説や修正版を出版することは無意味であると考えていると通告する。こうして『論理・言語・哲学』の構想は大幅に変更されることになる（cf.『モンク伝記』pp.339f.）。

一九三二年一月一一日
再びケンブリッジに戻る。多くのことを経験した後で、私と結婚したがっている（！）マルガリート、家族のけんか、等々。――しかし私の精神はすでに年老いていて、⑬⑤未熟なことをするわけにはいかない。私がいかに年老いているかをマルガリートは感じていない。
自分が一人の老人のように見える。
　私の哲学の仕事は今、困難なものを迂回しているように見える。気晴らしのように、良心のやましさ無しには没頭できない娯楽のように見える。まるで病人の看病をする代わりに映画館に行っているみたいだ。

生まれてから死ぬまでずっと眠っているか、ある種の浅い眠りや夢うつつの中で生きている人間を想像することができる。本当に生き生きとした人間（ほかならぬキルケゴールのことを私は考えている）に比べると、私の生とはそんなものだ。⑯浅い眠りの中で生きているこうした者が、いつの日かわずかの間目覚めたなら、その者は自分が大した奴だとうぬぼれ、自分を天才の一人に数えることすら躊躇しないだろう。

　私の自己叱責的な考察の中で、それでもやはり自分の欠点を自分で見つめる〈自分で自分を叱責する／自分の欠点を自分で見つめる〉のは素晴らしいことだ、という感覚をまったく抜きにして書かれているものは、ほとんど一つとして無い。

一九三二年一月二八日
根本的に自分が自分自身の業績にいかに敬意を払っていないかは、私にとって次のことのうちに示されている。すなわち、ある別の分野で、哲学界での私に相当する存在であると考えてよい人間について、(137)私は大きな留保無しには彼が重んじられることを許容したり、彼を高く評価したりしないだろう、ということのうちに。

昨夜次のような変わった夢を見た。誰かが（レティスだったのか？）ある人物について、彼の名は“Hobbson”で「混合bの発音で」読む、と私に言った。それが意味するのは彼の名は“Hobpson”のように発音する、ということである。——目が覚めて次のようなことを思い出した。ある単語の〈名前の／単語の〉発音に関して、かつてギルバートが私に「混合bで発音される」と言ったことがあったが、私はそれを「混合ビーフで」と聞いたので彼が何を言っているのかわからなかった。彼が言いたかったのは、この単語を発音するときは混合ビーフという食べ物を口にしなければならない、ということかのように思われ、ギルバートが言ったことが分かったとき、(138)私はこのことをジョークとして言った。以上のことすべてを目覚めた直後に私は思い出した。その後このことは徐々に疑わしくなり、朝服を着るときになってようやく明白なナンセンスのように思われた（付け加えて言うなら、この夢のことを調べてみると、人種混合についての思想とそれに関する私にとって重要なことへと行き着く）。

他よりもむき出しのままで、無からこの世を経て地獄へと赴く魂は、衣服をまとった市民的な魂よりも大きな印象を世界に残す。

マルガリートが忠実であり続けられるのは彼女の隠れ家としての私に対してのみである。⑬誰か別の男に惚れることがあるとしても、彼女はそうすることができるし、そうすべきなのだ。その時、彼女の何に対して私が権利を持っているのかが明らかとなるだろう。私は、彼女の隠れ家としての私に忠実であるよう彼女を説得できる。それ以外のすべては、彼女の現在の窮地を食い物にすることだろう。

私は大部分の人間よりもむき出しの魂を持っている。私の天才とはいわば、そこにあるのだ。

ある人間の体からすべてを切り落としてみよ、両腕、両足、鼻、両耳をそぎ落としてみよ、その時彼の自尊心と威厳がどれほど残っているかを見てみよ、自尊心や威厳に関する彼の概念が、どこまで変化せずに保たれるかを見てみよ。⑭こうした概念が身体の通常で正常な状態にどれだけ依存しているかを我々は知らないのだ。もし我々の舌に穴が開けられ、それに輪が通され、そこに紐が結わえられて引かれたなら、こうした概念はどのようになるだろうか。一人の人間の中のどれだけが、それでもなお残り続けるのか？　こうした人間はどんな状態へと沈んでゆくのか？　自分たちが高く切り立った崖っぷちに立ち、自分たちの周りを深淵が取り囲み、その中ではすべてが違って見えるということを我々は知らない。

「グロッシェン」、「ターレル」といった古風な貨幣単位の採用、今日のオーストリアの何たるかに特徴的、そしてヨーロッパ諸国全般の状態に特徴的。(141)

民族舞踊や民族衣装の復活、そしてある種の蒙昧化はこれらと関係している。

私の思考の基本的な動き方は、今日では一五―二〇年前とはまったく違うものである〈まったく違う／まったく違うものである〉。

そしてこれは画家が一つの方向から別の方向へと移行する場合に似ている。

――ユダヤ的精神とは大いに問題のあるものであり、温厚なものでは決してない。そして著述家がその情緒豊かな側面を強調するのは嘆かわしいことである。私はユダヤ人のジョークについて語っているフロイトのことを考えていた。
M.「マルガリート」は矯正役として私を必要としているのであり、彼女の唯一の所有者として私を必要としているのではない。(142)
時々私は、自分の理性が、負荷のかかった、今にも割れそうなガラス棒であるかのように感じる。

そんな時、私の精神は極端にもろいように思える。

睡眠中に、人が遠くや近くに旅することができる〈den ／dem〉思考の空間が存在する。そして目覚める時、大小さまざまの距離〈遠さ／距離〉から人は帰還するのだ。

訳注

（1）ウィトゲンシュタインのこの「考察」には二通りの解釈が可能であり、どちらがより適切かは必ずしも自明ではない。ここで「折れる」と訳したドイツ語“Brechen”には「折れること」の他に「嘔吐すること」という意味もあり、全体を「自分は弱すぎて嘔吐できない」という意味にも解釈できる。それに対してここで本文のような解釈をとった理由は、次の「考察」にも示されているように「精神が壊れること」が本日記全体の重要なテーマになっているからである。この解釈に従うなら、この「考察」は、自分は弱すぎていったん折れると元に戻れないから強がっているのだという逆説的思考を表現していることになり、それは第一部でしばしば示されるウィトゲンシュタインの逆説的な思考の傾向とも一致する。付け加えると、本文五九―六一ページのラボールに関する「考察」においてウィトゲンシュタインは、現代における真理は逆説と響かざるを得ない、と述べている。

（2）前注にもあるように、ウィトゲンシュタインは本日記でくり返し自分の精神を、棒やガラスといった折れたり壊れたりするものになぞらえている。「たわむ」という表現はそれに由来する。

（3）人間にとって不可欠で本質的だと我々が普通思っている能力、すなわち認識能力を指す。

（4）ウィトゲンシュタインはここでフリードリヒ・シラー（一七五九—一八〇五）の戯曲『ピッコロミーニ』（『ヴァレンシュタイン』三部作の第二作）第四幕、第七場の台詞（"Spitzbuben selbst, die uns zu Schelmen machen!"）を引用している。なおこの注は、本日記の英訳者アルフレッド・ノードマンの訳注による。

（5）ウィトゲンシュタインはここで使徒パウロの「神の恵みによる選び」の教義を念頭に置いていると思われる。ローマ人への手紙9：10〜16、同11：3〜6参照。この教義に関するウィトゲンシュタインの「考察」としては丘沢訳『反哲学的断章』pp.97, 198–199, 219–220を参照。なお、この訳注については、英訳者アルフレッド・ノードマンの訳注を参考にした。

（6）宗教と言語の関係についてのウィトゲンシュタインの同種のコメント（一九三〇年一二月一七日のもの）については『ウィトゲンシュタインとウィーン学団』（大修館全集第五巻）pp.167–168参照。

（7）本文二八—二九ページの類似した「考察」参照。ほとんど同一の「考察」を反復するというウィトゲンシュタインのこの「くせ」について彼自身が語っている本文二一一ページの「考察」も参照。

（8）、（9）「当たり前の道徳律 natürliches Sittengesetz」と「自然法則 Naturgesetz」がドイツ語では一種の掛け言葉になっている。

（10）この文は続く二文に対する欄外の書き込みである。詳しくはコメンタール参照。

（11）「知恵」に関するウィトゲンシュタインの否定的な考察の他の例については、丘沢訳『反哲学的断章』pp.151–152, 159参照。

（12）「色彩感覚の欠如 Mangel an Farbensinn」と「無彩性 Farblosigkeit」を相互に独立した別の概念ととらえることが、この逆説的「考察」の、いわば修辞上のポイントである。

（13）明らかにここでウィトゲンシュタインは、コリント人への第一の手紙1：23のパウロの、通常は「「十字架にかけられた」キリストはユダヤ人にとっては躓きである」と訳される言葉について語っていると思われる。他方、ルターはパウロのこの言葉の中の「躓き」を意味する「スカンダロン」というギリシャ語を、「立腹 Ärger」を語根とする「腹立たしいこと Ärgernis」というドイツ語に訳している。こ
こでのウィトゲンシュタインの思考の流れが、このルターによる聖書の訳と解釈に全面的に依存してい
るため、あえて「躓き」という慣例的な訳語を避けた（この注に関して秋山学、黒田享の両氏から様々
なご教示を得た）。

第二部　一九三六―一九三七

［これまでの経過２］

一九三二年以降も引き続きケンブリッジ大学から研究助成金を得ながら講義と研究に打ち込むという生活をウィトゲンシュタインは一九三六年五月まで続けた。その間彼の哲学的思考は内容を大きく変化させた。一九三一年夏ごろから手稿に姿を見せ始めた『論考』に批判的な思考は一九三二年以降さらに発展し、そうした内容の手稿が一九三三年夏には「ビッグ・タイプスクリプト」と呼ばれている大部のタイプ原稿（TS 213）としてまとめられ、それらをより体系的にしたものとして、一九三三年と一九三五年に学生に対する口述英語原稿『青色本』と『茶色本』が作成された。他方、この間彼は学生の一人であるフランシス・スキナーと親密な友人関係を発展させ、それは一九四一年のスキナーの死まで続く。一九三六年夏、大学からの助成金の期間が終了したウィトゲンシュタインは、『論考』に代わる第二の主著（結局は一九四六年に『哲学探究』第一部（TS 227）として完成するもの）を作成するために一九三七年四月まで続く長い単身でのノルウェー滞在を開始した。当初彼は『茶色本』をドイツ語に「書き換える」ことにより新たな著作を生み出そうとして何回かの書き換えを試みたが、その目論みは最終的には一一月初めに破綻し、新たな著作が一から書かれなければならないことが判明する（cf.『モンク伝記』pp.411f.）。そして新たな著作の草稿となるべき手稿ノート（MS 142）の作成が改めて一一月初めから開始される。翌年四月までの滞在の結果としておおよそが完成したと想像されるこのMS 142は、現存の最終的な『哲学探究』第一部の§§1–188にほぼ相当する。MS 142の完成によっていわゆる「後期ウィトゲンシュタイン」の哲学の基盤が確立するのだが、日記第二部はMS 142と文字通り同時に、冬のノルウェーにおいて記入されていく。なおMS 142は本日記帳（MS 183）と共にウィトゲンシュタインの死後、姉マルガレーテからルドルフ・コーダーに贈られ、一九九三年になって「再発見」された。日記第二部の記入はMS 142の作成が開始されて間もない一一月一九日から始まる。

＊《　》で挟まれた斜体は原文が暗号体で書かれていることを示している。

一九三六年一一月一九日　ショルデン ⑭②

およそ一二日前、ヘンゼルに自分の家系に関する嘘についての告白を書いた。それ以来繰り返し、自分はどのようにすべての知人に完全な告白ができるのか、そして、すべきなのかについて考えている。⑭③それを私は望むとともに恐れている！　今日は少し具合が悪く、風邪気味だ。「困難なことが実現できる前に、神は私の命を絶とうというのか？」と考えた。事が良くなりますように！

一一月二〇日

疲れていて仕事をする気にならない、というか、本当のところはできない。とはいえこれは恐ろしい病気ではないだろう。座って休むことだってできるだろう。だがそうなると私の心は陰鬱になるのだ。私はなんと簡単に天の恵みを忘れるのだろうか！

告白を一つ終えた今となっては、嘘でこしらえた建物全体を維持することはもはやできないかのように思われる、それは完全に壊れなければならないかのように思われる。すでにそれが完全に倒壊してしまっていたなら、どれだけよいだろうか！　そうすれば草原と瓦礫の上に太陽が輝くことができるだろうに。

私にとって最もつらいのは、[144]フランシスに告白するということを考えることだ。彼の事が心配だからであり、その場合自分が負わなければならない恐ろしいほどの責任が怖いからである。《それは愛のみが背負うことができるものである。神が私を助け給うように。》

二一日

私の手紙に対するヘンゼルの素晴らしい、心を打つ返事を受け取った。君には感心する、と彼は書いている。何という罠[1]！　他の友人や親戚に手紙を見せるのを彼は拒んでいる。だから今日ミニングにもっと長い、より徹底的な告白を書いた。それについて、うわついたことを考える誘惑に駆られているとは！

ナットはしっかり締めておかないと、それが押さえておくべきものがまた動いてしまうので、すぐに元のようにゆるんでしまうのだ。[145]

私はいつも自分独特の上手な比喩がうれしくなる。それがかくも虚栄心に満ちた喜びでなかったらいいのに。

お前はキリストを神と呼ぶことなしに救い主と呼ぶことはできない。何故なら人間にはお前を救済できないからだ。

二三日
《私の仕事（私の哲学的仕事）にも真剣さと真理への愛が欠けている。――ちょうど講義でも、何かが自分に明らかになって欲しいと願っているとき、それがもう分かっているかのように述べることでしばしば嘘をついてきたように。》

二四日
《今日告白とともに手紙をミニングに送った。告白は正直なものだが、それでもなお私には状況に見合った真剣さが欠けている。》

二五日
《今日神が[146]――これ以外には言いようがないのだから――私に、私はここ地元の人たちに自分の罪業を告白すべきだ、という考えを浮かばせた。そして私は、私にはできません、と言った。そうすべきだが私はしたくない。アンナ・レブニとアルネ・ドレグニに思い切って告白する勇気は私にはありはしない。自分が哀れなやつだということがこうして示されたのだ。この考えが浮かぶ少し前に私は、十字架に架けられることをいとわない覚悟がある、と自分に言っていたのだ。》

結局のところ、すべての人間が自分のことをよく思ってくれたなら、私はどれほど喜ぶことか。それが偽りであり、それが自分で分かっていてもなおそうなのである。《これが私に与えられたのだ、――そして私はこのことに対するほめ言葉を欲しがっているのだ！　我を戒めたまえ――！》

一一月三〇日
《嵐が吹いていて、考えを集中できない。――》⑭⑦

一二月一日
不条理に見え、その表面の不条理さが、いわば背後に存在する深みと絡み合っているような命題がある。
このことは死者の復活についての思考と、それに結びついている思考に当てはまる。――しかしこうした命題に深さを与えるのは、その使用である、つまり、それを信じる人間が送る生である。
何故なら、例えばこの命題は最高度の責任を表現できるからである。というのも、自分が裁判官の前にいると想像してみよ。自分が裁判官の前に立ったとき、自分の人生がどのように見えるか、自分自身にどのように映るかを考えてみよ。裁判官にどのように映るかとか、彼が物分りがいいかどうかとか、寛大かどうかとかをまったく度外視するのだ。

「白もまた一種の黒である」

［この間の出来事４］

本文一四二ページへのコメンタールにもあるように、クリスマス休暇でウィーンに帰省したウィトゲンシュタインは家族と友人に対して告白を行ったが、その内容は伝えられていない。おそらくこの機会にウィトゲンシュタインは同時に、教師時代に暴行事件を起こした山村オッタータルを訪れ、かつての児童や父兄に対して謝罪を行ったのだと思われる（cf.『モンク伝記』pp.419f.）。その後、オーストリアからノルウェーに向かう途中、ウィトゲンシュタインはケンブリッジに滞在し、ムーアを始めとする友人たちにも告白を行った。告白内容を伝えている二人の友人によると、最も大きな告白事項はオッタータルでの暴行事件の後、その事実を法廷で否認したことと、自分の血統について偽りを人々に信じさせたことの二点であった（同書、pp.416–420）。

一九三七年一月二七日[148]

《ウィーンと英国からの帰途、ベルゲンからショルデンへの旅程にて。良心は私に、自分自身が惨めな人間であるということ、弱いということ、つまり苦しもうとはしないこと、そして臆病であり、他人に、例えばホテルのポーターやボーイに悪い印象を与えることを恐れていること、そして淫らであることを示している。だが臆病さに対する非難が一番強く感じられる。しかし臆病さの背後にあるのは思いやりのなさ（と他人を見下すこと）である。しかし私が今経験している恥辱も、自分の外的な敗北を真理の敗北以上に強く感じている限りは、なんら善きものではない。私の自尊心と虚栄心が傷ついているのだ。

私にとって聖書とは、目の前の一冊の本にすぎない。だがなぜ私は「一冊の本にすぎない」と言うのか？　目の前に一冊の本がある、(149)一つの文書がある。この文書は、それだけでは他のどんな文書以上の価値を持つこともできない。

（こうレッシングは言いたかったのだ。）この文書それ自身は、そこに書かれているどんな教えにも私を「結びつける」ことはできない。これは、私の手に入っていたかもしれない他のあらゆる文書と同様に、聖書について言えることである。もし私がその教えを信じるとすれば、それは、他の教えは私に伝えられなかったが、この教えが伝えられたからではない。むしろそれらは私に対して明白とならなければならない。そして私が言っているのは単に倫理的な教えだけではなく、歴史的な教義をも含んでいる。復活や審判を信じるよう私に命じられるのは書かれたものではなく、ただ良心のみなのである。確からしい何事かとしてでなく、別の意味で信じるように命じるのはただ良心のみなのである。そして私が信じないことが非難されうるのは、(150)私の良心が（そんなものが存在するとして）信じるよう命じた場合か、ある下劣さによって自分ではまったく分からない仕方で信仰にいたる事が妨げられた場合だけである。つまり次のように言うべきだと私には思われるのだ。この信仰についてお前は今まったく何も知らない。それはお前が何も知らないある心の状態であり、お前の良心がそれをお前に対して明らかにするまでは[2]、お前と何の関係もないある心の状態である。それに対して今お前は、良心が言うことにおいて良心に従わなければならない。お前にとって信仰に関するいかなる論争もありえない。何故ならお前は何について争われているのかを知らない（識別できない）からである。説教は信仰の前提条件かもしれないが、その中で言われていることを通じて〈それ自身で／その中で言われていることを通じて〉信仰を動かそうとすることはできない。151（もしこれらの言葉が信仰に結びつけることができるのなら、別の言葉もまた信仰に結びつけられるだろう。）信仰は信じることから始まるのだ。信じることから始めなければならない。言葉からはいかなる信仰も生まれない。もう十分だ。』

……しかしインクと紙に興味を持つにも様々な仕方があるのではないか？　ある手紙を注意深く読むとき、自分はインクや紙に関心を持たないか？　というのもいずれにせよそこでインクの線を注意深く眺めるのだから。――「しかし結局それらは目的のための手段だ！」――だが目的のためのきわめて重要な手段だ！　――確かに我々にとって何の興味もないような インクと紙に関する別の探究を想像することはできる。我々の目的にとってはまったく本質的でないように見える別の探究を想像することができる。そうだとすると、我々がどんな興味を持っているかは、152我々の探究の〈探究の／我々の探究の〉種類が示すということになろう。我々の対象は崇高なものである（と思われるのだ）、それゆえ我々の探究は瑣末な、そしてある意味で不確かな対象に関わるのでなく、破壊できないものに関わるべきなのだ

〈と我々は信じたいのだ〈と思われるのだ／と我々は信じたいのだ〉〉。［(3)旅行中に、自分に非常に特徴的な次の現象を観察できる。私は人間を、彼らの外見や態度から特別な印象を受けない限り、自分自身より劣ったものと評価する。つまり私は彼らに対して「平凡な」とか「大衆の一人」といった言葉を使う傾向がある。多分私はそうは言わないだろう、しかし彼らを最初に見るまなざしがそう語っているのである。このまなざしにすでに判断が含まれているのだ。まったく無根拠で不当な判断が。いうまでもなくこうした判断は、(153)たとえもっと親しくなった結果として、ある人がきわめて平凡、つまり皮相だと判明したとしても不当なものである。もちろん私は多くの点で普通ではなく、その意味で多くの人は私に比べると平凡だ。しかし私の非凡さは一体どこにあるというのか？」

　もし我々の探究が語と文を扱うのならば、語がかすれているとか、読みづらいといったことがありうる意味での語や文ではなく、それよりもっと理想的な意味での語や文を扱うべきだろう。――それゆえ我々は、語の代わりにその「表象」を考察することを欲するようにと導かれるのである。我々はより純粋なもの、より明晰なもの、仮説的でないものへと向かいたいのだ。［(4)これには手稿ノート第XI巻の考察が関係する」

一月二八日

まだ船旅の途中だ。埠頭に着き、船を繋留しているワイヤーロープを眺めていた。(154)すると、ロープの上を渡れ、という考えが浮かんできた。もちろんお前は何歩も行かないうちに海に落ちるだろう——しかし海は深くなく、濡れるだけで溺れはしなかっただろう。当然のことながら、何より私は笑い者になるか、さもなければ頭が少々いかれていると思われただろう。それを実行するという考えから私はすぐさま後ずさりした。そしてすぐさま自分に対して、俺は自由な人間〈Mensch／Mann〉ではなく奴隷だ、と言わなければならなかった。もちろんこの衝動に従うのは「非常識」だっただろう。だがそれがどうしたというのか?! 信仰が人間を幸いにするというのがどういう意味なのかが分かった。それは、信仰は人間を直接神のもとにおくことにより人間に対する恐怖から解放する、ということなのだ。人間がいわば皇帝直属になるのだ。英雄でない、というのは一つの弱さである。しかし英雄を演じるというのは、つまり決算において自分の負債を明確に、曖昧さを排して告白する勇気を一度も持たない、というのは、さらにもっとひ弱な〈大きな／ひ弱な〉弱さである。[155]そしてそれはすなわち、謙虚になることである、それも、あるときに口にするいくつかの言葉においてではなく、生において謙虚になることである。

　理想を持つのは正しいことである。しかし自分の理想を演じようと望まないのはなんと難しいことか！　そして理想を自分から切り離して、それがあるがままの場所において見るのはなんと難しいことか！　それだけですら本当に可能なのか、——それともその上に人間は善くなるか、さもなくば、気がおかしくならなければならないのだろうか？　この緊張は、それがもし完全に理解されたなら、必然的に人間を万物のもとへとつかわすか、あるいは破壊するのではないだろうか。

神の恵みの中へと身を投じるというのは、そこからの一つの出口なのか？

昨夜、次のような夢を見る。私はパウルとミニングと一緒に路面電車の前方のデッキのような所に立っていた。だがそれが本当にそうかどうかははっきりしなかった。パウルはミニングに、義兄のジェロームが私の信じがたいような音楽的才能にどれだけ感動したかを伝えた。⑯前の日、私は「ディ・バッカンテン」という（あるいはそれに似た）題名のメンデルスゾーンの曲で素晴らしい伴唱〈共演／伴唱〉をしたのだった。私たちは家で家族だけの音楽会を催し、その曲を上演したのだが、私が並外れて表現力豊かに、そしてとりわけ表現力豊かな身振りで歌ったようだった。パウルとミニングはジェロームのほめ言葉にまったく同意しているように見えた。何度もジェロームは「何という才能なんだ！」（あるいは似たようなことを、これについてははっきりと覚えていない）と言った。私は手に黒い種が入った開いたサヤのついた植物を持っており、次のように考えた。もし彼らが君の音楽的才能が役立てられないのはとても残念だ、と言ったなら、彼らに植物を示し、自然は種子を惜しんだりしない、⑰びくびくせず、安心して種を放り出す〈腐るがままにする／放り出す〉べきだ、と言おう、と。この全体がうぬぼれに満ちていた。――目が覚め、自分の虚栄心に腹が立った、あるいは恥ずかしかった。――これは過去（約）二ヵ月間とても頻繁に見た夢とは違った種類の夢だった。それらの夢で私は、見下げた振る舞い、例えば、嘘をつくといった、をしており、夢でよかった！という感覚とともに目覚めるのだった。この夢もまた、一種の警告と解釈する。《自分がまったく卑劣になりませんように、そして気がおかしくなりませんよ

うに！　神が私を哀れみますように！》

一月三〇日

《体の具合が悪い。非常に弱っており、めまいがする。自分の体の状態にちゃんと向き合おうとさえすれば！　と思う。今でも自分は歯医者に行っていた子供の頃のままだ。そこでも常に本当の痛みと痛みの恐怖が入り混じり、⑱どこまでが本当の痛みで、どこからが恐怖かも分からなかった。》

それでも我々の対象は崇高なのだ、――とすればどのようにして話された記号や書かれた記号を扱えるのか？

だから我々は記号の使用について、記号と同じように語るのである（そしてもちろん記号の使用は対象ではない。本質的で興味深いもの〈Eigentliche, Interessante／eigentliche & interessante〉としての対象が、その単なる代理としての記号と対立するのだ）。

しかし記号の使用における深遠なもの〈崇高なもの／深遠なもの〉とはなにか？　ここで私が想い出すのは、第一に、名には魔術的役割があるとしばしば考えられてきたということであり、そして、我々の言語の形式〈我々の言語形式／我々の言語の形式〉に関する誤解から生じる問題は常に深遠なものという性格を持っているということである。

⑲《想い出せ！》

一月三一日

「時間」という名詞がいかに我々に一つの媒体のように見せかけているかを考えよ、それによって我々がいかにして（あちこちへと）幻を追いかけるという誤りに導かれることがあるかを考えよ。

アダムが動物たちを……と名づける。

《神よ、我を敬虔に、しかし張り詰めすぎぬように在らせ給へ！》

自分の理性のバランスが極めて不安定であるように感じる。平衡を乱すちょっとした衝撃が加わるだけで、ぱちんと壊れてしまいそうな気がする。それはちょうど、泣き出しそうになるのを、今にもどっと泣き崩れそうになるのを、時折感じるのに似ている。そんなときは緊張が解けるまで、静かに、規則正しく、そして深く呼吸すべきである。そして神が欲するなら、ことは収まるだろう。

二月二日

哲学をする場合、適当な時に、子供が（そして素朴な人々が）一番長い橋がこれで、一番高い塔がこれで、一番速い……、と聞いてどんなに喜ぶかを想い出せ⑯⓪（「一番大きな数は何？」と子供は尋ねる）。こうした衝動があらゆる種類の哲学的偏見を、従って哲学的混乱を生み出すに違いない、これ以外にはありえないのだ。

二月三日

お前は人生の快適な物事を泥棒のように持ち去るべきではない（あるいはかすめた骨をくわえて走る犬のように）。

でもそうなら、それは人生にとってどんな意味を持っているのか!!

二月四日

確かに私は人生の問題に関するキリスト教の解決（救済、復活、審判、天国、地獄）を拒否できる〈はねのけられる／拒否できる〉。しかしそれによって私の人生の問題が解決するわけではもちろんない。というのも私は善くもないし、幸福でもないからだ。私は救われていないのだ。⑯つまり、もし違ったように、まったく違ったように生きるとして、その時、世界のあり方の唯一受け入れ可能な像として私に浮かんでくるのがどんなものなのかを、どのようにしたら知ることができるのか。私には判断できない。確かに違った生き方はまったく違った像を前面に押し出してくるし、まったく違った像を必要とする。窮地が祈ることを教えるように。これは違ったように生きれば、人は自分の見解を変えるということではない。だが人が違ったように生きると、違ったように話すのである。新しい生とともに、人は新しい言語ゲームを学ぶのである。

例えば死についてもっと考えてみよ。それでもお前が新しい観念、新しい言葉の領域を知るようにならないのなら、それは異常なことであろう。

二月五日

何かある理由で仕事ができない。考えがまったく進まず途方にくれる。(162)こうした状態でどこから始めていいのか分からない。《自分はここで余計なことに時間を浪費しているように思える。》

二月六日

芸術家がいい意味で「難解」なのは、それを理解することにより我々に秘密が明らかにされる場合であり、我々の理解していなかった策略が明かされる場合ではない。(5)

二月七日

《またもや私の書くものに敬虔さと専心性が欠けている。》だから今自分が生み出しているものが、バフチンには、以前彼に渡したものよりひどいものに見えるかもしれないのが心配だ。《こうした愚かな人間から、どうしていいものが生まれえようか。――》

二月八日

理想的な名とは一つの理想である、すなわち一つの像、我々の好む描写の形である。我々は破壊と変化を、要素の分離と組み換えとして描写したがる。⑯今こうした観念をある意味で崇高なものと呼ぶことはできよう。我々が世界全体をそれを通じて見ることにより、それは崇高となるのである。だがそれだからこそ、その観念の原型がどのような現象なのか、どのような単純で日常茶飯の事例なのかをはっきりさせることほど重要なことはないのである。すなわち、普遍的で形而上学的なことを言いたくなったときは（常に）、本当は一体どんな事例のことを考えているのか、と自らに問えということである。――そこで一体どんな種類の事例、どんな観念が浮かんでいるのか？　さて、この問いに対しては我々の中の何かが反抗する。何故ならこのように問うことによって理想を危険に晒しているように見えるからである。だが〈während／Während〉我々がこのように問うのは、ただ理想というものをそれが本来属する場所に置こうとすることにすぎないのだ〈以外の何物でもないのだ／にすぎないのだ〉。というのも理想とは、我々が現実をそれと比較する像、事態がどうなっているか〈現実がどうなっているか／事態がどうなっているか〉を我々がそれを使って〈その助けを借りて／それを使って〉描く像であるはずだからである。それに従って我々が現実を反証する像であってはいけないのだ。⑯

それゆえ我々は、こうした普遍的な意味合い〈適用可能性／意味合い〉を求めようとする像については、「それをどこから取ってきたのか?!」と繰り返し問うことだろう。

「崇高な把握」は具体的な事例から立ち去るよう私に強いる。というのも私の言っていることは具体的事例には当てはまらないからだ。そして私は霊妙な領域へと赴き、本来の記号について、存在するはずの規則について（どこに、どのように存在するのかは言えないにもかかわらず）語るのだ。――そして「ツルツルすべる氷の上へと」入り込むのである。

二月九日

夢。私は列車に乗り、窓から次のような風景を眺めている。村落があり、そのかなり後方に二つの熱気球のようなものが見える。この光景に私はうれしくなる。すると気球は昇り始めるが、パラシュート状の構造物が上についた一台の気球にすぎないことが分かる。(165)色はどちらも赤茶けている。気球が飛び立った後の地面は焼け焦げたように黒く見える。すると今度は私も気球に乗って飛んでいる。

ゴンドラは列車のコンパートメントのようだ。窓からもう一つの気球が風に押されてこちらに近づいてくるのが見える。危険だ、こっちの気球に火が点くかもしれない。その気球はすぐそこまで近づいた。私のコンパートメントの上にいると思われるこちらの乗組員が、その気球を突きのけようとしている、と私は思った。しかし気球はすでにこちらに接触したと私は思う。その時、私はコンパートメントの中で仰向けに寝そべり、今にも恐ろしい爆発が起こり、すべてが終わる、と考える。

《今死について、そして自分が死の危険に際してどのように持ちこたえるだろうかについて

しばしば考える。この夢はそれに関係している。》⑯⑯

二月一三日

良心に苦しめられ、そのため仕事ができない。キルケゴールの著作を読んで、これまでもそうだったが、いっそう不安になった。私は苦しもうとしない。このことが私を不安にさせる。どんな便利さも、どんな楽しみも、私は断念しようとしない（例えば、私は断食をしようとはしないだろうし、食事における自分の楽しみを損なうことすらしようとしないだろう）。あるいは、私は誰に対してであろうと、その人に反対する振る舞いをしたくないし、軋轢を起こすことも望まない。少なくとも、事が自分の目の前に直接示されない限り、そうしようとは思わないのだ。だがそうした場合ですら自分は逃げようとするのではないかと怖くなる。それに加えて私の中には絶ちがたい厚かましさが生息している。どんな惨めな状態〈Elendigkeit／Jämmerlichkeit〉に置かれても、いつも自分を著名な人たちと比べたがるのだ。⑯⑦《あたかも自分は、おのれの惨めさの認識のうちにしか慰めを見出せないかのようだ。》

決して自分を欺こうとしないこと、これを我に堅く守らせよ。すなわち、自分が認識する自分に対する要求を、繰り返し自分自身に対して要求として告白すること。これは私の信仰と完全に一致する。あるがままの私の信仰と一致する。ここから導かれるのは、私はその要求を満たすか、あるいはそれが満たされないということに苦しむか、のどちらかだということである。何故なら、私がその要求について自分を非難することも、自分がその要求に応える力がないということに苦しむこともありえないからである。これで終わりではない。その要求は小さなものではないのだ〈恐るべきものだ／小さなものではないのだ〉。新約聖書に述べられていることのどれだけが正しく、どれだけが間違っていようとも、疑えないことが一つだけある。つまり、正しく生きるためには、私は自分に心地よい生き方とはまったく違ったように生きなければならないだろう、ということである。つまり、生きるとは表面で見えているよりずっと真剣なものだということである。生きるとは恐ろしいほど真剣なことなのだ。

だが私が満たすことのできる最高のこととは、(168)「自分の仕事において楽しくあること」である。すなわち、厚かましくならず、思いやりを持ち、あからさまなごまかしを言わず、不幸にあってももどかしがらぬことである。こうした要求を自分が満たせるというのではない、満たそうと努められる、ということである。しかしこれより高い所にあるものを満たすことは、私にはそのように努めることもできないし、そうしたいとも思わない。私にできるのは、ただそれらを認識し、『その認識の圧力が恐るべきものでないことを願うことのみである。』すなわち、認識の圧力が私に生きることを許し、私の精神を陰鬱にしたりしないことを、である。

『そのためには、いわば、私がその下で仕事をし、その上に昇ろうとは思わない天蓋・天井を通って、あるほのかな光があたりを満たさなければならない。』

二月一五日

灯りの周りを飛び回る昆虫のように、私は新約聖書の周りを飛び回っている。

昨日次のようなことを考えた。あの世での応報というものを完全に度外視するとして、(169)ある人が終生正義について悩み、その挙句に恐らくはひどい死に方をし、こうした生き方に対していかなる報賞も受け取らない、というのが正しいと自分は見なすのか？　やはり私はこうした生き方に感心し、自分の生き方より高く評価する。どうして私は、人生をそんな風に費やすなんて、そいつは間抜けだったんだ、と言わないのか。これが間抜けでないのはなぜなのか。あるいはまた、なぜ彼は「最も惨めな人間」でないのか？　もし彼が終生ひどい生活を送った、というのが事のすべてなら、当然彼は最も惨めな人間なのではないか。だが今私が「いや、彼は間抜けではなかった。なぜなら死後彼の人生はよくなるからだ」と言ったとせよ。これもまた満足のゆくものではない。私には彼は間抜けとは思えない、それどころか逆に、正しいことをしているように思えるのだ。さらに、彼は正しいことをなしているのだ、なぜなら正当な報賞を受け取るのだから、と言えるようにも思われる。しかしこの報賞が死後の褒美だとは私には考えられない。(170)「この人は帰郷するに違いない」、こうした者について私はこう言いたい。

普通我々は（報賞や刑罰の）永遠性とは終わりのない時間の持続だと考える。だがそれを瞬間と考えてもまったく構わないだろう。なぜなら人は一瞬のうちにあらゆる恐るべきこと、あらゆる至福を経験できるからである。地獄を想像したいのなら、決して終わることのない苦しみについて考える必要はない。恐らく私はこう言うだろう、人間には口では言えないどんな恐怖が可能なのかお前は知っているのか、と。それについて考えてみよ、そうすれば持続というものがまったく問題になっていなくても、地獄とは何かが分かるだろう。

そしてさらには、自分にどんな恐怖が可能かを知る者は、我々が表面的なものに注意を奪われている限り、いわば依然として隠されているもっと恐るべきものに比べれば、そんなものはまだ何でもないことを知るのである⑰（レーナウのファウストにおけるメフィストの最後の言葉）。絶望の深淵は生においては示されえない。我々はその中をある深さまで覗き込めるだけである。というのも「生あるところには、希望がある」からだ。「一時間もの間身をやつれさせるこんな震え、という高価すぎる代償を払ってまでも、人は人生の小さなかけらを買おうとする」、とペール・ギュントでは言われている。——痛みを感じているとき、例えば人は、「これで痛みはもう三時間も続いている、一体いつになったらおさまるのだろうか」と言ったりする。しかし絶望の中では人は、「もうずいぶん長い間続いている！」と考えたりはしない。なぜならそこで時間は、ある意味で決して過ぎ去らないからである。

だから誰かに次のように言えないか、そして私は自分自身にこう言えないか、「お前が絶望を恐れるのは正しいことだ〈正しい行いなのだ／正しいことだ〉！⑰ お前の人生が最後に絶望へと切迫せぬように生きなければならない。もう遅すぎるのだ、という感情へと切迫せぬように生きなければならない」。そして人生はさまざまに切迫する可能性があるかのように私には思われる。

しかし、真に義を求める人の人生もこのように切迫せざるを得ないのだと想像できるか。

彼は「人生の栄冠」を受け取るべきではないのか？　彼のために私は他に何も求めないのか？　彼に対する賞賛を求めないのか?!　確かに求める！　だが彼に対する賞賛〈賞賛／彼に対する賞賛〉をどのように思い描けばいいのか？　自分の感覚に従うなら次のように言えるだろう、彼はただ光を見るだけではなく、直接に光の下へおもむき、今や光とともにある本質を持つようになるのだ、……と。つまり、このことについて宗教が現に用いているすべての表現を使用することができる、そのように思えるのだ。

つまり私にはこうした像がどうしても出てくるのだ。だが私はこれらの像や表現を使うことをはばかる。

⑰当然のことだが、何よりそれらは比喩ではない。

というのも比喩によって述べうることは、比喩なしでも述べうるからである。

これらの像や表現はむしろ生のある高い領域においてのみ、その生命を保持するのである。この領域においてのみそれらを正しく使うことができるのである。本当の所、私にできるのは、「語りえぬ」といったことを意味する仕草をし、何も語らないことだけだろう。

——それともこうしたことに言葉を使うことに対する無条件の敵意は一種の逃避なのか？　ある現実からの逃避なのか？　そうでないと信じる。しかし〈.Aber／¡aber〉本当にそうなのか私には分からない。《どんな結論からも我を後ずさりさせ給うな、と同時に迷信深くあることは無条件にやめさせ給え!!　不純に思考することを私は欲しない！》

一九三七年二月一六日

《神よ！　私をあなたと次のような関係に入らせてください、そこでは私が、「自分の仕事において楽しくあれる」、そのような関係に！　⑰神はいつでもお前からすべてを要求できると信じよ！　そのことを真に意識せよ！　それから、神がお前に生の賜物を与えてくださるよう請い願え！　というのも、もしお前に対して要求されたことをお前がしない場合、お前はいつでも狂気におちいったり、まったくの不幸になったりするかもしれないからだ！》

神に語ることと、神について他人に語ることは違う。

《私の理性を純粋で穢れなきように保たせてください！――》

私はたいそう深遠でありたがる、――それなのに私は人間の心の深淵から後ずさりしているのだ!!　――

仕事ができず、疲労を感じ、誘惑に乱されずには生きられない苦しみに私はのたうち回っている。そして他の人々――本当に何者かであった人々――が蒙らなければならなかったことを考えれば、⑱私が体験していることなどそれに比べると何でもない。なのに、比べれば取るに足らないような圧力の下で私はのたうち回っている。

本当に私が認識しなければならないのは、人間はどれだけ恐ろしいまでに不幸になれるのか、ということである。つまり深淵の認識である。そして私は、神はこの認識がより明瞭にならないことを許す、と言いたい。

《そして今私は本当に仕事ができない。私の泉が干あがってしまっていて、見つからないの

だ。》

二月一七日

《繰り返し卑劣なこと、いやこの上なく卑劣なことを考えてしまう〈考えに捕らわれてしまう／ことを考えてしまう〉。最も笑うべき種類の偽善、それも最も高貴なことが関わる場所で。

深い水を覆う薄い氷の上を不安に歩く人のように、今日私は、自分に許される限り〈ので／限り〉、少し仕事をした。》[176]

不幸な死の恐ろしい瞬間とはやはり、「ああ、……さえやっていればなあ、今ではもう遅い」という考えに違いない。ああ、正しく生きてさえいれば！　そして幸いな死の瞬間とは、「事は今成し遂げられた！」[6]であるに違いない。――しかし自分にこう言えるために人はどのように生きて来なければならないのか！　ここにもまた程度というものがあるに違いないと思う。《だが私自身はどの辺に位置するのだ。なんと善き最期から遠く、なんと底辺の最期に近いことか！》

二月一八日

《フランシスがとても恋しい。彼のことが気がかりだ。自分が適切な行いをしますように。》

自分にとって謙虚であることほど難しいことはない。キルケゴールを読んでいるので、このことに今再び気づく。自分が負けたと感じることほど私にとってつらいことはない。問題になっているのが、ただ真実をありのままに見ることに過ぎないのに、そうなのである。⑰
《私は自分の原稿を神に犠牲として捧げられるだろうか？》
「これをしなければお前は罰せられるだろう」と言われるよりも、「これをしなければお前は自分の人生を棒に振ってしまうだろう」と私は言われたい。
　第二の言葉が本当に意味するのは、これをしないなら、お前の人生は見せかけのものであり、真実と深さを持たない、ということである。

二月一九日
　昨夜明け方近く、ずいぶん前からあげてしまおうと考えていた古いセーターは今日あげてしまうべきだ、という考えが浮かんできた。しかしそれに加えて、最近ベルゲンで（特に必要ではなかったのだが）買った新しいセーター（私はこれをとても気に入っている）も一緒にあげてしまうべきだ、という考えが、いわば命令のように浮かんできた。すると直ちに私は、⑱ちょうどこの一〇日間ほどしばしばそうだったように、この「命令」に関してうろたえ、そして憤慨した。だがそれは、私がこのセーターに愛着を感じているからなのではない（このことも何らかの形で関与してはいるにせよ）。私を「憤慨させる」のは、こんなものが、それゆえ、あらゆるものが私に対して要求されうる、より厳密に言えば、現に要求されているということなのである。――それが良いことや、やってみる価値のあることとして推奨されている、ということではなくて。それをしなければ私は救われないかもしれない、という考えなのである。――さて、単純に「そんなものあげるなよ！　あげなかったからといってどうなんだ？」と言うことはできるだろう。――でも、もしそのために私が不幸になったら？　しかし憤慨とは一体どういうことなんだ？　それは事実に対する憤慨ではないのか？　――「恐ろしいまでに最もつらいことが私に対して求められるかもしれない」、とお前は言う。それはどういうことなんだ？　それはこういうことだ。自分の原稿を（例えば）燃やさなければならない、と明日私が思うかもしれないということなのである。⑰つまり、もし原稿を燃やさないのなら、自分の人生は（そのために）逃避になってしまうということなのである。そのために私が善から、生命の源から切り離されるということなのである。そして場合によって私は、自分が切り離されているという認識からあらゆる種類の茶番を用いて目をそらすだろう。そして私が死ぬとき、この自己欺瞞は終わりを告げるだろう。

そしてさらに、私の心の中で茶番に見えるものを、熟考によって何か正しいものにすることができないというのも事実である。私の心が何の根拠もなく、例えば、私は自分の仕事を放棄すべきだ、と語るなら、世界の中のいかなる根拠によっても、私の仕事が重要であり、私にはそれをすることが許され、そして、すべきである、ということを証明することはできない。「何が茶番かは神様がお決めになるのだ」と人は言えるだろう。しかし私は今はこの表現を使いたくない。⑱むしろこうなのだ、つまり、この仕事が何か正しいものだとはどんな根拠によっても私には確信できないし、確信すべきでもないのだ（人が私に言う〈示す／言う〉であろう根拠――有用性、等――は笑うべきものだ）。――さてこのことは、私の仕事、そして私の享受するすべてのものが贈られた物だということを意味するのか、どうか？　つまり、事故や病気によって失われる場合を除外すれば、それらは確固たるもので、その上に安住できるのか、それともそうではないのか。あるいはより正確に言うなら恐らくこうなる。もし私が今までそれに安住し、それが私にとって確固たるものであって、そして今それは、これまでに感じたことのない依存性を私が感じているがために（これまで認識しなかった依存性を今認識した、と私は決して言わない）もはや確固たるものではないとすれば、⑱私はそのことを事実として受け入れなければならないのである。自分にとって確固としていたものが、ふわふわと流れ出し、沈んでしまうかもしれないように、今私には思えるのだ。そのことを事実として受け入れなければならないということである。驚愕してそれを見つめるのでは、私はそれに向き合わなければならないというとき、私が本当に意味しているのでなく、それでも幸せでなければならないのだ。そしてそれは私にとって何を意味するのか〈どういうことなのか／何を意味するのか〉？　――確かに人は、「この依存性という考えが消滅するように薬を飲め（あるいは、そうした薬を探せ）」と言えるだろう。そしてもちろん私には、この考えが過ぎ去るということを想像できる。例えば環境を変えることによったりしても。そしてもし人が私に、君は今病気なんだ、と言うなら、多分それもまた本当なのだ〈なのだろう／なのだ〉。だがそれはどういうことなのだ？　――結局それは、「この状態から逃げ出せ！」ということなのだ。そしてこの状態が今すぐに中断するとすれば、私の心は深淵を見ることをやめ、その注意を再び世界へと向けることができる。⑱しかしそうなっても、もし深淵を見るということが私に起こらなければ（まさにそれが起こらないことを私が望むがゆえに）、私は何をすべきなのかという問いには結局答えられないのである。つまり、この状態に対抗する手段を探すことはもちろん可能であろう、だがそんなことをしている限り結局私はまだその状態にあるのであり（それが果たして止むのか、あるいは、いつ止むのかも分からないままに）、それゆえ自分のあるがままの現在の状態にとっての正しきこと、つまり自分の責務を為すべきなのだ〈為さなければならないのだ／為すべきなのだ〉（というのも未来の状態というものが存在するかどうかを私が知ることは決してないのだから）。だから、この状態が変化することを私は確かに期待することはできるが、今はこの状態に合わせて過ごさなければならないのである。ではどのようにそれをするのか？　あるがままのこの状態が耐えうるものになるために、私は何をしなければならないのか？　それに対してどんな態度〈立場／態度〉を私はとるのか？　憤慨するのか？　それではお終いだ！　憤慨というのは、⑱ただ自分自身を攻撃することにすぎない。確かにそれははっきりしている！　そんなことをして自分は一体誰を打ち負かそうというのだ？　つまり私は降伏しなければならないのだ。ここでのあらゆる戦闘は自分自身との戦闘であり、自分が強く打てば打つほど、自分がより強く打たれるのだ。だが単に自分の手を挙げて降伏するだけではいけない。私の心が降伏しなければならないのだ。もし私が信仰を持つなら、つまり内なる声が自分にするように勧めることをひるまずにするなら、この苦しみは終わるだろう。

《膝に助けてもらって祈るのではない、人がひざまずくのだ。》

この一切を病気と呼べ！　それでお前は何を語ったのか？　何も語っていない。説明しないこと！　――記述すること！　《お前の心を服従させよ、こんなに自分が苦しまなければならないことに腹を立てるな！　これは私が自分に与えなければならない忠告である。お前が病気なら、病気に合わせて過ごすのだ。病気であることに腹を立てるな。》⑱④だが、大きく息をつけるようになっただけで、私の中でたちまち虚栄心がうごめく、というのは事実である。

《私に告白させてください。自分にとってつらい一日が終わった後、今日の夕食において私はひざまずき、祈りました、そして突然ひざまずいたままで上を見ながら、「ここには誰もいません」と言いました。その時、あたかも自分にとって大切なことがはっきりとしたかのように気分がよくなりました。

しかしこれが本当に何を意味するのか、私にはまだ分からない。自分がより軽くなったように感じる。しかしそれは、例えば、自分がそれまでは間違っていた、ということを意味するのではない。》というのも、もしそれが間違いだったのなら、それに舞い戻ることから何が私を守るというのか?!　それゆえここでは間違いも間違いの克服も問題とはならない。そしてこれを病気と呼ぶなら、克服はまたもや問題とならない。《というのも、⑱⑤というのも病気はいつ何時私を再び打ち負かすかも知れないからである。この言葉も自分の欲するその時に私が述べたのではなく、言葉が来たのである。そしてこの言葉が来たように、何か違った言葉が来るかもしれないのである。――「お前がよく死ねる、そのように生きよ！」》

二月二〇日

狂気が到来したとき、狂気を前にしてたじろぐことのないように生きねばならない。《そして狂気から逃げ去るべきではない。》そこに狂気がないとすれば、それは幸運なことであるが、狂気から逃げ去るべきではない、自分に対してこう言うべきであると私は信じる。なぜなら狂気は、私の人生が正しいか正しくないかについての最も厳格な裁判官（最も厳格な法廷）だからである。それは恐ろしいものである、だがそれでもお前はそれから逃げ去るべきではないのだ。というのも実際のところお前にはどうしたら狂気から逃れられるかはまったく分からないのだから。しかも狂気から逃げることによって、お前は自分の品位を汚すような振る舞いをしているのだ。⑱⑥

《新約を読んでいるが、多くの本質的なことは理解できない、だがそれでも多くのことが理解できる。今日は昨日より具合よく感じる。これが続きますように。》

「お前はそこまで新約にかかわり合いになるべきではない、そんなことをしたら頭がもっとおかしくなるぞ」、と人は私に言うことができよう。——しかし私がそうすべきでないのは、私自身が自分はそうすべきでない、と感じる場合のみである。もしある場所で重要なもの、真理を見ることができると自分が信じるなら、あるいはそこへ入ってゆくことによりそれらを見つけることができると自分が信じるなら、そこで何が起きようともそこに入ってゆくべきであり、そこに入ってゆくことを避けるべきでない、と確かに自分は感じることができるのである。《おそらく内部の光景は身の毛のよだつようなものであり、すぐさま走って外へ出たくなるだろう。⑱だが私は身動きせず留まろうとすべきではないか？　こんなとき誰かが私の肩をたたき、「怖がるな！　正しいことなのだから」、と言ってくれたらと思う。
孤独を求めてノルウェーに来たことを神に感謝します！》
今日読んだ詩篇（贖罪の詩篇）が私にとって糧となるのに、本質的に新約が今日までのところまだ糧となり得ないのはなぜか？　単にそれが私にとっては真剣すぎるということなのか？
罪なき者は罪を犯した者とは違ったように話し、違ったことを望むに違いない。ダヴィデ［の詩篇］では「汝ら完全であれ」という言葉はありえない。人は己の命を犠牲にすべきであり、永遠の幸福は約束されない、とそこには書かれていない。そしてこの［詩篇には書かれていない］教えを受け入れるためには、人は次のように言わなければならないように私には思えるのだ、⑱「様々な喜びと痛みを伴ったこの生には結局何の価値もないのだ！　ここにはあのもののためのものはあり得ない！　それはもっと絶対的な何かでなければならない。絶対的なものを目指して努力せねばならない。そして唯一の絶対的なものとは、戦い、突撃する兵士のように、死を目指して生を戦い抜くことなのである。他のすべてはためらいであり、臆病であり、怠惰であり、それゆえ〈／それゆえ〉惨めさなのである」。もちろんこれはキリスト教の教義ではない。なぜならここでは永遠の生についても、永遠の応報についても語られていないからである。だが誰かが次のように言ったとしても、私は同様に理解するだろう、「永遠の意味での幸福とはそのようにしてのみ達成できるのであり、この世におけるありとあらゆる種類の小さな幸福にかかわることによって達成できるのではない」。しかしここでは依然として永遠の劫罰は問題となっていない。

あらゆる地上的な幸福が卑小に思えてしまうこの絶対的なものへの努力にあって、(189)眼差しは上に向けられ、前方の対象に向けられはしない。この努力は私には壮麗で崇高なものに思われる。しかし私自身はといえば、神が私を「訪れ」て、地上的なものに眼差しを向けられなくならない限りは、地上的なものへ眼差しを向けている。私は次のように信じる、自分はこれこれのことをなすべきであり、これこれのことをなすべきでない、あの上からのずっと鈍い照明(7)の中で私はそのように行える、だがこれはあの状態ではない。なぜ私は今日自分の原稿を燃やさなければならないのか?!　私はそんなことは考えてもいない！　——しかし闇が私の所に降りてきて、私のもとに留まりそうになるとき、私はすぐにそれについて考えるのだ。その時私は、あたかも手を対象の上に置き、それが熱くなり、手を離すか焼却するかという選択を迫られているかのように感じるのである。この状況において人は贖罪の詩篇の言葉を用いたくなるのだ。(190)

（本当のキリスト教の信仰を——信仰をではない——まだ私は全く理解していない。）

《しかしそれを求めるのは向こう見ずだろう。》

例えば何か特定のことが体内で進行していて恐ろしい痛みを感じている人が、特に何かがどこかに行ってしまうことを望んでいるわけではないのに「どこかに行ってしまえ！」と叫んでいると想像せよ、さて、「この言葉は誤って使用されている」と言えるだろうか?? 人はそんなことは言わないだろう。それは、この人がこの状況で、例えば、「防御」の姿勢をとったり、あるいは、ひざまずいて手を組んだ場合に、それを、誤った身振りである、と説明するのが分別ないのと同じである。ここでは「誤り」ということは問題にならない。そうした状態において、その人はそうするしかないのである。ここでは正しいと言うのだろうか? 他方、⑲これは身振りの正しい使用であり、それゆえ、そこにはこの人がその人に向かってひざまずいた誰かがいたのだ〈hätte/hat〉、とは言えないだろう。これら二つの表現は同じ意味であり、だからこの「それゆえ」も間違いだ、と言うのでない限りは。このことを祈りにあてはめてみよ。手をもみ、祈願せざるを得ない人間に、彼は誤っているとか妄想を抱いているとどうして言えようか。

二月二一日

精神の苦しみを振り払うのは、宗教を振り払うことである。

《お前はこれまでの全生涯においてどんな仕方であれ苦しんだことはないのか(ただこの種類のではないが)、そして今それらの苦しみに戻りたいと思うか?!

私はお人よしだが極端に臆病で、そのため悪い。大きな努力が必要のない場合は、そして何より勇気が必要ない場合は、人々を助けたいと思う。⑫その際に少しでも自分に危険が及ぶようなことがあれば、私は怖がって尻込みする。そして私が危険と呼ぶのは、例えば、私の評判がいくばくか落ちるといったことである。

私が敵の前線に突撃できるのは常に、後ろから押された場合だけだろう。

もし苦しまなければならないのなら、やはり自分の中の善と悪の戦いによって苦しむほうが、悪と悪の戦いに苦しむよりはましだ〈もし苦しみを持たなければならないのなら、やはり悪に対する善の戦いから生まれる〈苦しみ／もの〉のほうが、悪のそれ自身に対する戦いから生じる〈苦しみ／もの〉よりまし〈だ／だろう〉／もし苦しまなければならないのなら、やはり自分の中の善と悪の戦いによって苦しむほうが、悪と悪の戦いに苦しむよりはましだ〉。

私が今信じていること。自分が善いとみなすことをする場合、私は人や人の意見を恐れるべきでない、と信じる。

自分は嘘をつくべきでなく、人に対して善くあるべきであり、自分をあるがままに見るべきであり、⑲より高貴なものが関わるときは自分の安楽を犠牲にすべきであり、許される場合は良き仕方で楽しくあるべきであり、それが許されない場合は忍耐と毅然たる態度で惨めさに耐えるべきであり、私からすべてを要求する状態は「病気」とか「狂気」という名によっては片付かず、つまり、そうした状態においても他の場合と同様、私は責任を負っており、その状態は他のすべての状態と同様に私の生に属しており、それゆえそれに対して完全な注意を払うべきである、と私は信じる。キリストの死による救済に対する信仰を私は持っていない、あるいは、まだ持ってはいない。私はまた、例えば、こうした信仰に至る道を自分が歩んでいるとも感じない、しかし私は、これについていつか自分が、今はまったく理解できず、今、自分には何も意味しないことを理解するようになり、――自分は迷信深くあるべきではないていないある信仰を持つ可能性はあると思っている。⑲そしてその時今は持っ〈ことは許されない／べきではない〉と信じる、つまり、自分が読んだりした言葉によって自分に魔法をかけるべきでないと、つまり言葉を弄しているうちにある種の信仰に、ある種の不合理に入り込むべきではなく、そうすることは許されないと私は信じる。私は自分の理性を不純にすべきではない（だが狂気は理性を不純にするのではない。理性の番人ではないのだとしても〈Wenn er auch ／ Auch wenn er〉）。

人間が自分の人生の全行為においてまったく霊感に導かれるというのは可能だと私は信じる。そして今私は、これが最高の人生だと信じなければならない。仮にもし欲するなら、もしその勇気があるなら、自分にこうした人生が可能だろうということを私は知っている。しかし私にその勇気はなく、そのことが自分を死ぬまで、すなわち、永遠に不幸にはしないことを願わなければならない。⑲

私がこれらすべてを書いている間、苦悩と惨めな感覚が何とか浄化しますように！

繰り返し使徒パウロの手紙を読んでいるが、喜んで読んでいるわけではない。そこで自分が感じる抵抗と反感が少なくとも部分的には言葉、つまりドイツ語、ゲルマン語のせいではないのかどうか、それゆえ翻訳のせいではないのかどうか分からない。私には分からない。その厳格さ、大きさ、真剣さによって私に反感を抱かせているのは、単に教説のみならず、（どのようにしてかはっきりしないが）それを説く〈講じる／説く〉人の人格でもあるかのように私には思われる。そうしたことすべてをおいても、よそよそしい何かが、そしてよそよそしいことにより人を突き放すような何かがこの教説にはあるかのように私には思える。例えば、「断じてそうではない！[8]」と言われるとき、むき出しの論究[9]と同種の何か不快なものがあるように私には思える。(196)だがしかし、手紙の精神に私がもっと感銘したなら、こうしたことは跳ね飛ばされるのかもしれない。だが私は、人格が重要でなくはない、という可能性はあると思う。》

私は、《現下の悲しみと苦しみが私の中の虚栄心を焼き尽くしてくれたら、》と願う。《だが苦しみが止んだとたん、それは再び現れはしないだろうか？　だからそれは決して止むべきではないのか⁇　そうなることを神が止めてくださるように。

周りが冬であるように、私の心の中は（今）冬だ。すべてが雪に閉ざされ、緑もなく、花もない。

だから私は、春を見るという恵みが自分に分かち与えられるのかどうか、辛抱強く待たなければならない。》

二月二二日

《死に際しても勇気と忍耐力を持て。そうすれば恐らく生がお前に贈られるだろう！　私の周りの雪がきっとまた美しさを取り戻し、ただ悲しみのみを湛えることのないように！》(197)

昨夜夢を見た。私は（ぼんやりと見えている）ピアノのそばに立ち、シューベルトのある歌曲のテキストを見ている。私にはその歌曲が、終わりのほうのある美しい箇所まではまったくばかばかしいものだと分かっている。これがその箇所である、

《「あなたは知りつつ
　私の麓に足を踏み入れた、
　その瞬間それはあなたに
　明らかとなった」》

この続きは分からないが、結びはこうである、

「もしも私がすでに穴の中で
朽ちている〈朽ちようとしている／朽ちている〉なら」

意味するのはこういうことである、君の（哲学的）思考において、私がかつていた場所にさしかかったなら、（こういう意味でなければならない）私の思考に敬意を払ってくれ、もしも私が……なら。

《ありがたいことに、今日は少し心が落ち着き、気分よく感じられる。[198]だが気分がよくなる時はいつも、虚栄心が私のすぐそばまで来るのだ。

今私は心が不確かな時、頻繁に、「ここには誰もいない」と自分に向かって言い、自分の周りを見渡している。だけどこれが私の中で卑劣なものになりませんように！

「お前の宗教にあって卑屈になるな！」と自分に言うべきだと信じる。あるいは、そうならないよう努めよ、と。というのも卑屈であるとは迷信への道を歩むことだから。

人間はおのれの日常の暮らしを、それが消えるまでは気がつかないある光の輝きとともに〈において／とともに〉送っている。それが消えると、生から突然あらゆる価値、意味、あるいはそれをどのように呼ぶにせよ、が奪われる。単なる生存――と人の呼びたくなるもの――がそれだけではまったく空疎で荒涼としたものであることを人は突然悟る。⑲まるですべての事物から輝きが拭い去られてしまったかのようになる。すべてが死んでしまう。これは、例えば、病気の後に時として起こる。もちろんだからといって、それがより非現実的であったり、重要でないことなのではない、つまり、肩をすくめて済ますことはできない。その時、人は生きたまま死んでしまう。あるいはむしろこう言うべきかもしれない。これこそが人にとって恐ろしいものでありうる本当の死なのである。何故なら単なる「生の終わり」など人は体験しないのだから（私がまったく正しく書いたように）。だが私が今ここで書いたこともまた、完全な真理ではない。

自分の愚かな思考の中で私は自分を最も高貴な人々と比べている！

私が本当に描きたかった恐るべきこととは、人が「もはや何に対しても権利を持っていない」という事態であり、⑳「一切が祝福されていない」という事態である。すなわちあたかも、私にとっては、その人に好意的に見守られることに〈その人に認知されることに／その人に好意的に見守られることに〉すべてが依存している人が、「好きなことをしろ、だが私の同意は得られないぞ！」と言ったかのような事態である。その時、なぜ「主が怒っておられる」と言われるのか。――彼はお前を滅ぼすことができる。その時、人は、自分は地獄に〈の中に／に〉堕ちる、と言える。だがこれは本当のところ、「像」にはなっていない。というのも、もし私が本当に深淵の中に堕ちてゆくことになっているのなら、それが恐ろしいことであるとは限らないだろうからである。結局、深淵そのものは恐ろしいものでも何でもない。地獄とは一体何なのか？　何かをそれと比べるこの地獄とは一体何なのか？　私が言いたいのは、この「地獄」という像によって説明できるだろうものとは一体何なのか、ということである。むしろ人はこの状態を「地獄の予感」と呼ぶべきである——というのも、その状態においては、人はなお「もっと恐ろしいことになるかもしれない、というのもまだあらゆる望みが完全に絶たれたわけではないのだから」と言いたくなるからである。》だから人はもはや何の望みもなくなった時に想い出せる何かを持つように生きなければならない、と言えるだろうか。㉑

《あの状態を前にしても持ちこたえられるように生きよ、なぜならお前のすべての知性、すべての悟性はその時まったくお前を助けられないのだから。お前にはその様なものがまったくないかのごとく、それらとともにお前は失われるのだ（それらに頼ろうとするのは、空中を落下するときに健全な両足を使おうとするようなものだ）。（それどころか）お前の生全体が掘り崩されるのであり、だからお前が持っているすべてとともにお前も掘り崩されるのである。お前が持っているすべてのものとともに、お前は震えながら深淵の上に吊るされるのだ。こうしたことがありうるというのが恐るべきことなのだ。こんなことを私が考えるのは、多分ここにはあまりにも光が乏しいためである。しかし今ここ［厳冬のノルウェー］で光は現にかくも乏しく、この私がそうした考えを抱いているのだ。誰かに、数分間息ができないので、お前は今死ぬだけなのだから気にしたりするな、と言うのは滑稽ではないか。(202)すべての自尊心とともに、あれやこれに関するお前のすべての妄想とともに、お前はその時失われるのだ。それらはお前を支えてくれないのだ。なぜならそれらも一緒に、お前が持っているすべてと一緒に掘り崩されるからである。》この状態は恐るべきものであるが、それにもかかわらずお前はそれを恐れるべきではない。お前はそれをいい加減に忘れてはいけないが、だがそれを恐れてもいけないのだ。《その時それはお前の生に真剣さを与えるのであり、恐怖をもたらすのではない（そう私は信じる）。》

二月二三日

人はひざまずき、上を見て、手を組み、話す、そして人は、人が神と話すと言い、私がするすべてを神は見ていると言う。人は、神が私の心の中で私に語りかけると言う。人は神の目、手、口について語るが、神の体の他の部位については語らない。(203)ここから「神」という言葉の文法を学べ！〔(10)どこかで、ルターが神学は「神という言葉の文法」、聖書の文法であると書いた、というのを読んだことがある〕

《狂気に対する敬意——これが私の本当に言いたいことのすべてだ。

繰り返し私は座って喜劇を見ている、大通りへと出て行かずに。

宗教的な問いとは生の問いか、さもなくば（空虚な）無駄話でしかない。この言語ゲーム

——と言ってよいだろう——は生の問いと共にしか演じることはできない。それは「痛い」という言葉が痛みの叫びとしてでなければ何の意味も持たないのとまったく同じである。

私はこう言いたい、もし永遠の至福というものが私の生、私の》生き方にとって何の意味も持っていないのなら、私はそれについて頭を悩ませるべきではない。㉔もし私がそれについて正当に考えることができるのだとすれば、私の考えることは自分の生と厳密に関係付けられなければならない、さもなくば私の考えることは無駄なおしゃべりであるか、あるいは私の生が危機に瀕しているのである。――影響力を持たない政府、従わなくてもよい政府、それは政府ではない。ある政府について私が語るのが正当だとすれば、私自身がその政府に依存しているのでなければならない。

二月二四日

《自分が（卑劣な）利己主義者でない場合にのみ、私は穏やかな死を望むことができる。純粋な者は耐え難い厳しさを持っている。ドストエフスキーのような者の訓戒がキルケゴールのような者の訓戒よりやさしく感じられるのはこのためである。一方がまだ押し絞っているとき、他方はすでに切り落としているのである。

お前の仕事をより高貴な何かのために犠牲にする覚悟がないなら、お前の仕事は決して祝福されないだろう。㉕なぜなら、理想と比べた時の本当の高度〈正しい場所／本当の高度〉にお前がそれを据える〈置く／据える〉ことで、お前の仕事はそれ自身の高さを獲得するのだから。

それゆえ虚栄心により仕事は価値を失う。このようにして、たとえばクラウスの仕事は「やかましい鐘」になってしまったのである〈クラウスとは並外れた才能のある命題建築家[11]であった〉。》

少しずつ自分は仕事をする力を再び受け取りつつあるように思う。なぜならここ二、三日、まだ少しではあるものの、再び哲学について考え、考察を書くことができたからである。他方で私の胸の中には、それでもこの仕事は私に対して恐らく許されない〈許可されない／許されない〉という感覚がある。すなわち私はこの仕事において、まあまあにしか、あるいは半分だけしか幸福に感じないのであり、これが禁じられるかもしれないというあるはっきりした恐れを抱いているのだ。つまり、仕事を続けることが自分にとって無意味となるようにし、仕事を放棄するよう私に強いる不幸の感覚が、私のもとに到来するかもしれないのである。(206)そんなことが起こらないように!!　――だがこれは、自分にはあまりにも思いやりがない、つまり、自分があまりにも利己的だ、という感覚と結びついている。他人を幸せにすることに自分があまりにも気遣わない、という感覚と結びついている。そのために自分が穏やかに死ぬことが望めないのなら、どうして安心して生きられようか。《神よ、事を改めてください!!

「ここには誰もいない」、――だが私は一人きりでおかしくなることもありうる。》

人が、神が世界を創造したと言い、神は絶えず世界を創造していると言わないのは不思議なことだ。というのも世界が始まったということが、なぜ、世界があり続けているということよりも大きな奇跡でなければならないのか。⑳人は職人の比喩に惑わされているのだ。誰かが靴を造るというのは一つの達成である。しかしいったん（手元にある材料から）造られたなら、靴はしばらくの間は何もしなくても存在し続ける。しかしながら、もし神を創造主と考えるのなら、宇宙の維持は宇宙の創造と同じくらい大きな奇跡であるはずではないのか、――それどころか、それらは一つの同じことではないのか。なぜ〈何のために／なぜ〉私は一時の創造の行為を要請〈想定／要請〉しておきながら、持続的に維持する行為は要請すべきでないのか？　ある時に始まり、時間的な始まりのある維持する行為を、あるいは同じことだが、持続的な創造をなぜ想定すべきでないのか？

二月二七日
《二日間ジョー・ボルスタッドと一緒にレブニ嬢のための女中さんを探しに出かけていた、成果なし（天気は上々で、気持ちよかった）。今少し不真面目だが――ありがたいことに――不幸ではない。

キリスト教は、お前はここに（この世界に）――言うならば――座っていてはいけない、行かなければならない、と言う。⑳お前はここから離れなければならない、しかも突然引き離されるのではなく、お前の体が死ぬときに死ぬのでなければならない。》
問題は、《お前がこの生〈この世界／この生〉をどう送るか？　である。――（すなわち、これこそお前の問題たるべし！〉――というのも、たとえば私の仕事は結局はこの世で座っていることの一つにすぎないからである。だが私は行くべきであって、ただ座っていてはいけないのである。》

一九三七年二月二八日

確かに私の仕事において、いくつかの関連した章の後にばらばらの考察だけを書くことが可能で、そしてそうすべきだ、というのはありうることだ。だが私は一人の人間であり、事の成り行きに依存している！　しかしこの事を本当に見抜くのが私には難しいのだ。

三月一日

自分の知っている真理が不愉快なものであるとき、私はいつもそれを多少とも割り引きたくなり、(209)自分を欺こうとするような考えを繰り返し抱く。

さらに仕事をすることが私に許されるのだろうか？　今、私は毎日、いくばくかの仕事をし、考え、書いている、がそのほとんどは、ただほどほどに良いだけだ。あるいはこれはもう私の仕事が枯渇したということなのか。それとも小川は再び流れ出て大きくなるのだろうか？　言ってみればこの仕事がその意味を失うのだろうか？　そうであって欲しくない、だがそれはありうることだ！　――なぜなら人はまず生きねばならず、その後に哲学することもまた可能となるからである。

ずっと食事のことを考えている。というのも私の思考が袋小路に入ってしまったみたいだからだ。暇つぶしについて考えるように、繰り返し食事のことに考えが舞い戻る。《嫌な精神状態だ。考えが湧かず、目が据わり、仕事は私にまったく何の意味も持っていない。意味も目的もなく、ここで私は荒涼とした状態にある。[210]あたかも誰かが私に無断でいたずらをし、私をここに連れてきて、ここに座らせたかのようだ。》

三月二日

今日仕事の調子は少し良くなった、ありがたい。《再び仕事に少し意味があるように思えた。》

三月三日

それにしても、仕事を適切な場所に割り振ること[12]に比べれば、仕事をすることのほうがまだどれだけ楽なことか！

《ひざまずくことが意味しているのは、人は奴隷だということである（ここに〈そしてここに／ここに〉宗教が存するのかもしれない）。》

《三月四日

ああ主よ、自分が奴隷だということさえ分かればよいのですが！

今太陽が私の家にとても近づいている。ずっと元気に感じる！　身に余るほど調子が良い。——》

三月六日
かつて自分が誤った〈正しくない／誤った〉場所に書き記した哲学的考察を私は何度も書き写すことがある。[13] (211)それらは元の場所では仕事ができないのだ！　それらは自分の仕事が十分にできる場所に居なければならないのだ〈それらは正しい場所においてのみ十分に仕事ができるのだ／それらは自分の仕事が十分にできる場所に居なければならないのだ〉！

他のことについては多くの優れた意見を持っているシュペングラーが、キルケゴールの評価については大きく誤っているというのは興味深いことである。ここには彼にとって偉大すぎる人間が、あまりにも近くに立っているのだ。彼はただ「巨人の長靴[14]」を見ているに過ぎない。——

《私には自分が卑劣であることは分かっている、だが今は数日前、数週間前に比べるとずっと気持ちよく感じる。この幸せは身に余りすぎて、ほとんど怖いくらいだ。でも私はうれしい。自分があまりにも卑劣になりませんように！》

三月八日
私は今、自分の家から太陽が見えるのをとても待ち焦がれている。そして毎日、あと何日間太陽がまだ見えないのか見積もっている。⑫まだ一〇日間、あるいはひょっとするとあと二週間はここから見ることはできないと思っている。四日もすればもう太陽が見えると自分自身に言い聞かせたものの、こう思っている。だがあと二週間も生きているのだろうか⁇繰り返し私は自分に、今すでに見ているこの強い光が見られるのなら、それでもう十分に素晴らしく、自分は完全に満足できるのだ、と言わなければならなくなる。《これでも身に余ることであり、私はただ感謝しなければならない！》

《三月一〇日
身に余るほど調子がいい。》

三月一二日
私は才能の乏しい人間だ。こんな私にも何か正しいことが成し遂げられますように。というのもそれは可能だからだ！　そう私は信じる。――惑わされることなく真っ直ぐでありたい！　価値あることはそこにこそ存するのであろう。

三月一三日
自分自身を認識するのはなんとつらいことか、自分が何であるのかを正直に自分に告白することのなんとつらいことか！⑬

自分の仕事の中の文章について、たとえどれだけぎこちなくであったとしても、よく考えてみるのが許されているというのは巨大な恵みである。

三月一四日

今日太陽の光が私の窓から差し込むと信じる。またもや失望させられた。

三月一五日

自分自身を認識するというのは恐ろしいことである、というのも人は同時に生きた〈本質的な／生きた〉要求を認識し、自分がそれに及ばないことを認識するからだ。だが自分自身を知ろうとするなら、完全な者を見ることほど良い方法はない。それだからこそ、完全な者は完全にへりくだろうとはしない人間のうちに、憤慨の嵐を呼び起こさざるを得ないのである。「幸いだ、私を腹立たしく思わない者は」[15]という言葉が意味するのは、㉔完全な者を見ることに耐えられる者は幸いだ、ということである。なぜならお前はその人の前で塵とならざるをえず、それをお前は喜ばないからだ。ではお前は完全な者を何と呼ぼうとするのか？その者は人なのか？――確かに、もちろんある意味でその者は人である。だが別の意味でその者は何かまったく違う存在なのである。その者をお前はどう呼ぼうとするのか？「神」と呼ばなくてもよいのか？というのも、それが神でないのなら、何が神という観念に相応しいのだ。だがおそらく以前お前は創造の内に、つまり、世界の内に神を見たのだった。そして今、別の意味で、一人の人の内に神を見ているのだ。

ある時お前は言う、「神が世界を創造した」と。そしてある時お前は言う、「この人は――神だ」と。とはいえお前は、この人が世界を創造した、と言いたいのではない。それでもここにはある統一性があるのだ。

私たちは神について、二つの異なった表象を持っている。あるいは、私たちには二つの異なった表象があり、㉕そのいずれにも神という言葉を用いるのだ。

もしお前が神の摂理というものを信じているのなら、つまり、起ることはすべて神の意思によってのみ起こる、と信じているのなら、神である一人の人がこの世に来た、ということの最も偉大な出来事も、神の意思によって起こったと当然信じなければならないのだ。だとするなら、この事実はお前にとって「決定的な意味」を持たなければならないのではないか？　私が言いたいのは、その場合それはお前の人生に対してある帰結をもたらし、お前に何らかの義務を負わすのではないか、ということである。私が言いたいのは、お前はその人と倫理的な関係に入らなければならないのではないか、ということなのである。というのも確かにお前は、自分には父と母がいて、彼らなくしては生まれてこなかった、ということにより様々な義務を負っているからである。それゆえお前は、㉖あの事実によってもまた、そしてあの事実に対して様々な義務を負っているのではないか？

だが私はそうした義務を感じているのか？　私の信仰は弱すぎる。

神の摂理に対する私の信仰が、「すべては神の意思により起こる」という私の感覚が弱すぎる、と私は言いたいのだ。そしてこれは見解ではない――確信でもない、それは事物と出来事に対するある態度なのだ。《私がうわついてしまいませんように！》

三月一六日

重要な考察に巡り会ったなら、たとえそれが宝石に準じるものにすぎなかったとしても、その時に正しくつかまなければならない。

今日、「私は自分の考察を、姉のグレーテルが部屋の家具を並べるように並べているのではないか？」と考えた。そして最初この考えは私にとってうれしくはなかった。

昨日「清い心」という表現について考えた、なぜ私にはそれが無いのか、(217)と。だがそれが意味するのは、なぜ私の思考はかくも不純なのか、ということである。虚栄心、ごまかし、敵意、私の思考にはそれらが繰り返し現れる。これが変わるように神が私の生を導かれますよう。

三月一七日

《雲のせいで太陽がもう山の上に来ているのか、それともまだなのかを見ることができない。やっと太陽が見えるのだという思いのあまり、私はほとんど病気になっている（神を訴えたいぐらいだ）。》

三月一八日

今おそらく、太陽は山の上に来ているのだろう、だが天候のせいで見えない。もしお前が神を訴えたいと思うのなら、お前は誤った神の概念を抱いているのだ。お前は迷信に捕らわれているのだ〈それは迷信なのだ／お前は迷信に捕らわれているのだ〉。もしお前が運命に怒るのなら、お前は誤った概念を抱いているのだ。お前は自分の概念を転換すべきなのである。(218)おのれの運命に満足すること、それは知恵の第一の掟でなければならないだろう〈ならない／ならないだろう〉。

今日、部屋の窓から、西の山⑯の上に昇り始める時の太陽が一瞬見えた。神のおかげだ。だが恥ずかしいことだが、この言葉が十分に心から出たのでなかったと今は信じる。というのも、さきほど本当に太陽が見つかった時、私はとてもうれしかった、しかし私の喜びはあまりにも深さに欠けており、あまりにも愉快なものであり、真に宗教的ではなかったからだ。《ああ、自分がもっと深遠であればどんなに良いか！》

三月一九日

およそ一二時二〇分すぎ、太陽の縁が山の上に今見えている。太陽は山の稜線に沿って動いており、そのため部分的にしか、半分ぐらいしか見えない。太陽のほぼ全体が見えたのはほんの数瞬間のことだった。(219)そしてこのことは、やはり太陽は、今日が本当に最初でないのなら、ようやく昨日になって初めて地平線の上に出たのだということを示している。一時ごろ太陽は早くも沈んでしまった。そして日没の直前、今再び現れている。

三月二〇日

信仰という心の状態が人間を幸せにできるということを理解している、と私は信じる。というのも、もし人が心の底から、自分のために完全な者が自らを捧げ、自らの命を犠牲とし、それによって、始まりから自分を神と和解させてくれたのであり、それだから今から自分はこの犠牲にふさわしいようにのみ生き続けるべきである、と信じるのなら、それはその人間全体を高貴にせざるを得ない、いうなれば、貴族の地位へと高めざるを得ないからである。これが幸福へと向かう魂の運動であることを私は理解している。私はこう言いたいのだ。㉒⓪

私の信じるところでは、〔聖書には〕「お前たちは今赦されたのであり、『今後はもう』罪を負っていないのだと信じよ！」と述べられているのである。――しかしこの信仰が一つの恵みであることもまた明らかである。そして私の信じるところでは、信仰の条件とは、我々がなしうるすべてをなし、同時に、それが我々には何ももたらさず、どれほど我々が苦しもうとも、我々の罪は赦されぬままである、ということを見ることである。その時に赦しは正当となるのである〈求めに応じて与えられるのである／正当となるのである〉。

だがそれでは信仰を持たぬ者は見捨てられるのか？　そうだとは私には信じられない、あるいはまだ信じられない。というのもひょっとしたら信じるようになるかもしれないからである。もしここであの犠牲の「神秘」について語るのなら、おまえは「神秘」という言葉の文法をここで理解せねばならないだろう！

ここには誰もいない、それでも私は語り、感謝し、願っている。では、それだからこの語り、感謝、願い、は誤りだ、というのか！(221)

むしろこう言えるだろう、「これこそが注目すべきことなのだ！」、と。

ごく近い将来に何をすべきかについて迷っている。一つの声は、今ここを離れてダブリンに行くべきだ、と私に言う。だが他方で私は、自分が今はそうすべきでないことを望んでいる。ここでもうしばらくの間、仕事をするのを許して欲しい、と私は言いたい。だが私は、いわば、自分の仕事の一つの章の終わりに到達したのだ。

神よ、恐ろしい問題なしに生きられるというのは何という恵みなのでしょうか！　この恩恵が私の許に留まりますように！

三月二一日

《卑劣で下等、調子があまりにも良すぎるのだ。それでも調子が悪化しないことについては喜んでいる！　マックスからうれしい便り。》

三月二二日(222)

今日太陽はここで一二時に昇り、今完全に現れている。

樹々は今朝厚い雪に覆われていたが、今それはすべて融けている。――ここでの自分の記入とその文体についてさえも、何度も虚栄心に捕らわれそうになる。神がこれを改められるように。――《窓の外に初めてハエが現れた、ハエを日が照らしている。太陽は一時ごろ隠れてしまったが、もう一度現れる。》日没前に太陽はもう一度一〇分間ぐらい見えるはずだ。《ここには誰もいない、しかしここには壮麗な太陽があり、そして一人の卑しい人間がいる。――》

三月二三日

まるで私は時々いやいやながら〈抵抗なしにではなく／いやいやながら〉自分が王様でないことを認める乞食のようだ。

今日、太陽は一一時四五分頃から一時一五分頃まで出ていて、[223]それから三時四五分頃、一瞬山の上に現れた。そして日没前に部屋の中にさしこんでいる。

《助け給え、照らし給え！》だがたとえ、今日、自分が信じていないことを明日信じることがあるとしても、だからといって私が今日、間違っていたということではない。というのも、この「信じる」というのは意見を持つということなどではないからだ。だが明日私の信仰は今日よりも明るくなったり（あるいは、暗くなったり）することはあるのだ。《助け給え、照らし給え！》そして決して闇が私の許を訪れませんように！

三月二四日

私は願う、《そして私はそうあって欲しいと願っている状態にすでにいる、すなわち半分天国、半分地獄という状態にすでにいる！》

太陽は大体一時半ごろに隠れるが、その後も山の端に沿って進んでいるので、その外縁はもっと長い間見えている。それは壮麗だ！　だからやはり太陽は、本当はまだ沈んでいないのだ。――

㉔今日、次のようなことを考えた。過日告白を書き記したとき、私は一、二度、母のことも考えていた。私は自分の告白によって何らかの意味で事後的に母を救済できる、というのも何らかの意味で彼女もこうした告白を心に宿していたのであり、だが彼女が無口であったためそれは生前外に表されることがなかったのだ、と思った。そしてようやく今私の告白が彼女の名によっても語られるのであり、そのとき彼女は何らかの事後的な仕方でこの告白と同一化するのだと私には思われた（それはあたかも、すでに彼女を圧迫していた負債を私が支払い、彼女の霊が私に、「お前がそれを今払ってくれるなんて、ありがたいわ」と言えるようなものである）。今日、屋外でさらに救済のための死という教義の意味についてじっくり考えてみた。そして私は、

三月二五日㉕

犠牲による救済とは、私たち全員がしたいと思いながらもできないことを彼がなした、とい

うことかもしれないと考えた。だが信仰において人は彼と同一化する、すなわちその時、人はへりくだった認識という形で負債を支払うのである。それゆえ、人は良くなれないがゆえに徹底して低くなるべきなのである。

明日（聖金曜日に）[17]私は断食をすべきだという考えがやってきた、そして、私はそうする、と考えた。だがすぐさま命令のように、自分は断食をしなければならない、と私には思えてきた、そして私はこれに抵抗した。「心からそう思えたなら私はそうしようとするのであり、命令されたからそうするのではない」と私は言った。だがこれではまったく服従にならないのだ！　心から思っていることをするというのは断念にはならないのだ（それが晴れやかで、ある意味では敬虔であるとしても）。㉖結局お前はそこで死んではいないのだ。それに対して命令に服従するとき、まさにお前は純粋な服従から死ぬのである。それは死の苦しみだ。だがそれは敬虔な死の苦しみでありうるし、そうでなければならないのだ。少なくとも私は事をこう理解する。だがこう理解するのは私自身なのだ！　――それがより高貴なことだと分かっているのに、死んでしまいたくないと自分は思っている、と告白します。《それは恐ろしいことだ。この恐ろしさが、ある光の輝きによって照らされますように！

ここ二、三日まったく良く眠れない、自分が死んだように感じられ、仕事ができない。考えが濁っていて、暗く意気消沈している（つまり私はある宗教的な考えを恐れているのだ）。》

三月二六日

真剣な人々が真剣に書いたことを批判するな、何故なら自分が何を批判しているのかお前は分かっていないのだから。なぜあらゆることについて自分の意見を作り上げなければならないのか。㉗だがこれは、それらすべてに同意せよ、ということではない。

私は自分のあるがままにおいて、自分のあるがままに照らされ、啓かれている。(18)。私が言いたいのは、私の宗教はそのあるがままにおいて、そのあるがままに照らされ、啓かれている、ということだ。昨日、私は今日よりも照らされ方が少なかったわけではないし、今日、より多く照らされているわけでもない。なぜなら、もし昨日私が事をこのように見ることができたのなら、私は確かにそう見ただろうからである。

ある時代が魔女を信じなかったのに、その後の時代が魔女を信じたということや、魔女を信じるとか、それに似たことが、消滅してはまた復活するということに人は当惑する。だがこの当惑を解きたいのなら、自分自身に起こることを見るだけで十分である。――ある日お前は祈ることができる、なのに別の日には多分できない、そしてまた、ある日には祈らざるを得ず、別の日には祈る必要がない。

《神の恵みのおかげで今日は昨日よりもずっと調子がいい。》

三月二七日㉘

今や太陽は一一時を少し過ぎると昇る。今日それは光り輝いている。繰り返し太陽を見つめないことは私には難しい。つまり、目に悪いと分かっていながらも、繰り返し太陽を見つめたくなってしまうのだ。

三月三〇日

哲学について書くときは、安っぽい熱情に警戒せよ![19] 考えがあまり浮かばないとき、私にはいつもこの危険がある。そして今がそうだ。今、私は変な行き詰まり状態にあって、どうすべきなのかよく分からない。

今や太陽は一〇時半から五時半まで途切れることなく私のところに射し込み始めた。これは今日がはじめてだ。そして天気は見事だ。

もっと太陽を見ることができたなら、私の仕事をする力は回復するのではないかと期待していたが、そのようにはならなかった。

四月二日

私の頭脳は本当に鈍くしか動かない。[229]残念だ。

四月四日

今仕事をするととても疲れやすい。それとも私がなまくらなのだろうか? ——ここを直ちに発つべきではないだろうかと時々考える。例えば、まず一ヵ月ウィーンに行き、それから一ヵ月かそれ以上英国に行き、それからロシアに行くといった具合に。そしてその後ここに戻ってくる？　――それともアイルランドへ？　今のところ自分にとって最も賢明に思われるのは、およそ三週間してからここを発つことだ。――

四月五日

生を、そのあるがままに見ることができますように。つまり、単にそれの小さな取るに足りない一つの断片ではなく、それをもっと全体として見ることができますように。断片として私が考えているのは、例えば、私の仕事だ。そこでは、あたかも他のすべてが暗いブラインドで覆われ、それしか見えなくなるかのようなのである。それによってすべてが誤って見えてしまう。(230)私は事物の価値を誤って見、誤って感じてしまうのだ。

将来自分が何をしたらいいのか私にはまったく分からない。私はここへ、ショルデンへ戻って来るべきなのだろうか？　もしここでは働けないとしたら、ここで何をすればよいのか？　仕事がなくてもここで生きてゆくべきなのか？　定期的な仕事は私には無理だから、それなしでということになる。それとも私は無条件に仕事を探すべきなのか。もしそうなら、すでに今そうしなければならない！

こんな風に考え込んでいる場合、自分は物事を間違ってみているのだ、ということに確信がある。

私のノルウェー滞在はその務めを果たしたのだろうか？　というのも、それが半ば居心地よく、半ば居心地悪いある種の隠遁生活へと退化しているというのは、まともなことであるわけがないからだ。滞在は成果を生まなければならない！　――だから今ここでの滞在をもっと延長し、ウィーンと英国へ行くのを延期するということすら考えられるだろう。[231]その場合、問題は、例えばまだ二ヵ月もここに滞在するという決心が私にできるだろうか、ということである。神よ、私はできると信じます！　ただ一つ私に気がかりなのはわが友「コメンタール参照」のことであり、ウィーンの人たちもがっかりさせたくはない。もし自分が心底身を入れてここに滞在できるのなら、そしてもしここに滞在し、仕事が良くできるようになるかどうかを待つのがまさに私の使命であるのなら、私はおそらくそれを引き受けられると信じる。

他方で、今何かが私をここから追い払おうとしているのも事実である。自分が鈍く感じられるし、ここを離れ、しばらくしてからまた戻って来たいと思う。――一つだけはっきりしていることがある、今、私は仕事をするとすぐ疲れてしまうし、それは私の責任ではない。大して集中もせずに数時間も仕事をするともう思考できなくなるのだ。今も疲れているみたいだ。適切な栄養が不足しているのか？[232]　それもありうることだ。

四月六日

キリスト教教義の一解釈。完全に目覚めよ！　そうするならお前は自分が役に立たないことを認識し、それによってお前にとってこの世界の喜びは止む。お前が目覚め続ける限りそれが再び戻ってくることはありえない。そこでお前には救いが必要となる。救いがなければお前は見捨てられたままである。でもお前は生に留まり続けなければならない（そしてこの世はお前にとって死んでいる）、それゆえお前にはどこか他の場所からの新しい光が必要となる。その光の中には賢明さも知恵もありえない。何故ならこの世にとってお前は死んでいるからだ（というのもこの世とは、お前自身の罪ゆえにお前には何も始めることのできない天国だからだ）。(233)だからお前は自分が死んでいることを認識し、別の生を受け取らなければならない（というのもそれがなければ、自分が死んでいることを認識すれば絶望しなければならないからである）。この生は、言ってみれば、お前を大地の上に浮かんだままで保持する。つまり、お前が大地の上を行くときも、もはやお前は大地の上に立っているのでなく、天にぶら下がっているのである。お前は上からつかまれているのであって、下から支えられてはいない。――そしてこの生が完全な者に対する人間の愛なのである。そしてこの愛が信仰なのだ。

「他のすべてのことは自ずから分かる」

《今日、自分がより明晰になり、体の調子がより良くなったことについて神こそほめたたえられるべし。》

何らかの理由で人々が自分に対してあまり優しくないとき、特別には優しくないとき、いかに自分がすぐに意気消沈してしまうかに今日改めて気づいた。なぜ自分はこんなに不機嫌になるのか、と自問した。(234)私の答えは、「自分がまったく不安定だから」というものだった。その時、自分は馬に乗った下手な騎手とまったく同じように感じているのだ、という喩えが浮かんできた。馬の機嫌がよければ、事はうまく行く。だが馬に少しでも落ち着きがなくなると、騎手は不安になり、自分の不安定さに気づき、自分が完全に馬に依存していることに気づく。私が思うに、姉のヘレーネの人に対する関係もまったく同じである。こうした人間は、人が自分に対してたまたま少し優しくなったり、つれなくなったりするたびに、ついつい人をあるときは良く思い、あるときは悪く思ってしまうのである。

四月九日

「お前は何にもまして完全な者を愛さねばならない、そうすればお前は幸福である」。私にはこれがキリスト教の教えの総まとめであるように思われる。

四月一一日

[235]氷の状態はすでに悪くなっており、ボートで川を行かなければならない。これは厄介であり、（少し）危険だ。私はすぐにひるみ、怖くなる。

今、私は五月の初めにウィーンに向けて出発するつもりでいる。五月の末に英国へ発つつもりだ。

今朝明け方近く、何人かの人と長い哲学の議論をしている夢を見た。議論の中で、私は目覚めてからもまだおおよそ憶えていた、次のような命題に到達した、

「いいかげんに私たちの母語を話そう、そして私たちは本来自分の髪の毛を沼地から出さないといけないのだ、と信じるのはやめよう。ありがたいことに、それは結局夢だったのだ。結局のところ、私たちは誤解を取り除きさえすればいいんだ」。私が思うに、これは良い命題だ。

《神のみがほめたたえられるべし！》

(236) 表現の簡潔さ。[20] 表現の簡潔さは定規では測れない。紙の上でより長い表現のほうがより簡潔なことがしばしばある。それはちょうど〝f〟と書くのに、f のように書いたほうが f のように書くより簡単なのと同じである。しばしば人は文章が長すぎると感じ、言葉を削ることによって簡潔にしようと思う。そうすることにより生まれるのは、ぎこちなく満足のゆかない短さである。だが本当に簡潔であるためには、おそらくその文章は言葉がたりないのだ。

四月一六日

昨日から白樺の小さな緑が芽吹き始めた。――もう数日間も気分があまり良くない、それにとても疲れている。努力はしているのだが仕事の具合は悪い。まだ二週間もここに滞在することに、どれだけの意味があるのか良く分からない。(237) 一つの声は、「どうせなら、早く出発しろ！」と言い、もう一つの声は「待て、ここに留まるのだ！」と言う。――どちらが正しいのか分かれば、と思うのだが。

最近、頻繁に『皇帝とガリラヤ人』を読み、大いに感銘を受ける。――

多くのことが旅に出ることを支持する。だが臆病さもその一つだ。そしてここに滞在することを支持することもいくつかある。だがつまらないこだわりや他人の判断を気にすること、等もその中に入っている。ここから逃げ出すことは性急と臆病に負けることであり、正しいことではない。だが他方で、ここに留まることは、正気の沙汰とは思われず、同時に臆病にも思える。

ここに留まる場合、病気になり、実家と英国に帰れないことが心配だ。[238]これはあたかもウィーンでは病気になったり事故に遭ったりすることはありえないかのような言い草だ！

出発するよりは、ここに留まるほうが困難だ。

四月一七日

自己とともにある孤独――あるいは神とともにある孤独――とはたった一人で猛獣と一緒にいるようなものではないか？　いつ襲いかかられるか分からないのだ。――だがそれだからこそお前は逃げ去るべきではないのではないか?!　言ってみれば、それこそすばらしいことではないのか?!　それは、この猛獣を好きになれ、ということではないのか。――だがそれでも人は、我らを試みに遭わせたまうことなかれ、[21]と願わざるを得ない。

四月一九日

「信じる」という言葉によって恐ろしいほどたくさんの災いが宗教に引き起こされたと私は信じる。(239)歴史的事実の永遠の意味という「パラドックス」[22]やそれに類することに関するあらゆる込み入った思考がそうだ。「キリストを信じよ」という代わりに「キリストを愛せ」というなら、パラドックス、つまり悟性をいらだたせるもの[23]は消滅する。悟性をそのようにくすぐることが宗教に何の関係があるのだ（しかじかの人間にとってはそれがまた自分の宗教に属するかもしれないが）。

だから今やすべては単純なのだ、あるいは、分かりやすいのだと言える、という訳ではない。分かりやすいものなど何もない、ただそれらは理解不可能なのではないだけだ。――

四月二〇日

昨夜と今朝に湖のほとんどすべての氷が川へと流されてしまい、突然湖面にはほとんど何もなくなった。

血便が繰り返し出るようになってからもう二ヵ月になる。痛みも少しある。――(240)ひょっとすると自分は直腸がんで死ぬかもしれないと頻繁に考える。どのようになるにせよ、良く死ねますように！

少し病気気味で、考えに勢いがない。暖かく天気も良いのに。

今日、私は誤ったこと、悪しきことを為している、すなわち植物のようにただ生きながらえている。まともなことは何もできず、それに加えて一種の鈍い不安を感じている。――本当ならおそらくこうした状態では断食し、祈るべきなのだろう――だが私は食べたくなり、食べている――何故ならこんな日に自分を見つめるのが怖いからだ。

五月一日に出発する決心をした、――これが神の意思だ。

四月二三日

今日、家の周りで風がゴーゴーと吹き荒れている。(241)私にとって強風は、いつもとても大変なことだ。怖くなり、心が乱れる。

《陰鬱でいやな感覚と戦おうと努力するが、私の力はあまりにもすぐ衰えてしまう。》

四月二六日

見事な天気だ。白樺はすでに若葉をつけている。昨日の夜、初めて大規模なオーロラを見た。およそ三時間の間見続けていた。言いあらわしがたい光景だ。

《しばしば自分がけちでさもしいことに、はっと気がつく!!》

四月二七日

《お前は真理を愛していなければならない、なのにお前はいつも他のものを愛し、真理をただついでに愛しているにすぎない!》

四月二九日
哲学について考えようとすると、どうしてなのか分からないが、今、私の思考は固まってしまう。㉔――これが私の哲学的経歴の終わりなのか？

四月三〇日
私は最高度に、何でもすぐ悪く取る。これは悪いしるしだ。

［この間の出来事５］
一九三七年五月にウィーンに戻ったウィトゲンシュタインは、夏、ケンブリッジにおいてノルウェーでほぼ書き上げたと推測される手稿ノート（MS 142）に基づいて、フランシス・スキナーの協力を得て、タイプ原稿（TS 220）を作製した（cf.『モンク伝記２』p.422）。この原稿が現在の『哲学探究』§§1-188である。同年八月からウィトゲンシュタインは原稿の続きを執筆するために、再びショルデン滞在を始める。この滞在は同年一二月で終了するが、その間、九月か一〇月にかけての二週間、ウィトゲンシュタインはスキナーをノルウェーに招き、ともにすごした（cf. 同書、pp.425f.）。以下の記述の日付は、このスキナー滞在中のものである。

一九三七年九月二四日

ユダヤ人たちよ！　世界が感謝するようなものをお前たちが世界に与えなくなってからもう久しい。そしてこれは世界が恩知らずだからではない。というのもどんな贈り物に対しても人は、ただそれが自分たちにとって役立つからといって感謝するとは限らないからだ。だから、再び世界に、冷たい認知ではなく温かい感謝がお前たちに返されるのがふさわしいようなものを贈るのだ。

だが世界がお前たちから必要としている唯一のものとは、運命に服することである。(243) お前たちは世界に薔薇を贈ることができる。それらは花開くだろう、そして決してしおれることがないだろう。

人には、たとえ偉人の幽霊であっても怖がる権利がある。そして善人の幽霊でさえも。何故なら善人に幸運をもたらしたものが、お前には災難をもたらすかもしれないからである。というのも人間なき霊とは善くもないし――〈、／――〉悪くもないからである。だが私の場合それは嫌な霊かもしれない。

訳注

（1）ヘンゼルのほめ言葉がきっかけとなり、自分の中の虚栄心が再び活動を始めかねない、という意味。

（2）ウィトゲンシュタインの原語“offenbart”は「啓示する」という意味でも使われる言葉である。

（3）この段落を挟んでいる［　］印は原文におけるウィトゲンシュタイン自身のものであり、訳者による補足説明を示すものではない。
（4）この［　］印もウィトゲンシュタイン自身のものである。
（5）カール・クラウスの次のアフォリズムを参照。「芸術家とは解決ののちに謎をつくり出せる者のことである」（『カール・クラウス著作集5アフォリズム』池内紀編訳、法政大学出版局、一九七八、p.72）。
（6）ここでウィトゲンシュタインは、キリストの最後の言葉、「事は成し遂げられた（ルター訳ドイツ語聖書では“Es ist vollbracht”）」（ヨハネによる福音書19：30）について考えていると思われる。
（7）ここでの「ずっと鈍い照明」という比較表現は、永遠の絶対的なものを求めて生きる人を照らすはずの、より強く透明な光と比べて、ということと考えられる。
（8）ウィトゲンシュタインの原文は“Das sei ferne!”で、ルター訳聖書よりの引用。ローマ人への手紙3：4、6、31：同9：14参照。
（9）ウィトゲンシュタインの原文はフランス語（Raisonnements）を使用。
（10）この［　］印に挟まれたテキストはウィトゲンシュタイン自身のものである。
（11）カール・クラウスの次のアフォリズムを参照。「文学においては、文章建築の途上に見舞う眩暈に注意すべきである。建物には、まず窓をつけ、しかるのち壁を置こう」（『カール・クラウス著作集5アフォリズム』池内紀編訳、法政大学出版局、一九七八、p.99）。
（12）ここでウィトゲンシュタインは、手稿ノートに書きためた多数の「考察」を、その内容、意味上のつながりに応じて分類し、並べかえるという彼独自の二次的編集作業について語っていると思われる。
（13）ウィトゲンシュタインによるこうした「考察」の転写・反復の実例としては、本日記第一部の、姉グレーテルによるクララ・シューマンについてのコメントに関する「考察」を参照されたい。二八―二九ページの「考察」が、ほぼ同内容で六二ページに反復されている。

（14）この表現はショーペンハウアーに由来する。彼の『パレルガとパラリポメーナ』（英訳：*Parerga and Paralipomena*, Oxford, Clarendon, 1974, vol.1, pp.157f., 181, vol.2, pp.535f., 542）および『意志と表象としての世界』第二巻、第一五章の末尾参照。以上、英訳者ノードマンの注による。

（15）これは通常「幸いだ、私につまずかない者は」と訳されるマタイによる福音書11：6のイエスの言葉だが、ウィトゲンシュタインがルター訳聖書（原文"Seelig, wer sich nicht an mir ärgert"）を引用しているため、ルター訳に即して訳した。第一部の訳注（13）参照。

（16）前行の「神」を指す。詳しくはコメンタール参照。

（17）キリスト受難の記念日、復活祭直前の金曜日。

（18）ここで「照らされ、啓かれている」と訳したのは「光（Licht）」から派生し、「照らす、啓蒙する、悟る」等の意味を持つ動詞「エアロイヒテン（erleuchten）」の受動態である。この動詞はウィトゲンシュタインが自己の宗教性の展開を表現する上で、最も重要な言葉であり、最初は第一次大戦中に心の闇を神が照らす事を祈るときに用いられた（例えば「神よ我を照らし給え！　神よ我を照らし給え！　神よ我が魂を照らし給え」。MS 103, p.1v; 1916. 3. 29）。本日記では一二三ページ、一二六ページにおいて、ほぼ同様の意味で用いられている。それに対してここでは、心の闇が上からの光により照らされると同時に、それをきっかけとしてウィトゲンシュタイン自身の宗教性が、ある境地、すなわち信仰に到達するという意味も込められている。そのため、あえて「照らされ、啓かれている」と訳した。この言葉は同時に数学におけるひらめきを表すためにも用いられており（例えば「ある人がひらめき（Erleuchtung）により突然ある規則を理解するようになる」MS 165, p.76; MS 120, p.143r, MS 136, p.26a, も参照）、ウィトゲンシュタインの宗教と哲学の関係を把握する上でも決定的な言葉であると思われる。本書解説も参照されたい。

（19）自分の哲学的思考がスランプに陥ったとき、ついついクラウス流のアフォリズムに走ってしまうウィトゲンシュタイン自身の傾向を指している。こうした傾向とそれに対する自己叱責の好例として、本日記一九三七年二月五―七日の記述を参照。

(20) ドイツ語で「簡潔さ」と「短さ」は同じ言葉（Kürze）である。この語の意味の二重性を用いたこの「考察」は、クラウス的な逆説的アフォリズムへの傾向がウィトゲンシュタインの中に根強く残っている事を示している。

(21) いわゆる「主の祈り」の一節。マタイによる福音書6：13、ルカによる福音書11：4参照。

(22) 例えばナザレのイエスという一人の人間が処刑されたという歴史上の一事実が、すべての人間の救済という、時間を超えた意味をもつ。信仰のもつ、そのようなパラドキシカルな性格のこと。本日記一三二―一三三ページの記述も参照。

(23) 「パラドックス」とは、その内容が悟性にとってはつじつまが合わず、受けいれて信じることができないにもかかわらず、かといって簡単に無視もできない重大なものである。そのため、悟性を「いらだたせる」と言われている。

コメンタール

このコメンタールには調査可能な限り、本文に関するあらゆる伝記的・書誌学的・歴史的・文化史的情報が収められてあり、本文中の、平均的な教養ある読者にとって不明または理解不可能な箇所の解読の助けになるよう意図されている。それに加えてコメンタールには、本文に思考上の関連があると推測されるウィトゲンシュタインの遺稿中の類似したテキストへの参照も収められている。

さらに原テキストの判読困難な箇所や意味不明の箇所、および正書法上の誤り、文法上の誤りも、編者序において説明されていないものについては指摘してある。

各註におけるページ番号は原文のページ番号を示す。原文のページ番号は丸囲みの数字（①～㉔③）で示されている。

［コメンタール中の引用文は邦訳が存在する場合できる限りそれを用い、出典を［　］内に示し、文体上の理由等により訳を改めた場合は、その旨を記した。文献名と人名は本文中においては読みやすさを考慮して日本語で表記したが、必要な文献情報はカッコ内か文末に欧文で示してある。文献の表記は全体の統一性が保たれる範囲内で各言語の表記法に従ったが、ページ番号と引用符は英語式表記（p.5, “Band”, etc.）に統一した。完全な出版情報の記されていない文献や略号については巻末の文献表を参照されたい。なお、“MS 120”等の番号はウィトゲンシュタインの遺稿のフォン・ライト番号を表す。フォン・ライト番号については飯田隆編『ウィトゲンシュタイン読本』法政大学出版局、一九九五、pp.335–380を参照。（訳者）］

第一部

①　私は時に思う

おそらくウィトゲンシュタインはこの不完全な文を後続の文に対する付加として、存在していた空行に書き込んだものと推測される。

マルガリート

マルガリート・ド・シャンブリエ、旧姓レスピンガー。一九〇四年四月一八日、ベルンに生まれる。裕福なスイス人実業家の子女。彼女はトーマス・ストンボロー〔ウィトゲンシュタインの三姉マルガレーテ・ストンボロー（㉘ページへのコメンタール参照）の長男〕の知人として一九二六年にマルガレーテ・ストンボローにグムンデン〔ストンボロー夫妻の住居の所在地〕とウィーンに招かれた。ウィーン到着後間もなく、マルガリートは次のようないきさつで初めてウィトゲンシュタインと知り合う。つまり、姉の家に居候をしていたウィトゲンシュタインがたまたま足をくじき、マルガリートの客室を譲るよう要求したのである（マルガリート・ド・シャンブリエから編者への一九九六年六月一四日付けの私信による情報）。当時マルガリートは女性グラフィックデザイナーを養成するウィーンの女子大学に通っていた。後に彼女は六ヵ月間ウィーンの病院のコースに通い、続いてベルンで赤十字学校に通う。彼女は一九三三年タラ・シェグレン〔㉟ページへのコメンタール参照〕と結婚、後に夫婦で南米チリに渡る。一九四五年の夫の死後、彼女はベノイト・ド・シャンブリエと結婚、一九五二年以降はノイシャテルの屋敷に暮らす。一九七八年、彼女は家族と友人向けに回想録を執筆、それは『おばあちゃんとその時代』として自費出版された。一九八二年以降ド・シャンブリエ夫人はゲンフで暮らしている。

②
到着したばかりの何日間か
ウィトゲンシュタインはイースターの休暇をウィーンで過ごし、四月二五日にケンブリッジに戻ってきた。MS 108, p.133: 1930. 4. 25, の次のウィトゲンシュタインの記述（暗号体）と比較されたい。「イースター休暇の後再びケンブリッジに到着した。ウィーンではしばしばマルガリートと一緒。イースターはノイヴァルトエック〔ウィーンXVII区の通りの名、ウィトゲンシュタイン家の別荘があった〕でマルガリートと一緒。私たちは三時間の間沢山キスをした。とても素晴らしかった」。

⑥
ラムジー
フランク・プランプトン・ラムジー。一九〇三年二月二二日、ケンブリッジに生まれ、一九三〇年一月一九日、ケンブリッジで死去。論理学者、数学者。彼はラッセルとホワイトヘッドの『プリンキピア・マテマティカ』に従いながら、同時にウィトゲンシュタインによるトートロジーの分析の影響を受け、論理学に立脚した数学の基礎付けを完成させようとした。その仕事においてとりわけ、構文論的な矛盾と意味論的な矛盾を区別した。彼は論理的決定問題に対して重要な寄与を行うとともに、国民経済の問題にもかかわった。彼は『論理哲学論考』の英訳に実質的に参加した。まだトリニティー・カレッジの学生であった頃の一九二三年九月に彼はプッホベルク［ウィトゲンシュタインが小学校教師をしていた村］にウィトゲンシュタインを約二週間訪ねた。彼は毎日ウィトゲンシュタインと『論理哲学論考』を読み、ウィトゲンシュタインは会話の中で英訳に修正を施し、それは一九三三年の第二版において参考にされた。一九二三年一〇月ラムジーは哲学雑誌『マインド』に『論理哲学論考』の書評を執筆した。彼は二七歳の誕生日の直前に黄疸で死亡した。［ラムジーの著作の邦訳としては、伊藤邦武・橋本康二訳『ラムジー哲学論文集』（勁草書房、一九九六）がある］

ケインズ　⑦

ジョン・メイナード・ケインズ。一八八三年六月五日、ケンブリッジに生まれ、一九四五年四月二一日ファーレ（サセックス）にて死去。英国人、経済学者。一九二〇年よりケンブリッジの教授。政策に対して強い影響力を持っていた自由党のための政治活動もさることながら、ケインズの活動は何より貨幣理論の諸問題と拡大する失業問題に集中してなされた。著作には『平和の経済的帰結』(一九一九)、『貨幣論』(二巻)(一九三〇)、『自由放任の終焉』(一九二六)、『雇用・利子および貨幣の一般理論』(一九三六)等がある。この最後の著作により彼は「ケインズ主義」という経済学上の独自の方向性の始祖となった。ウィトゲンシュタインは英国のラッセルの許での留学期間中の一九一二年にケインズと知り合いになった。ラッセルとケインズはいずれも「使徒団」のメンバーであり、ウィトゲンシュタインもそのメンバーとして迎えられた。しかしウィトゲンシュタインにとってそこは居心地のよい場所ではなく、メンバーに選ばれてから数日後にすでに辞退願を提出しようとしている。ウィトゲンシュタインとケインズの間に親密な友情は存在しなかったが、ウィトゲンシュタインは常にケインズの助けに頼ることができた。例えばウィトゲンシュタインが一九三五年にロシアで職を見つけようと計画したとき、ケインズは彼を助け、ロンドン駐在のロシア大使イワン・マイスキーに相談している。一九三八年に英国の市民権と哲学の講師職を得ようとしたときも、ウィトゲンシュタインはケインズに相談している。

気分を……悪くさせた widerte
語尾の "te" はページの欄外に位置し、明確には判読できない。

短い時間

ショーペンハウアーは著書『意志と表象としての世界』（第一版）の序文で次のように書いている、「［私は］あらゆる認識において、したがって最も重要な認識においてはなおのこと、いつでも真理にあたえられる運命がこの本のうえにもじゅうぶんふりかかることを冷静に甘受する。真理というものには短い勝利の祝祭が許されるだけで、その前後には、背理として呪われ、平凡なものとして軽蔑される長い年月の二つがあるだけである」。［斎藤忍随他訳『ショーペンハウアー全集』第二巻、白水社、p.22］

⑧
ベートーヴェンの最後の弦楽四重奏曲の一つ
ベートーヴェンの最後の四重奏曲とは、弦楽四重奏曲第12番変ホ長調作品127（一八二四）、弦楽四重奏曲第13番変ロ長調作品130（一八二六）、弦楽四重奏曲第14番嬰ハ短調作品131（一八二六）、弦楽四重奏曲第15番イ短調作品132（一八二五）、弦楽四重奏曲第16番ヘ長調作品135（一八二五／二八）、大フーガ変ロ長調作品133（元来は作品130の最終楽章として作曲されたもの）（一八二四）。

⑨
フロイト
ジグムント・フロイト（一八五六―一九三九）。ラッシュ・リーズが記しているように、ウィトゲンシュタインはフロイトに対してきわめて批判的な態度を取っていた。しかし同時に彼はフロイトの語ったことの多く、例えば夢の象徴性に関する考察や人は（ある意味で）何かを夢で語っているという指摘が注目に値することを強調した。一九一四年以前のケンブリッジ滞在時、ウィトゲンシュタインは心理学を時間の浪費と見なしていた。しかし数年後に読んだフロイトに関する書物が彼に影響を与えた。フロイトに関するラッシュ・リーズとの会話（一九四二年と一九四六年の間）の時には、彼は自分のことをフロイトの弟子、支持者と呼んでいる。フロイトはウィトゲンシュタインが読むに値すると見なした少数の著者の一人であった。著作に示された観察と提案に関して彼はフロイトを賞賛した。他方彼はヨーロッパとアメリカにおける精神分析の絶大な影響力を有害と見なしていた。「分析は害を及ぼしやすい。なぜなら、その過程でひとは自分自身についてさまざまなことを発見するだろうけれども、提示され、あるいは押しつけられた当の神話を認めて、これを見通すためには、非常に強力かつ鋭敏で頑強な批判力をもたなくてはならないからである。『もちろん、その通り、そうであるに違いない』と言いたくなる誘因があるのである。強力な神話である」（ウィトゲンシュタイン「フロイトについての会話」〈『美学講義』所収〉より）。〔藤本隆志訳、大修館全集第一〇巻、p.224〕

ウィトゲンシュタインはフロイトを、彼は絶えず科学的であることを標榜するが、彼が与えるのは思弁にすぎない、としても批判した。（藤本訳、前掲書、p.213 参照）

多分
原文は"wol"だが、正しくは"wohl"。

⑩　ムーア夫人
ドロシー・ミルドレッド・ムーア。旧姓エリー。一八九二年八月三一日、ヘレンズブール（スコットランド）に生まれ、一九七七年一一月一一日、（おそらく）ケンブリッジで死去。一九一二年から一九一五年までドロシーはニューンハム・カレッジに通い、一九一五年にはG・E・ムーアの講義に出席、同年一一月二七日、彼と結婚。一九三一年に修士号を取得。

ブルックナーの第四交響曲
変ホ長調の交響曲「ロマンティック」（一八七四）。

ブルックナー
ウィトゲンシュタインはブルックナーに関する考察を一九三八年二月一九日に書いている（MS 120, p.142, VB, p.75, よりの再引用）。
「ブルックナーの交響曲には始まりが二つある、と言うことができる。第一の思想の始まりと、第二の思想の始まりである。この二つの思想は、血縁関係ではなく、男女関係のように向き合っている〈手をつないでいるが血縁関係にあるのではなく、男と女のように向き合っている〉。

ブルックナーの第九は、いわばベートーヴェンの第九にたいする異議申し立てである。そのおかげで〈ベートーヴェンの第九に反抗して書かれている。そのおかげで〉、がまんできる曲になっている。もし模倣のようなものとして書かれていたなら、どうしようもない曲になっていただろう。ブルックナーの第九とベートーヴェンの第九の関係は、レーナウの『ファウスト』とゲーテの『ファウスト』の関係に、つまり、カトリックのファウストと啓蒙主義のファウストの関係、などなどによく似ている」。〔丘沢訳『反哲学的断章』p.102、〈 〉内は異稿を示す〕

ブルックナーとの関連におけるウィトゲンシュタインのブラームスに関する次の論述も参照。

「無声映画時代、すべてのクラシックが映画に動員された。ただしブラームスとヴァーグナーを別として。

ブラームスが映画に合わないのは、あまりにも抽象的だからだ。興奮する場面でベートーヴェンやシューベルトの音楽が鳴っているのは考えられることだし、場合によっては映画をとおして、ある意味で音楽を理解することもできるだろう。だがブラームスの音楽は理解できない。逆にブルックナーは映画に合っている」(MS 157a, p.44v: 1934 または 1937, VB, p.60, よりの再引用)。[丘沢訳、前掲書 p.81]

ブラームス

ヨハネス・ブラームス(一八三三—一八九七)は一八七五年以降ウィーンとその近郊でフリーの作曲家として暮らしていた。彼はガイガー・ヨーゼフ・ヨーアヒム(メンデルスゾーンの弟子であり、ウィトゲンシュタインの祖母ファニー・フィグドール(旧姓)の従兄弟)、ロベルト・シューマン、クララ・シューマンと交友関係を持っていた。

ブラームスは、音楽を何より高く評価していたウィトゲンシュタイン家の良き知人であった。彼はしばしばアレーガッセのウィトゲンシュタイン邸を訪れていた。音楽演奏会では若きカザルス、ロゼ・カルテット、ヨーゼフ・ラボールらが演奏した。ブラームスお気に入りのバイオリニスト、マリー・ゾルダート＝レーガーとピアニスト、マリー・バウマイヤーはウィトゲンシュタイン家で特別の地位を与えられており、クララ・ウィトゲンシュタイン[ルートヴィッヒの父方の叔母]の友人であった。

ウィトゲンシュタインは手稿において何度もブラームスについて意見を表明しており、「ブラームスにおける音楽的な思考の強靭さ」と記している(MS 156b, p.14v: 1932–34, VB, p.56, よりの再引用)。これに加えて「ブラームスの圧倒的な能力」という表現も参照(MS 147, p.22r: 1934, VB, p.59, よりの再引用)。

ヴァーグナー
リヒャルト・ヴァーグナー（一八一三―一八八三）。ウィトゲンシュタインはドゥルーリー［一九二九年以来のウィトゲンシュタインの友人にして「弟子」、後に精神科医になる］に「ヴァーグナーは嫌な性格を持った偉大な作曲家の第一人者だ」、と語ったことがある（cf. *Recollections*, p.111）。

⑪
精神的なものについて zu dem Geistigen
明確には判読できず。"zu dem Gestrigen"（「昨日のことについて」）とも読める。

トリニティー
一九二九年六月一九日にウィトゲンシュタインはムーア、ラッセル、ラムジーの仲介により研究継続のための助成金をトリニティー・カレッジから受けた。一九三〇年一二月五日にトリニティー・カレッジの評議会により五年任期のリサーチ・フェローに選ばれる。彼はトリニティー・カレッジのホェーウェル・コートにある、戦前学生として住んでいた部屋に移った（cf. *Nedo*, p.356）。一九三九年に哲学教授に任命され、ケンブリッジで講座を受け持つようになったとき、彼は再びホェーウェル・コートの昔の部屋に移った。

完全な völliger

原文では“völliger”となっているが正しくは“völliger”。この語をウィトゲンシュタインは“völl-”で切り、次の行にもう一度“l”を書き込んでいる。

⑭

並外れて他人の意見に左右される

これについてはウィトゲンシュタインによる以下のような日記的記述（暗号体）を参照。「他人が自分のことをどう思っているかについて私は常に異常なまでに気にかける。そのため私にはきわめてひんぱんによい印象を与えることが大切になる。つまり自分が他人にどのような印象を与えたかについてきわめてしばしば私は考えるのであり、それがいいと思えると心地よく、そうでなければ不愉快なのだ」（MS 107, p.76）。

持ち直す

原文は“terfangen”だが、正しくは“derfangen”。ウィーン方言に“derfangen”という言葉があり、「持ち直す」、「捕らえられる」、「回復する」を意味する（「転んだ時しっかりつかまる」の意味もある）。(cf. *Wörterbuch des Wiener Dialektes* mit einer kurzgefaßten Grammatik von Julius Jakob. Wien und Leipzig: Gerlach & Wiedling, 1929)

⑮ **正しいこと**
原文は“daß Richtige”だが、正しくは“das Richtige”。

⑯ **シュペングラー**
オスヴァルト・シュペングラー（一八八〇―一九三六）。ウィトゲンシュタインはMS 154でシュペングラーをボルツマン、ヘルツ、ショーペンハウアー、フレーゲ、ラッセル、クラウス、ロース、ヴァイニンガー、スラッファらと並んで彼が影響を受けた一人として挙げている（MS 154, p.15v: 1931, VB, p.41, より）。〔丘沢訳『反哲学的断章』p.52〕
G・H・フォン・ライトは論文「ウィトゲンシュタインとその時代」において、ウィトゲンシュタインとシュペングラーの類似性について、あるいはウィトゲンシュタインの時代に対する態度の中で典型的にシュペングラー的と呼べるものについて論じている。彼によるとウィトゲンシュタインはシュペングラーの『西洋の没落』を「同時代の西洋文明を侮蔑するだけでなく、その偉大な過去に対する深い理解に富んだ畏敬の念を持って」読んだ。シュペングラーは確かにウィトゲンシュタインの人生観に影響を与えることはなかったものの、おそらく後期哲学の「家族的類似性」という思想には影響を与えた。（cf. G. H. von Wright, “Wittgenstein in Relation to his Times”, in G. H. von Wright, *Wittgenstein*, Oxford, 1982, pp.201–

216)
次も参照されたい。Rudolf Haller:"War Wittgenstein von Spengler beeinflußt?". In *Fragen zu Wittgenstein und Aufsätze zur österreichischen Philosophie* = Band 10 der *Studien zur österreichischen Philosophie*. Hrsg. von Rudolf Haller. Amsterdam: Rodopi, 1986.
ウィトゲンシュタインとシュペングラーの類似性については『モンク伝記1』pp.321–322, も参照。

『没落』

『西洋の没落——世界史の形態学の素描』、オスヴァルト・シュペングラーの文化哲学的著作（一九一八—一九二二）、二巻本。

MS 111でウィトゲンシュタインは次のように書いている。「次のようにシュペングラーが言っていたなら、彼はもっとよく理解されるのではないだろうか。『私は、さまざまな文化期を、家族の生活にくらべているのである。一家族のなかには、家族的類似というものがある。他方、さまざまな家族を観察してみると、メンバー間にも、ある種の類似が見られる。家族的類似は、これこれの点などで、他の類似とはちがっている』。つまり私が言いたいのは、こういうことだ。比較の対象、つまり、この観察方法をひきださせた対象が、提示される必要がある。でないと、議論がどんどんゆがんでしまうからだ。なにしろ、観察の

〈比較の〉原型に当てはまることがすべて、私たちの観察の対象にも、いやおうなしに当てはまるのである、と主張されることになり、そうなると、『いつも……にちがいない』と主張されてしまうからである」(MS 111, p.119: 1931. 8. 19, VB, p.48, よりの再引用)。[丘沢訳『反哲学的断章』p.63、〈 〉内は異稿]

⑰

『ブッデンブローク家の人々』

原文は "Budenbrooks" だが、正しくは "Buddenbrooks"。トーマス・マン(一八七五—一九五五)の小説『ブッデンブローク家の人々——ある家族の没落』のこと。一八九七—一九〇〇年に書かれ、一九〇一年に出版された。トーマス・マンは一九二九年ノーベル賞を受賞した。

チフス

トーマス・マンの上記の小説では、ほとんどエッセーの形をとった章の「思考記録」とチフスを医学的に描写した科学的断片が挿入されており、ハンノの死はそれらから間接的に推測されるに過ぎない。

ハンノB.

リューベックの豪商一族の第三世代に属するハンノ・ブッデンブロークは、ブッデンブローク一族がその活力と社会的地位さえも失うという対価を払って感受性と意識を手に入れてゆく過程の最終段階を代表している。ハンノは世間知らずのひ弱さと感受性の強い芸術家気質の権化のような人間であり、脱ブルジョワ化の過程は彼の音楽的素質において完成する。

⑲

近い間柄に

原文は“verwant”だが、正しくは“verwandt”。

完全で

原文は“compett”だが、正しくは“komplett”。

しにくい

原文は“schwerere”だが、正しくは“schwerer”。

㉑

一六年前に、因果法則

『草稿 1914–1916』の一九一五年三月二九日の次の記述を参照。「因果法則は法則ではなく、ある法則の形式である。『因果法則』、それは種属名詞である。ところで、――こう語ろう――力学には最小法則が、例えば最小作用の法則が、存在するように、物理学にはある因果法則が、即ち因果形式の法則が、存在するのである」。〔奥雅博訳、大修館全集第一巻、p.196〕

『論考』の以下の「考察」も参照のこと。

6. 32「因果法則は法則ではなく、法則の形式である」。

6. 321「『因果法則』、それは種属名詞である。ところで――こう語ろう――、力学には最小法則が、例えば最小作用の法則が、存在するように、物理学には因果法則が、即ち因果形式の法則が、存在するのである」。

6. 36「因果法則がもし存在するとすれば、『自然法則が存在する』ということにもなりえよう。だがもとより人はそれを語ることができない。それは自らを示すのである」。

6. 362「記述されうることは、生起することも可能である。そして因果法則が排除せんとすることは、また記述されえない」。〔奥訳、前掲書、pp.110–114〕

㉒

コペルニクスの発見

原文は“Kopernicanischen Entdeckung”だが、正しくは“kopernikanische Entdeckung”。

この記述については次を参照。「コペルニクスやダーウィンの本当の功績とは、真の理論を発見したことではなく、実り豊かな新しい見方を発見したことである」(MS 112, p.233: 1931. 11. 22, VB, p.55, よりの再引用)。〔丘沢訳『反哲学的断章』p.73〕

発見
ウィトゲンシュタインは綴りを途中で切り"Entdekkungen"としている。標準化版本文では"Entdeckungen"と修正してある。

アインシュタイン
アルバート・アインシュタイン(一八七九―一九五五)。

実践的価値を持ち
原文は"von praktischer Wert"だが、正しくは"von praktischem Wert"。明らかにこの誤記はその前の修正に関連している。つまり最初ウィトゲンシュタインは"von praktischer Wichtigkeit"と書こうとしたが、次に"Wichtigkeit"を線で消し、"Interesse"と"Wert"だけを残した。けれど彼は語尾"-er"を直すのを忘れたのである。

㉓
熱情
原文は“Patos”だが、正しくは“Pathos”。

㉔
偉大で意味あるもの das Große & Bedeutende
“Große”は明確には判読できない。

㉖
つまり
原文は“daß heißt”だが、正しくは“das heißt”。

㉗
ヴィッシャー
ウィトゲンシュタインはおそらくフリードリヒ・テーオドール・ヴィッシャーのことを言っているのだと思われるが、その息子ロベルト・ヴィッシャーのことである可能性も排除できない。
フリードリヒ・テーオドール・フォン・ヴィッシャー（一八〇七―一八八七、フォン称号は一八七〇年より）。ドイツの作家、哲学者。エドゥアール・メーリケやD・F・シュトラウスと交友関係を持つ。一八三七年チュービンゲン大学美学教授、一八五五年チューリッヒ大学教授、一八六六―七七年シュトゥットガルト工科大学教授。著作等：『美学または美の科学』、『また一人』（怪奇文学）、「叙情的な歩み」（詩）、『崇高なものと喜劇的なものについて』、『美の哲学への寄与』、『芸術における内容と形式の関係について』、パロディ「ファウスト、悲劇第三部」。

ロベルト・ヴィッシャー（一八四七―一九三三）。F・Th・ヴィッシャーの息子、美術史家。一八八二年ブレスラウ大学助教授（美術史）、一八八五年アーヘン大学助教授、一八九二―一九一一年ゲッチンゲン大学助教授。『視覚的形態感覚』ライプチヒ、一八七二、「美学的な形式に関する三論文」ハレ、一九二七。

話されたものは書かれたものではない

出典確認できず。

㉘　スタイルとは……表現である

一九四七年四月一〇日の次の考察も参照。「古いスタイルを、いわば新しい〈比較的新しい〉言葉で再現することができる。いってみれば現代的なやり方で〈現代的な解釈で／現代的なテンポで〉、新しく上演することができる。その場合、厳密には〈実際には〉複製や再生をしているにすぎない。それは私が建築でやったことだ。

といってもそれは、古いスタイルを新しく仕立て直すことではない。古い形をもってきて、それを新しい趣味にあわせて仕上げるわけではないのだ。むしろ実際には、もしかしたら無意識のまま、古い言葉をしゃべっているのである。ただしそのしゃべり方は、比較的新しい世界のものではあるが、だからといってかならずしもその世界の趣味にあっているとはかぎらない」(MS 134, p.133, VB, pp.118f., よりの再引用)。［丘沢訳『反哲学的断章』p.169、〈 〉内は異稿］

永遠の相の下で

原文は"sub specie eterni"だが、正しくは"sub specie aeterni"、または"sub specie aeternitatis"。

スピノザは『エチカ』第二巻で、第二の認識段階（「ラチオ」）について述べている。それは認識を神との関係におき、その結果として事物を十全に認識するものである。すなわち事物は「ある永遠の相の下で」観られ、そのためある永遠の秩序に置かれる。この認識は非十全で混乱した偽りの認識と区別される。人間は自分が単なる表象（「イマジナチオ」）の領域において認識すると信じている限りこの偽りの認識に捕らわれている。この認識は経験、記憶、あるいは意見に基づいている。それは時間的なものに密着しており、認識されたと称される事物の秩序は偶然的なものである。

ウィトゲンシュタインはスピノザによって創出されたこの概念をすでに『草稿 1914–1916』において、倫理と芸術に関する見解との関連において用いている。一九一六年一〇月七日の次の記入を参照。「芸術作品は永遠の相の下にみられた対象である。そしてよい生とは永遠の相の下にみられた世界である。ここに芸術と倫理の連関がある。

日常の考察の仕方は、諸対象をいわばそれらの中心から見るが、永遠の相の下での考察は、それらを外側から見るのである」。〔奥訳、大修館全集第一巻、p.273〕

次の『論考』6. 45も参照。「永遠の相の下での世界の直観が、限界づけられた全体としての世界の直観である。限界づけられた全体という世界の感情が神秘的である」。〔奥訳、前掲書、p.118〕

何年も後に次のように書かれている。「ところで、芸術家の仕事〈活動／機能〉のほかにも、世界を永遠の相の下にとらえる、もうひとつの仕事〈活動／機能〉があるのではないだろうか。思想の方法がそれであると思うのだ。思想は、いわば世界の上空を飛び、世界には指一本ふれないまま、上空から高速で〈飛行しながら〉世界を観察する〈飛行しながら世界を観察する／上空を飛行しながら観察する〉のである」(MS 109, p.28: 1930. 8. 22, VB, p.27, よりの再引用)。〔丘沢訳『反哲学的断章』、p.32、〈　〉内は異稿〕

グレーテル

マルガレーテ・ストンボロー（旧姓ウィトゲンシュタイン）。一八八二年九月一九日、ウィーンに生まれ、一九五八年九月二七日、ウィーンで死去。ルートヴィッヒ・ウィトゲンシュタインの三姉。マルガレーテは米国人ジェローム・ストンボローと一九〇五年に結婚し、二人の息子、トーマスとジョンをもうけた。

クララ・シューマン

原文は“Klara Schumann”だが、正しくは“Clara Schumann”。ドイツ人ピアニスト、作曲家としても頭角を現した。一八四〇年ロベルト・シューマンと結婚。シューマン、ベートーヴェン、ショパン、ブラームスの曲の卓越した解釈者。彼女はブラームスと交友があり、ウィトゲンシュタイン家としばしば接触があった。

㉙

エブナー＝エッシェンバッハ

マリー・フォン・エブナー＝エッシェンバッハ。男爵夫人。旧姓グレーフィン・ドゥプスキー。一八三〇年九月一三日、モラヴィアのクロメジッツ近郊のシュロース＝ジスラヴィッチで生まれ、一九一六年三月一二日、ウィーンで死去。オーストリアの小説家。同時代の身分社会に関する小説を書いた。それらは人間的な同情と社会参加についての証言である。作品：『ボツェーナ』（一八七六）、『村と城の物語』（一八八三、「クラムバムブリ」はここに収録）、『新・村と城の物語』（一八八六、「彼は手にキスをさせる」はここに収録）、『村の子供』（一八八七）、『私の子供時代、晩秋の日々より』（一九〇六）、『アフォリズム』。本文62ページの記述も参照。そこでウィトゲンシュタインはクララ・シューマンとM・フォン・エブナー＝エッシェンバッハについてほとんど同じ考察を書いている。

ロース

アドルフ・ロース。一八七〇年一二月一〇日、ブリュンで生まれ、一九三三年八月二三日、ウィーン近郊のカルクスブルクで死去。建築家。ウィトゲンシュタインとの親交は一九一四年七月二三、二四日、フィッカーがウィトゲンシュタインの許を訪れた際に実現した（cf. Ludwig von Ficker: *Briefwechsel 1909–1914*. Salzburg: Otto Müller, 1986, p.375）。「私たちはカフェ・インペリアルで待ち合わせて会った。そこでは彼と、当時なお激しい議論の的となっていたミカエラー・プラッツの建物の耳の遠い設計者〔ロースのこと〕との間で、相当骨の折れる、だが客観的に言って極めて刺激的な、現代建築の諸問題に関する意見交換が行われた。ウィトゲンシュタインはそれらの問題について興味を持っているようだった」（ルートヴィッヒ・フィッカー『リルケと知られざる友人』(*Rilke und der unbekannte Freund*. In *Der Brenner*, 18. Folge, 1954), p.237 より）。後になってウィトゲンシュタインはロースに対して不愉快な印象を持った。一九一九年九月二日、彼はロースの元弟子であったエンゲルマンに次のように書いている。「二日前、ロースを訪ねました。私は驚いて吐き気を催しました。彼は、ありえないと思えるほどにまで、うわべだけで中身がありませんでした！　彼は私に計画中の『芸術庁』についてのパンフレットをくれました。そこで彼は精霊に対する罪について語っていました。これですべては終わりです！　私は彼に対してとても憂鬱な気持ちになり、すぐに気分が悪くなりました」（*Engelmann*, p.92）。それでもアドルフ・ロースは一九二四年九月に著書『虚空に語る』（*In's Leere gesprochen*）〔『虚空に向けて　1897－1900』『アドルフ・ロース著作集1』アセテート、2012〕を次のような言葉とともにウィトゲンシュタインに献呈している。「感謝と友情をこめてウィトゲンシュタインに。彼の刺激に対する感謝をこめて、彼がこの気持ちに応えてくれることを希望しつつ友情をこめて」（ネドのファクシミリより、*Nedo*, p.204）。

㉚クラウス

カール・クラウス。一八七四年四月二八日、ボヘミアのイーチンで生まれ、一九三六年六月一二日、ウィーンで死去。著述家。雑誌『ファッケル』（「たいまつ」の意、一八九九－一九三六）の編集者。ウィトゲンシュタインはすでに第一次大戦前からクラウスの信奉者であり、その著作を高く評価していた。一九一三年一〇月から一九一四年六月にかけての最初のノルウェーの長期滞在の間、彼は『ファッケル』を転送してもらっていた（*Engelmann*, p.102 参照）。

『ファッケル』368／369号（一九一三年二月五日）、p.32 における雑誌『ブレンナー』に関するクラウスの言葉（「オーストリアで唯一の信頼できる批評誌が出版されるということを、仮にオーストリアの人間が知らなくとも、ドイツの人間は知るべきだろう。オーストリア唯一の信頼できる批評誌はインスブルックで出版される」）がきっかけとなり、ウィトゲンシュタインは『ブレンナー』の編集者ルートヴィッヒ・フォン・フィッカーに寄付をした。ウィトゲンシュタインのクラウスに対する態度は後に批判的になった。ルートヴィッヒ・ヘンゼル宛の手紙で彼はアフォリズム的な書き方で書くことが持つ否定的影響の危険性と、彼自身がいかにそれに影響されたかを述べている（*Hänsel*, p.143［一九三七年三月一〇日の手紙］参照）。

MS 136, p.91b: 1948. 1. 11, の次の言葉も参照（VB, p.129, よりの再引用）、「干しぶどうは、ケーキの最上の部分だろう。だが干しぶどう一袋のほうが、ケーキ一個よりいいわけではない。干しぶどうがぎっしり詰まった袋をくれる人がいても、だからといってその人にケーキが焼けるわけではない。もちろん、もっとましなことができるわけでもない。

私の念頭にあるのは、クラウスと彼のアフォリズムのこと。と同時に、私自身と私の哲学の文章のことでもある。

ケーキ。それは、薄くのばした干しぶどう、のようなものではないのだ」。［丘沢訳『反哲学的断章』p.185］

トゥーマーズバッハ ㉛

ザルツブルク州の村。ツェル・アム・ゼーの近く。

クララ叔母

クララ・ウィトゲンシュタイン。一八五〇年四月九日、ライプチヒで生まれ、一九三五年五月二五日、ラクセンブルクで死去。カール・ウィトゲンシュタイン〔ルートヴィッヒの父〕の妹。彼女は生涯独身で、一年の大半をウィーン近郊ラクセンブルクの邸宅で過ごした。カールの子供たちはしばしば休暇を彼女の許で過ごした。これについては、叔母から手厚い世話を受けた素晴らしい時間の記憶が彼らに長く残った。(cf. *Familienerinnerungen*, pp.219–230)

ラクセンブルク

ウィトゲンシュタイン家はウィーン南方のラクセンブルクにカウニッツ家〔ハプスブルク時代のオーストリアの貴族〕の古い城を所有していた。主にカールの兄のパウルと妹のクララがこの邸宅で暮らした。(cf. *Familienerinnerungen*, p.227)〔この註の翻訳にあたっては、原編者のご教示を受けた。(訳者)〕

ゴットリーベン

スイスのトゥルガウ県の町。ボーデン湖畔、コンスタンツの近く。

㉜
夕食
原文は“Nachtmal”だが、正しくは“Nachtmahl”。

㉟
タラ
タラ・シェグレン。一九〇二年七月二日、ドナヴィッツ（ボヘミア）で生まれ、一九四五年四月一五日南米チリで死去。カール・シェグレンとミーマ・シェグレンの三人の息子の一人で、ウィトゲンシュタインの友人アルヴィド・シェグレンの兄弟。父が早く死んだ後、母と二人の兄弟とともにウィーンで暮らし、ウィーンで学んだ。タラは森林技師と土木技師の免許を持ち、アメリカでは工学を専攻した。彼はチリで農場を取得したが、一九四五年そこで密猟者に射殺された。

㊲
ライン川
原文は“Rein”だが、正しくは“Rhein”。

小島まで
原文は"zu einer klein Insel"だが、正しくは"zu einer kleinen Insel"。

㊳ ムラカミ Murakami
判読困難。"Nurekami","Nurekamd","Unrekami"とも読める。ロンドンの日本美術商(姉ヘルミーネがウィトゲンシュタインに多分一九三二年一〇月に書いた手紙参照、*Familienerinnerungen* 所収)。より詳しくは確認できず。

㊴ ギルバート
ギルバート・パティソン。一九〇八年八月二二日、ケンシントンで生まれ、一九九四年一〇月二二日、エセックスのトルスベリーで死去。ケントとラグビーの学校に通った後、一九二六年から一年間、当初はベルサイユとボンでフランス語とドイツ語を上達させる目的で、ヨーロッパを旅行した。一九二七年夏、彼は小児麻痺をわずらい、その重い後遺症は生涯残った。一九二八年秋、彼は外国語の勉強を完成させるためにケンブリッジのエマニュエル・カレッジに来た。パティソンとウィトゲンシュタインは、一九二九年のイースター休暇の後、

二人ともがケンブリッジに向かう途中にウィーンからの列車の中ではじめて知り合った。ケンブリッジにいた間、二人はずっと親友であった。パティソンは一九三一年に卒業し、ケンプ・チャタリス社（後にロス社）の簿記係となり、一九六二年に車椅子に乗るようになったために早期退職するまで勤めた。ウィトゲンシュタインとパティソンは三〇年間交友を続け、パティソンはしばしば週末をケンブリッジで過ごしていた。一九三九年のパティソンの結婚後は、極めて「家庭的」になった友人の生活に対してウィトゲンシュタインがほとんど共感を示さなかったため、二人はあまり会わなくなった。

長い手紙をグレーテルに
この手紙確認できず。

レティス
レティス・コートレイ・ラムジー（旧姓ベイカー）。一八九八年八月二日、サレーのゴムシャルで生まれ、一九八五年七月一二日、（多分）ケンブリッジで死去。ケンブリッジのニューンハム・カレッジで一九一八—一九二一年の間学んだ後、一九二五年に修士号を取得。一九二五年、フランク・プランプトン・ラムジーと結婚。レティスは有名な女流写真家であった。一九三二年、彼女は「ケンブリッジ・フォトグラファーズ」（ラムジーとムスプラットによる）の責任者となった。彼女はウィトゲンシュタインにとって一緒に居てもくつろげる数少ない女性の一人であった。一九二九年の初めにイングランドに戻ってきた時、ウィトゲンシュタインは最初の二週間をケンブリッジのモーティマー通りのラムジー夫妻宅で過ごした（cf. ケインズから夫人への一九二九年二月二五日の手紙、*Nedo*, p.225）。

㊵

お天気屋 wetterwendisch

移り気な、気分の変わりやすい。最初のwが大文字か小文字か不明瞭。

神の助けによって d G. H.

原文の“d G. H.”を“durch Gottes Hilfe”（「神の助けによって」）とするのは編者の推測による。

強くそしてしっかりとした杭

一九三二年のクリスマス直前にマルガリートは、マルガレーテ・ストンボローに手紙を書き、タラ・シェグレンと結婚する意志を伝えた。そして大晦日にはもう結婚式が行われた。彼女自身の言葉によると、マルガリートはタラ・シェグレンに彼女の生き方に合った、そして安らぎを示す伴侶を見出したのであった（マルガリート・ド・シャンブリエから編者への一九九五年九月二五日の手紙を通じた伝達による）。

日曜日の朝、結婚式の一時間前にウィトゲンシュタインはマルガリートの許を訪ね、彼女に次のように誓った。「きみはボートに乗っている。海は荒れるでしょう。転覆しないように、いつでも私につかまりなさい」（『モンク伝記』p.385; *Die Weltwoche*, 24号, 1989. 6. 15, のアリス・ヴィヨン＝レヒナーによるマルガリート・ド・シャンブリエとのインタヴューに関する記事も参照）。しかしマルガリートによればウィトゲンシュタインとの最終的な別離は、一九四六年に彼女がウィトゲンシュタインから一通の手紙を受け取ったときのことであった。自身の言葉によれば、彼女はこの手紙（一九四六年八月一三日付け）によって深く傷ついた。その中でウィトゲンシュタインは、マルガリートがいつか「彼女を婦人としてではなく、人間的な仕方で人間と接触させる」仕事を見つけることを望んでいると述べている。「いつか君が立派な職業を見つけたなら、あるいは探すようになったなら、僕はよろこんで君と再び会うだろう。ただ旅行中の夫人としての君とは会わないだろう。その場合僕らはお互いの気を滅入らせるだけだろう」。しかしこの手紙の後にも、一九四八年九月九日付けのマルガリート宛のウィトゲンシュタインの手紙が存在し、彼はそこで彼女からの「うれしい贈り物」に感謝している（ド・シャンブリエ夫人によると、多分それはチョコレートの贈り物であったという）。

㊷ ムーア

ジョージ・エドワード・ムーア。一八七三年一一月四日、ロンドンで生まれ、一九五八年一〇月二四日、ケンブリッジにて死去。一九二五―三九年ケンブリッジ大学教授、一九四〇―四四年、米国で客員教授をつとめる。哲学雑誌『マインド』の編集者。論文「観念論論駁」(*Mind*, 一九〇三)によりムーアは英国の新実在論の創始者と見なされた。著作:『プリンキピア・エチカ』(一九〇三)、『倫理学』(一九一二)、『G・E・ムーアの平凡な本』(一九一二―一三)、『哲学研究』(一九二四)、『常識の擁護』(一九二四)。

ムーアに関するウィトゲンシュタインの言葉については、*Hänsel*, pp.143f., を参照。*Malcolm*, p.116, も参照。

㊸ ヘレーネ

ヘレーネ・ザルツァー(旧姓ウィトゲンシュタイン)。一八七九年八月二三日、ウィーンに生まれ、一九五六年ウィーンで死去。家族からはレンカと呼ばれる。ルートヴィッヒの次姉。ウィトゲンシュタインは彼女のユーモアと音楽性を高く評価していた。

㊺ ペーター・シュレミール

小説家アーデルベルト・フォン・シャミッソー(一七八一―一八三八)の『ペーター・シュレミールの不思議な物語』(邦訳:『影をなくした男』池内紀訳、岩波文庫)は一八一四年に出版された。悪魔に関係し、影をなくした男のおとぎ話。ビーダーマイヤー時代の一種の「ファウスト」。トーマス・マンにより「ファンタジックな小説」と呼ばれた。

MS 111のペーター・シュレミールに関するウィトゲンシュタインの次の言葉を参照。「ペーター・シュレミールの物語は、私にはこんな内容だと思える。彼はお金のために、魂を悪魔に譲り渡す。それからそのことを後悔すると、こんどは悪魔から、魂の身代金として影を要求される。ペーター・シュレミールに残されたのは、二者択一だ。魂を悪魔にプレゼントしてしまうか。それとも影を渡すことによって、世間での普通の暮らしをあきらめるか」(MS 111, p.77: 1931. 8. 11, VB, p.48, よりの再引用)。［丘沢訳『反哲学的断章』pp.62–63］

新しい住まいで

この時期ウィトゲンシュタインがどこに住んでいたかは答えるのが困難な問題である。『ケンブリッジ・ユニバーシティー・リポーター』は一九三〇年に三度、ケンブリッジ在住の大学構成員の住所つき名簿を付録として刊行した。一九三〇年一〇月、ウィトゲンシュタインの住所は記載されておらず、一九三一年一月になってはじめて彼の住所が「グランチェスター・ロード6」と記載されている。一九三一年四月、彼の住所は「トリニティー・カレッジ、ビショップ・ホステルC1」と記載されている（この時期すでに大学の研究助成金が支給されていた）。現住所に関する情報はしばしば遅れて印刷されたので、ウィトゲンシュタインがすでに一九三〇年一〇月にグランチェスター・ロードに住んでいた可能性は排除できない。この住居の所有者はジョージ・クィギンとアリソン・クィギンで、彼らはウィトゲンシュタインに多分一部屋ないし二部屋貸していた（以上、トリニティーカレッジ図書館（ケンブリッジ CB2 1TQ）のジョナサン・スミスからの情報。一九九五年一〇月二七日の編者への手紙による）。

㊻
文化の灰塵の上空を
これに関してはMS 107のウィトゲンシュタインの次の記述を参照。「かつて私がこう言ったことは、正しいかもしれない。『以前の文化は瓦礫の山となり、最後は灰の山となるだろう。だが灰の上には精神がただよっているだろう』」（MS 107, p.229: 1930. 1. 10–11, VB, p.25, よりの再引用）。〔丘沢訳『反哲学的断章』p.30、一部改訳〕

㊼
最初の講義で
一九三〇年秋にケンブリッジに戻ってきて、ウィトゲンシュタインは一〇月一三日にミケルマス学期〔秋学期〕の講義を、哲学の役割と困難さについて次のような言葉で始めた。「哲学を取り巻く光雲は消滅した。なぜならば今やわれわれは哲学をする方法を手にしており、熟練した哲学者について語ることができるからである。錬金術と化学との間の違いと比較せよ。化学には方法があり、われわれは熟練した化学者について語ることができる。しかしいったん方法が見いだされると、個性の発露の機会はそれに応じて制限されてしまう。われわれの時代の趨勢は、このような機会を制限する方向にある。これは文化の衰退ないし欠如の時代の特徴である。このような時代にも、偉大な人物は何ら変わることなく偉大でありうるが、今や哲学は熟練度の問題へと還元され、哲学者を包む光雲は消え去ろうとしている。

哲学とは何か。世界の本質の探求であるのか。われわれは、検証可能であると否とを問わず、最終的な答えを、あるいは世界の何らかの記述を手に入れたがる。確かにわれわれは、心的状態をも含む世界の記述を与え、それらを支配する法則を発見することが出来る。しかしそれだけではまだ多くが残されたままになる。例えば数学は置き去りであろう。

実際にわれわれが行なっているのは、われわれのもつ諸想念の整理であり、世界に関して何が語られうるのかを明らかにすることである。われわれは何が語られうるのかに関して混乱の内にあり、この混乱をかたづけようと試みているのである。

この整頓の活動が哲学である。それゆえ以下では、この明瞭化の本能に従い、哲学とは何かという最初の問いの方は脇に置いておくことにしよう」。

ミケルマス学期の最初の講義の後の方では次のように述べられている。「命題とは何か。……しかし意義や意味をもつということはどういうことであろうか。また否定とは何であろうか。……色彩語録を例にとろう。……命題とは思考の表現であると言われるかも知れない」、そして講義は次のように締めくくられている。「科学において行われる事柄は、例えば家を建てることに比することができる。はじめに堅固な基礎を据えなければならない。その基礎はいったん据えられたなら、再度手をつけたり取り除いたりされてはならない。哲学においてはわれわれは、基礎を据えるのではなく部屋を整える。その過程でわれわれはあらゆるものに何度となく手をつけなければならない。

哲学をする唯一の方法は、あらゆることを二度することである」(『講義 1930–1932』山田友幸・千葉恵訳、pp.53–58)。

本当に親切な人たちの中に

㊺ページの「新しい住まいで」へのコメンタールを参照。

㊽

英語

原文が“englichchen”なのか“englischchen”なのか明確には判別できず。正しくは“englischen”。

㊾

フロイトの睡眠の定義

フロイトは精神分析入門講義において、「夢の本質」に関する探究の文脈で「睡眠とは何か」という問いに次のように答えている。「これは、今日でもなお異論の多い、生理学的あるいは生物学的な一問題です。われわれはそれについて結論を下すことはできません。しかし、眠りの心理学的特性を叙述することは許されるでしょう。眠っている時には、私は外界についてはなにも知ろうとは思いませんし、私の関心は外界から引き上げられてしまっていますこの状態が眠りです。私は、外界から身をひき、外界の刺激を遠ざけてしまうことによって眠りにはいるのです。……ですから、眠りにはいる時には外界に向って、『そっとしておいてくれ。私は眠りたい』というわけです。子供は逆に、『まだ眠りたくないんだ。疲れてなんかいないし、もっとなにかしていたいんだよ』と言います。とすると、眠りの生物学的な意向は休養であり、心理学的な性格は現実世界への関心の中断であるようにみえます」。そして、こうした定義に基づくと睡眠中の夢は余計なものとなろう、それでも夢が存在するからには、心に休養を許さない何かがあるはずである、とフロイトは言い、次のように続けている、「もろもろの刺激が心に働きかけ、心はそれに反応せざるをえないのです。つまり、夢とは、眠っている間に働きかけてくる刺激に対して心が反応する仕方なのです」(ジグムント・フロイト『精神分析入門』、第五講「種々の難点と最初のアプローチ」より、同第二十六講「リビドー論とナルシシズム」も参照)。〔懸田克躬・高橋義孝訳『フロイト著作集1』人文書院、pp.69–70〕

⑸1
一種の仮面である
原文は“ist ist eine Art Maske”となっているが、正しくは“ist eine Art Maske”。

⑸2
真の謙虚さとは、一つの宗教的問題である
これについてはMS 128, p.46（一九四四年ごろ）のウィトゲンシュタインの次の考察を参照。「自分を不完全だと思うよりは、病気だと思う、その程度に応じて人びとには信仰がある。中途半端に行儀のいい人間は、自分をこのうえなく不完全だと思っている。だが信仰のある人間は、自分をあわれだと思っている」（VB, pp.92f., よりの再引用）。〔丘沢訳『反哲学的断章』p.129、一部改訳〕

人は自分が馬鹿にされた
原文は英語。

⑸3
ニーチェ
原文は“Nietsche”だが、正しくは“Nietzsche”。フリードリヒ・ニーチェ（一八四四—一九〇

○）。

⑤5 一つの観念に対する愛
"Liebe zu einer Idee" となるべきだが、"einer" と書かれているのかどうか明確には判読不能。

注意を……そらすということ
本文㊾ページ以降を参照。

⑤6 二六日
この日付けにおいては、ピリオドの代わりにカンマが使われている。

⑤7 単なる
原文は "bloss" だが、正しくは "bloß"。

ケラー ⑲

ゴットフリート・ケラー。一八一九年七月一九日、チューリッヒで生まれ、一八九〇年七月一五日、チューリッヒで死去。スイスの詩人。いわゆる改革の時期に政治闘争に参加。彼の世界観を決定的に形作ったルートヴィッヒ・フォイエルバッハと緊密な接触を保っていた。ケラーは後期ロマン派との対決において、彼自身の詩的で現実主義的なスタイルを見出した。彼の教養小説『緑のハインリヒ』（第一稿一八五四／五五、第二稿一八七九／八〇）と連作小説『ゼルドゥヴィアの人々』（一八五六—七四）、『七つの伝説』（一八七二）は有名。その他の作品に『チューリッヒ物語』（一八七八）、『箴言詩』（一八八二）、長編小説『マルチン・ザランダー』（一八八六）、『全詩集』（一八八二）、がある。

エンゲルマン［⑬ページへのコメンタール参照］の伝えるところによると、ゴットフリート・ケラーはウィトゲンシュタインが「心から、しかも情熱的に崇拝していた」数少ない偉大な詩人の一人であった。彼はウィトゲンシュタインが芸術の中に求めていたあの「真実さ」、「表現の感覚に対する完全な適切さ」を持っていた（*Engelmann*, p.66）。またウィトゲンシュタインはケラーの影響で、彼自身の表現によると「模倣的衝動」によって、日記をつけるという習慣を身につけた（『マクギネス評伝』藤本他訳、pp.94-95）。ルートヴィッヒ・ヘンゼル［⑭ページへのコメンタール参照］は、ウィトゲンシュタインがケラーの短編小説、とくに「グライフェンゼーの代官」でのロイという人物のエピソードを高く評価していたと記している

（*Hänsel*, p.245）。ウィトゲンシュタインはケラーに、「フロイトからは期待しないような」「知恵」を見出していた（cf.『美学講義』p.208）。

良き音楽

原文は“eine/gute Musik”となっているが、「ある良い音楽」（“eine gute Musik”）と書こうとしたのか、「ある音楽」（“eine Musik”）に対する別案として「よい音楽」（“gute Musik”）と書こうとしたのか不明。

⑥⓪

ラボール

ヨーゼフ・ラボール。一八四二年六月二九日、ホロヴィッツ（ボヘミア）に生まれ、一九二四年四月二六日、ウィーンで死去。作曲家。早くに失明し、ウィーン盲学校とウィーン音楽院に学ぶ。一八六三年のピアニストとしての初演奏で彼は広く認められ、ハノーバー王宮の宮廷ピアニストに任命された。一八六六年からはウィーンでパイプオルガン演奏も修業し、一八七九年にはパイプオルガンの技巧派名人として登場し、すぐにオーストリアで最高のオルガニストという評判をとるようになった。作品：バイオリン協奏曲、ピアノとオーケストラのための協奏曲ロ短調、ピアノ室内楽曲、歌曲、ピアノ曲。彼の弟子にはR・ブラウン、J・ビットナー、A・シェーンベルクらがいる（cf. Hugo Riemann: *Musik–Lexikon*. Mainz: B. Schott's

Söhne, 1961)。

ラボールはウィトゲンシュタイン家にしばしば出入りし、とりわけヘルミーネに引き立てられていた。一九二三年には「オルガン技巧派名人・作曲家ヨーゼフ・ラボールの活動を容易にし」「多数の未出版音楽作品の出版を可能とする」ために、「ラボール連盟」が設立された（*Hänsel*, p.287)。

マクギネスは、ラボールの室内楽はウィトゲンシュタインが価値を認めた唯一の現代音楽であったと書いている（cf.『マクギネス評伝』p.212)。

⑫ **要約している**

原文が「要約している」（“faßt...zusammen”）なのか、「適合している」（“paßt...zusammen”）なのか明確に判読できず。しかし、おそらくウィトゲンシュタインははじめに“paßt”と書き、後でその上から“faßt”と書いたのだと思われる。

⑬ **第九交響曲の合唱導入前の三つの変奏**

ウィトゲンシュタインが「第九交響曲の合唱導入前の三つの変奏」で意味しているのは明らかに（第一楽章から第三楽章の）楽章開始部の引用部である。ベートーヴェンは第九交響曲の最終楽章の長い序奏部にそれらを据えている。その結果、合唱の導入が最終楽章の主要部の始まりであると見なされることになる。ただし「変奏」という名称は正しくない。

ウィトゲンシュタインは多分最終楽章に現れる第一、第二、第三楽章の回想をほのめかしているのだろう。"O Freunde, nicht diese Töne..."というバスの前の第二の混沌とした箇所のことである。その後に合唱が始まる（以上、インスブルックのオトマール・コスタ博士とウィーン大学のフリードリヒ・ヘラー教授のご教示による）。

㊿ アレキサンドリアの図書館

プトレマイオスII世フィラデルフォス（BC二八三―BC二四六）によってアレキサンドリアに創建された二つの図書館の名前。王立研究所（ムセイオン）の一部としてブルヘイオン地区にあった。アレキサンドリア大図書館には七〇万巻の書物が収蔵されていた。紀元前四七年のアレキサンドリア戦争の火災によりこの図書館は大部分が焼失した。ムセイオンとブルヘイオンは二七二年に破壊された。セラペイオンのアレキサンドリア小図書館は四万巻の書物を数えたが、三九一年にキリスト教徒の族長たちに起因する叛乱によって壊滅した。

㊺ 哲学の仕事とは、無意味な問いについて精神をなだめることである。そうした問いを抱く傾向の無い者に哲学は不要である

これについては『哲学探究』§133の次の文を参照。「……というのは、われわれが目ざしている明晰さは、もちろん完全な明晰さなのだから。だが、このことは、単に哲学的な諸問題が完全に消滅しなくてはならないということであるにすぎない」。［藤本隆志訳、大修館全集第八巻、p.107］

ローテ

おそらくR・ローテ（―一九四二年）のこと。数学者、物理学者、工学者のための教科書『高等数学』（*Höhere Mathematik*. Leipzig: Teubner-Verlag）の著者。

㊻ 栄養不足

原文は“Unternahrung”となっているが、正しくは“Unterernährung”。ここでウィトゲンシュタインはaのウムラウト記号を忘れている。少し後（㊼ページ）ではウムラウト記号はつけているが、“er”をまた忘れており、“Unternährung”となっている。

(67) ハーマン

ヨハン・ゲオルク・ハーマン。一七三〇年八月二七日、ケーニヒスベルクに生まれ、一七八八年六月二一日、ミュンスターで死去。ヤコビ、カント、ヘルダーと親密な交友を持った。人間の歴史性を無視した啓蒙主義的な合理主義を攻撃した。ハーマンによると理性は直観、悟性、歴史的経験から切り離すことが出来ず、神に関する知は歴史的経験から独立には説明できない。また彼によると、感覚的経験に依存する言語から独立した思考というものはありえない。ハーマンは「シュトルム・ウント・ドラング（疾風怒濤）」に、とりわけヘルダーとゲーテに影響を与えたが、同様にヘーゲル、シェリング、そして実存主義（特にキルケゴール）にも影響を与えた。著作：『ソクラテス回想録』、『簡約美学』、『ゴルガタとシェブリミニ』、『純粋理性の純粋主義に対するメタ批判』。

ウィトゲンシュタインとハーマンの言語上の類似性については次を参照。Hans Rochelt:"Das Creditiv der Sprache". In *Literatur und Kritik*. Österreichische Monatsschrift. 33. April 1969. Salzburg: Otto Müller–Verlag, 1969, pp.169–176.

(68) ハーマンへの手紙において

モーゼス・メンデルスゾーンの書簡集にはハーマン宛の手紙は一七六二年三月二日付けのも

の一通しか存在しない。しかしハーマンの書簡集には数通のメンデルスゾーン宛の手紙が存在する。(cf. *Johann Georg Hamann. Briefwechsel.* Zweiter Band. 1760–1769. Hrsg. von Walther Ziesemer und Arthur Henkel. Wiesbaden: Insel Verlag,1956, pp.134f.)

しかしウィトゲンシュタインがメンデルスゾーンの「最新の文学に関する書簡への関心」のことを言っている可能性もある。そこでメンデルスゾーンはハーマンについて批判的に中傷めかして書いている。『モーゼス・メンデルスゾーン全集』の次の箇所を参照、第四巻、第二部、「長き時代の公衆のためのソクラテス回想録」ＸＸＶ、第１１３書簡 (1760. 6. 19)、pp.99–105;同書、「多数の著述家の暗い書き方」ＸⅠ、第２５４書簡 (1762. 9. 9)、pp.403–405;同書、ＸⅡ第２５４書簡の続き (1762. 9. 16)、pp.405–412。同じく次も参照、同書、ＸⅡ、第１９２書簡 (1761. 10. 22)、pp.311–316、ここでメンデルスゾーンはハーマンに触れている。

(*Moses Mendelssohn. Gesammelte Schriften.* In sieben Bänden. Hrsg. von G. B. Mendelssohn. Leipzig: Brockhaus, 1844.)

モーゼス・メンデルスゾーン

原文は“Mendelssohn”だが、正しくは“Mendelssohn”。一七二九年九月六日、デッサウに生まれ、一七八六年一月四日、ベルリンで死去。啓蒙主義のユダヤ人哲学者。ユダヤ人の法的地位改善と、ユダヤ人と非ユダヤ人の関係について努力した。哲学者としての彼は一七、一八世紀の批判的合理主義の伝統に属し、啓蒙主義の哲学者としてユダヤ教と啓蒙主義の理性宗教を同一視した。彼はユダヤ人を精神的ゲットーから連れ出す上で決定的な貢献をした。彼は哲学的カテゴリーによるユダヤ教解釈を通じて、ユダヤ人の精神的、宗教的、社会的な歴史に対して大きな意味を持つようになった。

『ケルビムのさすらい人』

アンゲルス・シレジウス（＝ヨハネス・シェフラー、一六二四―一六七七）の『ケルビムのさすらい人――神の瞑想へと導く精神的な脚韻箴言集』（邦訳：植田重雄・加藤智見訳『シレジウス瞑想詩集』岩波文庫）のことで、一六七四年に出版された。最終版は七巻本。全体は一六六五の見事に表現されたアフォリズムからなる。それらはダニエル・チェプコの『智者の六百篇の箴言集』(*Sexcenta monodisticha sapientium*) にならって大体は二行詩の形で書かれているが四行で対立的に構成されたアレキサンダー詩句の形で書かれているものもある。

シレジウスは神秘思想を摂取し、それは彼において汎神論的な色彩を帯びていた。彼は一貫した哲学体系を展開するのではなく、神と永遠に対する人の関係についての彼の思想を「知の断片」（W・フレミング）として表現した。

『告白』

ルートヴィッヒ・ヘンゼルの言葉によると、ウィトゲンシュタインはアウグスティヌスのこの書物をモンテ・カッシーノの捕虜時代に初めて知り、愛読したという (cf. *Hänsel*, pp.245f.)。一九五三年一二月二〇日付けのフィッカー宛の手紙でヘンゼルは次のように書いている、「あそこで私たちは知り合い、彼は私に論理学の手ほどきをしてくれ、『論理哲学論考』の手稿を読ませてくれました。あそこで私たちは一緒にドストエフスキーとアウグスティヌスの『告白』を読みました。私にとって素晴らしい一時でした」(cf. *Hänsel*, p.251)。

ウィトゲンシュタインはドゥルーリーに対して、ひょっとするとアウグスティヌスの『告白』はこれまでに書かれた本の中で最も真剣なものかもしれないと語った (cf. *Recollections*, p.90)。

ウィトゲンシュタインは哲学的著作において頻繁にアウグスティヌスの名を挙げている (cf.『探究』§§1–4, pp.32, 89–90, 436, 618)。

⑳

ある……を示している

原文が“zeigt von einer. . .”(「……の印である」) なのか“zeugt von einer. . .”(「……の証明である」) なのか不明確。ウィトゲンシュタインは“einer”の前に挿入記号を記入しているが、挿入すべきテキストは記されていない。

この辺にしておけ

原文は“Du must”だが、正しくは“Du mußt”。

㉑

神が彼女とともにありますよう！

原文“G. m. i.!”は“Gott mit ihr!”（「神が彼女とともにありますよう！」）と解釈できる。

『ヘルマンの戦い』

原文は“Hermannschlacht”だが、正しくは“Hermannsschlacht”。紀元後九年のトイトブルガーの森での戦い。アルミニウス（ヒェルスカー族族長ヘルマン）がローマ人の将帥ヴァルスに勝利した。クライスト、グラッベ、クロップシュトックにより戯曲化されている。ハインリヒ・フォン・クライスト（一七七七―一八一一）の戯曲『ヘルマンの戦い』は一八〇八年に書かれ、一八二一年にルートヴィッヒ・ティーク編『クライスト遺稿集』の一部として公刊された。一八八〇年一〇月一八日、ブレスラウにて初演。

ヘルマンが盟友にたった一人の伝令しか送ろうとしなかった理由

ウィトゲンシュタインが述べているのは十中八九クライストの『ヘルマンの戦い』の第二幕、第十場のことだと思われる。ヘルマンはルイトガーを二人の息子とともにマルボードへの唯一の使者として送ろうとするが、ルイトガーは自分に何かあった場合のためにさらに二人の友人が同行するのを許してくれるように願う。しかしヘルマンは、いかなる大きな仕事もそれなしには為しえない神々の力を引き合いに出し、それを拒絶する。神々の雷光は三人の使者も一人の使者と同じように撃つだろう、神々を信用しないのは神々を試すことだ、と彼は言う。こうしてヘルマンはすべてを神々の手に委ね、それによって自分自身をも敗北するかもしれない危険にさらす。ルイトガーに対する彼の次の言葉を参照。

「誰が強力な神々を
そのようにして試そうとするだろうか。神々なしでこの大きな仕事が
成し遂げられるとでも、お前は考えているのか。
あたかも神々の雷光にとって、三人の使者を打ち砕くのが
一人の使者を打ち砕くより困難であると言わんばかりに。
お前が一人で行け。もしマルボードのもとに知らせが
遅れて到着したり、知らせがまったく届かぬのなら
それを我が運命とせよ！　それこそ我は背負わんとするのだ」

(cf. *Heinrich von Kleist. Dramen 1808–1811. Die Herrmannsschlacht.* 2.Akt, 10.Auftritt. In *Heinrich von Kleist. Sämtliche Werke und Briefe* in vier Bänden. Hrsg. von Ilse-Marie Barth, Klaus Müller-Salget, Walter Müller-Seidel und Hinrich C. Seeba. Frankfurt am Main: Deutscher Klassiker–Verlag, 1987)

(72)

ベートーヴェン
音楽に関するドゥルーリーとの会話においてウィトゲンシュタインは、ベートーヴェンのピアノ協奏曲第四番のゆっくりとした楽章は最も偉大な音楽作品の一つだ、というドゥルーリーの言葉に対して次のように答えた。「そこでベートーヴェンは、単に彼自身の時代や文化のためにでなく、全人類のために曲を書いているのだ」(*Recollections*, p.115)。別の機会に彼は次のように語っている、「私はかつて、モーツァルトは天国も地獄も信じていたが、ベートーヴェンは天国以外には何も信じていなかった、と書いたことがある」(同書、p.111)。

それはまったく宗教であり
原文が「それ Es」なのか、「彼 Er」なのか不明確。

本当の痛みに
原文は“in wirkliche Schmerzen”だが、正しくは“in wirklichen Schmerzen”。

プロテスタント
原文は“Potestant”だが、正しくは“Protestant”。

⑬ エンゲルマン

パウル・エンゲルマン。一八九一年六月、オルミュッツで生まれ、一九六五年二月五日、テル・アヴィヴにて死去。建築家、哲学者。ウィーンのアドルフ・ロースのもとで建築を学び、志願してカール・クラウスの秘書を一年間務めた。ウィトゲンシュタインがエンゲルマンと知り合ったのは一九一六年秋、オルミュッツ砲兵士官学校の軍事教練においてであった。やがてエンゲルマンの家で毎夜集まりがもたれるようになり、エンゲルマンの母エルネスティーネ、法学生のハインリヒ・グロアク、音楽生のフリッツ・ツヴァイク、その従兄弟でのちに劇作家となるマックス・ツヴァイクらが参加した。一九三四年エンゲルマンはテル・アヴィヴに移住し、家具デザイナーとして働いた。ウィトゲンシュタインに関するエンゲルマンの回想は両者の往復書簡とともに『ウィトゲンシュタイン：手紙と出会い』〔詳細は参考文献 *Engelmann* の項参照〕として死後出版された。

エンゲルマンの著作の多くはいまだ公刊されていないが、その中でも特筆すべきは、『オルフェウスとエウリディケ』、『図解心理学』、『原産出的な大都市』、および彼が編纂した叙情詩集である。その他の著作等：『思想』（一九四四）、『霧の中で』（一九四五）、『アドルフ・ロース』（一九四六）、『カール・クラウスの想い出に』（一九四九）。一九一一年二月一八日の『ファッケル』３１７／３１８号にエンゲルマンはミカエラー・プラッツのロースの設計によるアパートについての詩を載せているが、そこでロースの建物を「新しい時代の最初の目印」

と呼んでいる。

建築中に

ウィーン第Ⅲ区のクントマン・ガッセ、ゴイザウ・ガッセ、パーク・ガッセに囲まれた土地でのマルガレーテ・ストンボローの住宅の建築のことを言っている。パウル・エンゲルマンはマルガレーテに住宅の建築を依頼され、一九二六年に仕事を始めた。時の経過とともにウィトゲンシュタインはこの仕事への関わりを深め、最終的には指揮を引き継ぐといってよい状態となり、一九二六年四月に小学校を退職した後は完全にそれに没頭した。住宅は一九二八年秋に完成した。

建設業者

おそらくここで語られているのはフリードルという名の棟梁のことだと思われる。詳細については確認できず。

人間

原文が“Mensch”なのか、“Menschen”なのか明確には判読できず。

関係を持つ ⑮
原文は“verhälst”だが、正しくは“verhältst”。

「これは善い、神がそのように命じたのだから」、これは無根拠性の正しい表現である
これについては『ウィトゲンシュタインとウィーン学団』に収録されている善の本質についてのウィトゲンシュタインのシュリックに対するコメントを参照されたい。そこでウィトゲンシュタインは、もし私の思っていることを正しく表現する命題があるとすれば、それは、善とは神の命ずることである、という命題である、と言っている。すなわち、それに先立ちシュリックが、神学的倫理学における善の本質に関する二つの概念に関して、神は善を、それが善であるがゆえに欲する、という解釈がより深淵だと見なしたのに対して、ウィトゲンシュタインは、神がそれを欲するがゆえに善なるものは善なのである、という解釈をより深淵と見なした。彼は次のように述べている。「しかし私によれば、第一の解釈の方が深淵なのである。善とは、神が命ずるものなのである。何故なら、この解釈は、「何故」それは善なのか、という問に答える如何なる説明の道をも断ち切ってしまうのに対し、第二の解釈はまさに「あたかも」善なるものは更になお基礎づけられ得るかの如くに主張するところの、表面的で合理主義的解釈であるのだから」。〔黒崎宏訳、大修館全集第五巻、p.163〕

⑯ 倫理的命題

これについては次に挙げる『論考』6. 422を参照されたい。「『汝……なすべし』という形式の倫理法則が提起される時に、先ず念頭に浮ぶ考えは、『そして私がそうしなければどうなるのか』ということである。しかし倫理学が通常の意味での賞罰と関係ないことは明らかである。従って行為の帰結に関するこの問は些細なものでなければならない。少くともこの帰結が出来事であってはならない。というのもこの問題提起にはやはり正しいところがあるはずだからである。たしかにある種の倫理的な賞罰が存在するに相違ない。しかし賞罰は行為そのものの中になければならないのである。

（そして賞が好ましいもの、罰が好ましくないものに相違ないことも、また明らかである）」。［奥訳、大修館全集第一巻、p.117］

⑰ 内的な耳だけで

これについてはMS 153a, p.127v: 1931（VB, p.38, よりの再引用）の次の言葉を参照、「ブルックナーは内なる耳だけで、演奏するオーケストラを想像しながら作曲し、ブラームスはペンで作曲したのだろう、きっと。もちろんこれは、実際よりも単純化した言い方である。だがひとつの特徴は言い当てている」。［丘沢訳『反哲学的断章』p.47］

⑧⓪ **対立**
ウィトゲンシュタインはこの語の前に波線で強調された挿入記号を書いているが、いかなるテキストも挿入されていない。

⑧① **アプリオリ**
MS 157b, pp.1r–1v: 1937. 2. 27, の次のテキストを参照。「『事物の秩序』、表象の形式という観念、つまりアプリオリという観念はそれ自身文法的な錯覚である」。

⑧② **パウル・エルンスト**
一八六六年三月七日、ドイツ、ハールツ地方のエルビンゲローデに生まれ、一九三三年五月一三日、オーストリア、シュタイエルマルク州のサント・ゲオルゲン・アン・デア・シュティーフィンクで死去。ドイツの作家。新古典派の文化理論、文化批評理論（「形式への道」等）の主な提唱者の一人。形式の厳密なルネッサンスの物語を手本として短編小説を刷新した。行動、心理的根拠付けの放棄、形式の一貫性を強調した。著作等：『コジモの死』（短編小説

集、一九一二）、『喜劇俳優物語』（一九二〇）、『モルゲンブロート渓谷の財宝』（長編小説、一九二六）、『ラウテンタールの幸運』（長編小説、一九三三）。

いわゆるオルミュッツ・サークル（一九一六―一九一七）［⑬ページ「エンゲルマン」へのコメンタール参照］ではしばしばパウル・エルンストについて語られたとマクギネスは記している。ウィトゲンシュタインはとりわけパウル・エルンストが彼の編纂したグリム童話集のために書いた「あとがき」を高く評価していた。そこでは、いかに言葉による視覚的表現と比喩を通じて言語がわれわれを誤りに導くかが指摘されている。ウィトゲンシュタインはラッシュ・リーズに対して、将来の『論考』の版ではこうした理由からパウル・エルンストの名を序文で挙げたいものだと語ったということである（cf.『マクギネス評伝』p.555）。

ドストエフスキーがしたように

ここでウィトゲンシュタインは十中八九ドストエフスキーの長編小説『カラマーゾフの兄弟』（第七編「アリョーシャ」、第四章「ガリラヤのカナ」）について語っていると思われる。長老ゾシマの棺の傍らでパイーシイ神父がカナの婚礼に関する福音書の一節［ヨハネによる福音書2：1―11］を朗読している。この物語の意味が、疲労のため半分寝入り、半分夢見心地の中でカナの奇跡の深い意味を体験するアリョーシャを介して読者に伝えられる。水をぶどう酒に変えることによってイエスは人々に何より悦びを贈ろうとしたのだ。なぜなら彼の心の中にあったのは人々の苦しみではなく、人々の悦びだったからである。「人を愛するものは人の悦びもまた愛する」――長老はいつもこのように語っていた。長老はアリョーシャの夢に現れ、アリョーシャも今婚礼に招かれたのであり、イエスは常に新しい客を待っており、悦びが打ち切られないように水をぶどう酒に変えるのだ、と語る。夢の後でアリョーシャは、大地と人間に対する調和と愛の中で神秘的な体験をする。それはウィトゲンシュタインに同様の深い印象を残した。これはルートヴィッヒ・アンツェングルーバーの作品「十字を書く人々」での石切人夫ハンスの体験に似ている。

このように水のぶどう酒への変化は人間に対するキリストの愛の象徴なのである。

ウィトゲンシュタインは『倫理学講話』で奇跡の意味と奇跡に対するわれわれの驚きについて次のように語っている。すなわち、ある事実を科学的に考察することと、それを奇跡として考察することは異なっており、同様に相対的な意味での驚きと絶対的な意味での驚きは異なっている。相対的な意味での驚きとは、かつて起こったことのない何かに対する驚きであり、水のぶどう酒への変化という事実もこうしたものである。しかし倫理的な意味でのわれわれの驚きとは、世界の存在に対する驚きのような別種の驚きを意味している。世界は日々われわれに対して存在するにもかかわらず、その存在は奇跡と見なされるべきであり、それについてはいかなる言語的な表現も無意味とならざるをえないのである。[cf. 大修館全集第五巻、pp.392–393]

⑻⑸

マーラー
原文は“Maler”だが、正しくは“Mahler”。グスタフ・マーラー（一八六〇—一九一一）。マーラーに対するウィトゲンシュタインの態度は極めて批判的であった。これについては次の考察を参照。「マーラーの音楽が、私の思うように無価値なら、問題は、彼がその才能でなにをするべきだったか、ではないだろうか。なにしろ、こんなにまずい音楽をつくるには、一連のじつに風変わりな才能が明らかに必要だからである。たとえば彼は交響曲を書いて、焼き捨てるべきではなかったか。または無理にでも我慢して、書かないでいるべきではなかったか。書いたなら、それが無価値だと見抜くべきではなかったか。しかしどうやって見抜くことができただろうか。私にそれが見抜けるのは、マーラーの音楽と大作曲家たちの音楽を比較できるからだ。……」(MS 136, p.110b: 1948. 1. 14, VB, pp.130f., よりの再引用)。[丘沢訳『反哲学的断章』p.186]
ただしウィトゲンシュタインはジョン・キングに対して、マーラーを理解するためには音楽とその歴史、その発展をよく理解しないといけない、と語っている (cf. *Recollections*, p.71)。

⑧⑦
希薄な
原文は“raryfied”だが、正しくは“rarefied”。“rarify”=薄める、洗練する、より。この文脈では「より高く、より精神的な圏域で」といった意味。

他の人々と

原文は“mit Adern”だが、正しくは“mit Andern”。

⑧⑨

私の兄ルディの

ルドルフ・ウィトゲンシュタイン。一八八一年六月二七日、ウィーンで生まれ、一九〇四年ベルリンで死去。化学を学ぶ。カール・ウィトゲンシュタインとレオポルディーネ・ウィトゲンシュタインの第四子、三男。彼はおどおどした神経質な子供だったと伝えられているが、最高の意味で文学的素養があったとも伝えられている。彼は二三歳のときにベルリンで自殺した。彼の自殺は推測されている同性愛が原因と見られているが、両親の家での依存的な生活の後にベルリンで大人として遭遇せざるをえなかった困難とも関係しているにちがいない（cf.『マクギネス評伝』p.45)。

どこかオーバーレンダーのようなところ

おそらく雑誌『フリーゲンデ・ブレッター』の風刺画家アドルフ・オーバーレンダーのことを指していると思われる。

『フリーゲンデ・ブレッター』
Fliegende Blätter（「ルーズ・リーフ」の意）。挿画つきのユーモア雑誌。ミュンヘンの出版社Braun & Schneider より一八四四―一九四四年に刊行された。ヴィルヘルム・ブッシュ、アドルフ・オーバーレンダー、モーリッツ・フォン・シュヴィント、カール・シュピッツヴェック、フェーリクス・ダーン、フェルディナンド・フライリヒラート、エマーヌエル・ガイベル、ヨーゼフ・ヴィクトル・フォン・シェッフェルといった著名な人々がドイツ市民階級の時代特有の行動様式を風刺する文章やイラストを寄稿した。

㊾ ロザリー
確証は得られなかったが、あらゆる点から見てウィトゲンシュタイン家の家政婦、ロザリー・ヘールマンのことと思われる。ウィトゲンシュタイン家のアルバムに彼女の写真が存在する。一九一六年一一月二六日付けのルートヴィッヒ・ウィトゲンシュタイン宛の手紙でヘルミーネ・ウィトゲンシュタイン〔⑭ページの「ミニング」へのコメンタール参照〕は、「老いた良きロザリー」について、とても具合が悪い、と書いているが、おそらく彼女は死期を迎えていたのだと思われる。

クーマイの巫女《シビュラ》

原文は“Kumäische Sybille”だが、正しくは“Cumaeische Sibylle”。東方起源の伝説的なギリシャの女預言者で、エレトリアの泉のある洞窟で託宣を告げた（おそらく紀元前五世紀のこと）。南部イタリア人の移動に際し、この託宣がクーマイにもたらされ、そこから「クーマイの巫女《シビュラ》」という独特の観念が生まれた。紀元前八三年に焼失した『シビュラの託宣』はこの巫女が書いたものと考えられていたが、エトルリア人のタルキニエ王朝期にローマにもたらされたものである。［訳者による捕足：ただし、現存の『シビュラの託宣』というテキストは紀元前二世紀から紀元後三世紀の間に、徐々に成立したユダヤ教・キリスト教的内容の文書である。日本聖書学研究所編『聖書外典偽典第三巻』教文館、一九七五、pp.141–203, 参照。なおこの捕足については筑波大学の秋山学氏の御教示に多くを負っている］

(94)

から

原文は“sei”だが、“seit”と読む。

その間

原文の“daweil”はウィーン方言で、“derweil”（「その間に」）、“indessen”（「その間に」）、“unterdessen”（「そうこうしているうちに」）、“während”（「の間に」）、“währenddessen”（「その

間に」)、"einstweilen"(「その間に」)、等を意味する。(cf. *Wörterbuch des Wiener Dialektes* von Julius Jakob, 1929)

㊍95
クラウディウス
マティアス・クラウディウス(筆名、アスムス)。一七四〇年八月一五日、リューベック近郊のラインフェルト(ホルンシュタイン)に生まれ、一八一五年一月二一日、ハンブルクで死去。神学と法学を学んだ。雑誌『ヴァンツベックの使者』(*Der Wandsbecker Bote*)の編者。アナクレオン派の詩によって宗教的・倫理的主題を扱った。その民謡的で素朴な抒情詩は、敬虔さと子供のような信仰心と個人的潤色において時代を超えて通用するものとなった。とりわけ、「月は出た」、「澄んだ音色にあわせて歌え」、「死と少女」といった彼の詩は有名である。クラウディウスが広く知られるようになったのはクラウスの働きによるものである。

スピノザが……箇所の引用
ここでウィトゲンシュタインはおそらく『ヴァンツベックの使者』全集成の第二巻、第五部で「自由に関する会話」に付された箇所(pp.42ff.)を指していると思われる。登場人物AとBが真理の発見について議論し、さらにヨハン・フス、メンデルスゾーン、スピノザについて話し合うにいたる。そこでAは「しかしスピノザが彼の思量と真剣さの限りを尽くした事例から、真理を見出すのは容易ではないことを学べ」と述べている。しかしながらスピノザ自身は次のように述べている。「(人間が通常求める善について)(一)一般生活において通常見られるもののすべてが空虚で無価値であることを経験によって教えられ、また私にとって恐れの原因であり対象であったもののすべてが、それ自体では善でも悪でもなく、ただ心がそれによって動かされた限りにおいてのみ善あるいは悪を含むことを知った時、私はついに決心した、我々のあずかり得る真の善で、他のすべてを捨ててただそれによってのみ心が動かされるような或るものが存在しないかどうか、いやむしろ、一たびそれを発見し獲得した上は、不断最高の喜びを永遠に享受できるような或るものが存在しないかどうかを探究してみようと。(二)私はついに決心したと言う。なぜなら、まだ不確実なもののために確実なものを放棄しようとするのは一見無思慮に思えたからである。というのは、私ももちろん名誉や富からいろいろな利益が得られることを知っていたし、またもし私が他の新しいもののために真剣に努力するとなると、それらの利益を求めることから必然的に遠ざからねばならないことも知っていた。だからその場合、もし最高の幸福がそれらのものの中に含まれているとしたら、私はその幸福を失わなければならないことが明らかであった。だがもし実はそれらのものの中には含まれていないのに、ただそれらのためにばかり努力するとしたら、私はやはり最高の幸福を欠くことになる。(三)そこで私は、私の生活の秩序と日常のやり方とを変えずに新しい計画を遂げることが、あるいは少くともそれに関して確かな見込をつけることがもしや可能ではないかどうかを心に思いめぐらして見た。しかししばしば試みたにもかかわらず、それは無駄であった。思うにこの世で一般に見られるもので、人々の行動から判断して人々が最高の善と評価しているものを、我々は次の三つに還元することが出来る。すなわち富・名誉及び快楽である。この三つのものによって、我々の精神は、他の何らかの善について思惟することが全く出来ないほどに乱される。……（六）このようにして、これらすべてのものが、或る新しい計画への努力の妨げとなることを、それどころか必然的にそのいずれかを断念しなければならないほど互いに背反していることを見た時に、私はどちらが私にとって有益かを吟味するように強いられた。……（七）更にひきつづき省察した結果、この場合、ただ深く思量し得る限り、私は疑いもない善のために疑いもない悪を捨てるであろうという考えに達した。……（一〇）しかるに永遠無限なるものに対する愛は、純な喜びをもって精神をはぐくむ、そしてそれはあらゆる悲しみから離絶している。これこそ極めて望ましいものであり、且つすべての力をあげて求むべきものである。しかし私が、ただ真剣に思量し得る限りという言葉を用いたのは理由のないことではなかった。なぜなら、以上のことを精神ではなはだ明瞭に知覚しながらも、私はしかしだからといって所有欲・官能欲及び名誉欲から全く抜け切るというわけにはゆかなかったからである」（スピノザ『知性改善論』畠中尚志訳、岩波文庫、pp.11-16）。［文脈上の考慮から原註よりも引用箇所を拡大した。（訳者）］

（cf. Matthias Claudius. *Werke*. ASMUS omnia sua SECUM portans, oder *Sämmtliche Werke des Wandsbecker Bothen*. Erster und zweiter Bände. Wandsbeck: Beym Verfasser, 1774. Hamburg: Bei

Perthes und Besser, 1819)

⑯

下らないおしゃべりはよせ！

この文はノートの左欄外上部に、これに続く二文に対するコメントのように挿入されている。それら二文は、波線で抹消されている。

⑰

このページは上部欄外にウィトゲンシュタインによる書き込みがあるため、ページ番号は判読できない。

⑲

顔のタイプを描く Gesichtstypus zeichnen

原文では“Gesichtstypus/zeichnen”とスラッシュで区切られた一つの語のように書かれている。

ハイドン

ヨーゼフ・ハイドン（一七三二−一八〇九）。「ハイドン」の綴りは正しくは“Haydn”だが、原文は“Hayden”となっている。

(100)

「指環」

「ニーベルングの指環」。リヒャルト・ヴァーグナーの舞台祝祭劇。「ラインの黄金」、「ヴァルキューレ」、「ジークフリート」、「神々の黄昏」からなる四部作。

ト書き

原文は“Bühnenweisungen”だが、正しくは“Bühnenanweisungen”。

ついでに言えば

この段落は原文では(101)ページの「ものは、……真剣なのである」の直後に記入されているが、矢印によって原文(100)ページの「私は哲学する際の……（そして……を省くべきである）」という段落の直後にウィトゲンシュタインが置こうとしていたことが示されている。

(101)

ものは、……真剣なのである

この文は、［　］に挟まれた独立の段落として書かれている異稿である。

⑩2 **魂の中の劇場で（キルケゴール）**
おそらくヴィトゲンシュタインはここで『反復』におけるキルケゴールの劇場の観客に関する考察のことを言っていると思われる。次の一二巻本独訳『キルケゴール全集』、第三巻（『恐れとおののき』、『反復』、一九二三）を参照。
Sören Kierkegaard: *Gesammelte Werke*. In 12 Bänden unverkürzt herausgegeben von Hermann Gottsched und Christoph Schrempf. Bd. 3. Jena: Eugen Diederichs Verlag, 1923.

⑩7 **バイオリン協奏曲の最終楽章で**
ヨハネス・ブラームスのバイオリン協奏曲ニ長調作品77。第一楽章――アレグロ・ノン・トロッポ―カデンツァ、第二楽章――アダージョ、第三楽章――アレグロ・ギオコーソ、マ・ノン・トロッポ・ヴィヴァーチェ―ポコ・ピウ・プレスト。

ドイツ・レクイエム第一部の最後のハープのパート
ヨハネス・ブラームス：独唱、コーラス、オーケストラ、パイプオルガンのための「ドイツ・レクイエム」作品45、全七楽章、一八六八年作曲。――多分ウィトゲンシュタインは「ドイツ・レクイエム」の第二楽章に関する意見を述べているのだと思われる。

⑩⑧ **自分の思考（哲学的思考）に対する喜び**

これについては次の MS 155, p.46r: 1931, を参照（VB, p.46, よりの再引用）、「自分の思考に対する喜びとは、私自身の奇妙な生に対する喜びである。これは生きる喜びなのか」。

⑪③ **エマソンの『エッセー』**

ラルフ・ワルド・エマソン。一八〇三年五月二五日、ボストンに生まれ、一八八二年四月二七日、コンコード（マサチューセッツ州）で死去。エマソンは良心上の理由で聖職から退いた。ドイツ観念論と英国のロマン派に影響を受けた彼の「超越主義」の哲学によって、独断から自由で、汎神論にちかい信仰を基礎づけようとした。著作に『エッセー』（一八四一）、『代表的人間』（一八五〇）、『英国的諸特徴』（一八五六）、がある。

ウィトゲンシュタインは一九一四年一一月一五日の日記に次のように記している。「今エマソンの『エッセー』を読んでいる。多分この本は私によい影響を及ぼすだろう」（MS 102, p.16v; cf.『秘密の日記』p.42）。

友人のある哲学者
間違いなくヘンリー・デイヴィッド・ソローを指すものと思われる。
ヘンリー・デイヴィッド・ソロー。一八一七年七月一二日、コンコード（マサチューセッツ州）に生まれ、一八六二年五月六日、コンコードで死去。著述家で超越主義者。ラディカルな非追従主義者にして個人主義者。コンコードのウォルデン池畔に自分で建てた丸太小屋に約二年間暮らした。著作：『森の生活』、『市民としての反抗』、日記。

⑭ 正しく書かれた
原文は“im richtig geschriebene”だが、正しくは“im richtig geschriebenen”。

リヒテンベルクの
ゲオルク・クリストフ・リヒテンベルク。一七四二年七月一日、ダルムシュタット近郊のオーバーラムシュタットに生まれ、一七九九年二月二四日、ゲッチンゲンで死去。ドイツの物理学者、著述家。多面的な自然科学者であり、時代の主導的な実験物理学者であった。著述家としては主として自然科学的かつ哲学的心理学的な論文で名を成したが、とりわけその皮肉のきいた精神性豊かな「アフォリズム」で有名となった。フォン・ライトは論文「哲学者としてのゲオルク・クリストフ・リヒテンベルク」（"Georg Christoph Lichtenberg als Philosoph" in *Theoria* 8, 1942, pp.201–217）でウィトゲンシュタインとリヒテンベルクの類似性を指摘した。マクギネスはリヒテンベルクとウィトゲンシュタインの共通性について『ウィトゲンシュタイン評伝』（『マクギネス評伝』p.62）で、リヒテンベルクにおいても言語の誤用や誤解から生じる間違いや失敗という主題が際立った役割を果たしている、と述べている。J・P・スターンは「ウィトゲンシュタインとリヒテンベルクを比較する」（"Comparing Wittgenstein and Lichtenberg" in J. P. Stern, *Lichtenberg: A Doctrine of Scattered Occasions*, Bloomington: Indiana University Press, 1959）でウィトゲンシュタインとリヒテンベルクの類似性を論じている。スターンは、リヒテンベルクが最後の記述の一つにおいて前期ウィトゲンシュタインの、それ自身をただ示すだけのもの、についての重要な洞察を先取りしていた、と述べている（cf. Joseph Peter Stern:"Lichtenbergs Sprachspiele". In *Aufklärung über Lichtenberg*. Kleine Vandenhoeck-Reihe. Mit Beiträgen von Helmut Heißenbüttel, Armin Hermann, Wolfgang Promies, Joseph Peter Stern und Rudolf Vierhaus. Göttingen: Vandenhoeck, 1974, pp.60–75, p.66）。次の二点も参照。Helmut Heißenbüttel:"Georg Christoph Lichtenberg der erste Autor des 20. Jahrhunderts". In *Aufklärung über Lichtenberg*, pp.76–92. Johannes Roggenhofer: *Zum Sprachdenken Georg Christoph Lichtenbergs*. Linguistische Arbeiten 275. Hrsg. von Hans Altmann, Peter Blumenthal, Herbert E. Brekle, Gerhard Helbig, Hans Jürgen Heringer, Heinz Vater und Richard Wiese. Tübingen: Max Niemeyer Verlag, 1992.

嘘をつく

明確には判読できない。

くだらないことを恐れる心という姿

出典確認できず。〔訳者による補足：英訳者アルフレッド・ノードマンはこの表現の出典を突きとめている。以下に英訳の註を全訳する。「ここでウィトゲンシュタインはドストエフスキーの『カラマーゾフの兄弟』第十編、第六章について語っている。そこでコーリャ・クラソートキンは人々に笑われることを恐れているが、アリョーシャは次のように答える（ガーネット／マトラウ訳）、『悪魔が虚栄心という形をかりて、あらゆる世代に入り込んだのです、それはまさに悪魔です』。次と比較されたし。O. K. Bouwsma, *Wittgenstein: Conversations 1949–1951*, Hackett, 1986, pp.6f.」（James C. Klagge and Alfred Nordmann (eds.), *Ludwig Wittgenstein: Public and Private Occasions*, Rowman & Littlefield, 2003, p.123, note c)〕

(115)

しかし私には、……がわかっている

原文は“Dabei weiß, ich daß”だが、正しくは“Dabei weiß ich, daß”。

(116)

決定

原文は“Enschluß”だが、正しくは“Entschluß”。

⑪⑦

としたら wenn

原文は“wem”（「誰」）と読めるが“wenn”と解釈する。

吐き気

「吐き気」を意味するドイツ語は“Übelkeit”であるが、原文ではその古形である“Übligkeiten”が使われている。J・C・A・ヘイゼの『ドイツ語小辞典』（*Handwörterbuch der Deutschen Sprache* von Joh. Christ. Aug. Heyse. Hildesheim: Georg Olms Verlagsbuchhandlung, Reprografischer Nachdruck der Ausgabe Magdeburg, 1849）では“Übligkeit”が“Übelkeit”の通俗的変則形として挙げられている。また、他の古いドイツ語辞書にも“Übelkeit”の代わりに“Übligkeit”という表現が見られる（*Handwörterbuch der deutschen Sprache* von Dr. Daniel Sanders. Leipzig: Verlag Otto Wigand, 1888）。ユリウス・ヤコブの『ウィーン方言辞典』〔⑭ページへのコメンタール参照〕も参照のこと。この本では“Übelkeit”,“Unwohlsein”に対する方言として“Üblichkeit”が挙げられている。

⑲ **精神を**
原文は“im geist”だが、正しくは“im Geist”。ウィトゲンシュタインは最初“geistig”と書いたが、その後“im geist”という表現を使うことに決めたのだ、明らかにその際“g”を大文字に改めるのを忘れたのだと思われる。

自殺
原文でウィトゲンシュタインは「自殺もそれを終わらせることはない」という一連の語句が「絶望に終わりはない」の後に挿入されるべきことを矢印で示している。

⑫ **ルサンチマン**
原文は“Resentiment”だが、正しくは“Ressentiment”。

⑬ **苦味**
原文は“Wehrmuth”だが、正しくは“Wermut”。

詩人をまねている
原文は“er ahmt dem Dichter...nach”だが、正しくは“er ahmt den Dichter...nach”。

何かへと
原文は“zu etwa”だが、正しくは“zu etwas”。

⑫④ **自分の告白**
この時期にウィトゲンシュタインがすでに告白を行っていたのか、それともそうすることを考えていただけなのかを確実に証明することは出来ない。確かにM・ドゥルーリーは一九三一年のウィトゲンシュタインの告白について書いているが、彼が告白した年に関して全く確かなわけではない（cf. *Recollections*, p.120）。しかしながら一九三六年末と一九三七年初めにウィトゲンシュタインが友人と家族に告白を行ったことはよく知られている（本文一四二ページ「告白」へのコメンタール参照）。

……もし愛がなければ……
パウロのコリント人への第一の手紙13：1の次の文を参照、「たといわたしが人々の言葉や御使いたちの言葉を語っても、もし愛がなければ、わたしはやかましい鐘や騒がしいシンバ

ルと同じである」。［日本聖書協会口語訳、ただし一部改めた］
［ウィトゲンシュタインの原文は］ルター訳ドイツ語聖書よりの引用。(*Die Bibel* oder die ganze *Heilige Schrift des Alten und Neuen Testaments* nach der deutschen Übersetzung D. Martin Luthers. Berlin: Trowitzsch & Sohn, 1919)

兄クルト ⑫⑤

クルトまたはコンラート・ウィトゲンシュタイン。一八七八年五月一日、ウィーンで生まれ、一九一八年九月九日、イタリアの戦地で死去。ウィトゲンシュタインの次兄。彼は「無邪気で快活な気質」だと思われており (cf. *Familienerinnerungen*, pp.102f.)、父の会社の一つを引き継いだ。第一次大戦中、彼の部隊が彼の命令を拒否して脱走したとき、彼は自ら命を絶った。

夢 ⑫⑥

⑫⑥ページと⑫⑧ページの図は原テキストに書かれているウィトゲンシュタイン自身のものであり、ドイツ語の書き込みだけを日本語に変えた。［この註、訳者により一部補足］

⑱
「でも君は私を拘束したじゃないか」

原文においてこの言葉、および⑱ページの夢の記述中の「　」内のすべての言葉は英語で書かれている。［この註も、訳者により一部補足］

⑬⓪
お前が成し遂げたもの
原文でウィトゲンシュタインは、「お前が成し遂げた……」から始まる段落が、テキスト上ではそれより前に置かれている「お前が費やしただけのものを……」から始まる段落の前に移すことを指示している。

⑬①
「お前は腹を立てている、ゆえにお前は間違っている」
原文は“tu te fache, donc tu as tort”だが、正しくは“tu te fâche”。

⑬②
罪を負って sündlich
“sündlich”は古い表現であり、「罪あるいは罪びとのような」、「罪に似た」を意味する。聖書の古い版では“sündlich”が「罪深い sündig」や「罪を負った mit Sünde behaftet」の意味で使われている（cf. *Deutsches Wörterbuch* von Moriz Heyne. Leipzig: Hirzel Verlag, 1895. および *Wörterbuch der Deutschen Sprache*. Hrsg. von Joachim Heinrich Campe. Hildesheim–New York: Olms, 1969/70, Nachdruck der Ausgabe Braunschweig, 1810.）。先に引用したルター訳の聖書（Berlin: 1919）の次の表現を参照。“der sündliche Leib”（「この罪のからだ」ローマ人への手紙６：６）、“die sündlichen Lüste”（「罪の欲情」ローマ人の手紙７：５）、“in der Gestalt des sündlichen Fleisches”（「罪の肉の様で」ローマ人への手紙８：３）。［日本聖書協会口語訳］

ある瞬間……ということ

この表現の冒頭が原文では“das ein Augenblick”となっているが、正しくは“daß ein Augenblick”。

⑬④

コルシカ島の辻強盗 Corsischer Briganten

“Briganten”はイタリア語で「叛乱扇動者」、「暴徒」を意味する。また「辻強盗」、「海賊」の意味でも使われる。これについてはMS 153b, p.39v: 1931, の次の考察を参照（VB, p.40よりの再引用）。「コルシカ島の辻強盗の写真を見て考える。その顔はあまりにも険しすぎ、私の顔はあまりにも柔らかすぎるので、そこにキリスト教の教えを書きつけることはできない。辻強盗たちの顔は見るからに恐ろしいが、良き生からよりかけ離れているというわけではなく確かにない。ただ私と彼らは同じものの異なる側に位置しているにすぎないのだ」。

⑬⑧ 彼女の隠れ家としての als ihrer Zuflucht

原文が“ihrer”なのか“ihren”なのか明確には判読できず。

⑬⑨ すべてを切り落としてみよ

これについてはMS 143, p.681, のフレーザー『金枝篇』に関するウィトゲンシュタインの次の考察を参照。「……しかし、体の毛を完全に剃られれば、なんらかの意味でわれわれがつい自尊心をなくし勝ちになるのもきわめて当然である。（カラマーゾフの兄弟。）われわれに見えるところでわれわれを値打ちのない、笑いものにしてしまう身体髪膚の毀傷が自己防御の意志をわれわれから完全に奪ってしまう、ということはいささかも疑いのないことである。われわれは幾度か――あるいは、ともかく多くの人間（私も）が――肉体的または美的な劣等感によってどれほど当惑させられることか」（「フレーザー『金枝篇』について」杖下隆英訳、大修館全集第六巻、p.423)。

第二部

⑭ ヘンゼルに

ルートヴィッヒ・ヘンゼル。一八八六年一二月八日、ハライン（ザルツブルク州）で生まれ、一九五九年九月八日、ウィーンで死去。中学校のラテン語とフランス語の教師。ウィトゲンシュタインはヘンゼルと一九一九年モンテ・カッシーノで捕虜であったときに知り合った(cf. *Hänsel*)。

告白

ウィトゲンシュタインは一九三六年一一月七日、ルートヴィッヒ・ヘンゼル宛の手紙で自分の血統に関する、彼の言うところの嘘を告白した。すなわち彼は自分が四分の一が「アーリア系」で四分の三が「ユダヤ系」であり、彼が常に主張していたようにその逆ではないと告白した。彼はヘンゼルにその手紙をヘンゼルの家族、ウィトゲンシュタインの兄弟姉妹とその子供たち、そして彼の友人にも見せるよう頼んだ。ヘンゼル宛の別の手紙でウィトゲンシュタインは、クリスマスでオーストリアを訪問する際に、すべての友人と親戚に対して徹底的な告白を行うという計画について語っている（cf. *Hänsel*, pp.136–138）。ジョン・ストンボローから本書編者に寄せられた情報によると、ウィトゲンシュタインはクリスマスにアレーガッセの実家で家族が食事に集まったとき、書面の告白を皆の閲覧に供したという。「名誉ある人々は他人の告白を読まない」というマルガレーテ・ストンボローの言葉によって、一名を除いて家族の誰も告白に手を触れなかったという。ウィトゲンシュタインはエンゲルマンにも告白を送り、一九三七年初めには英国でG・E・ムーア、ファニア・パスカル、ラッシュ・リーズを、自分の「罪」を告白するために訪れた。しかしファニア・パスカルによると人種的血統についてウィトゲンシュタインはいかなる偽りも述べたことはなく、事はただ人が彼を実際とは違うように受け取ったときのウィトゲンシュタインの意識的あるいは無意識の不作為によるものでしかありえないという。彼女はウィトゲンシュタイン以上に嘘をつけない者に会ったことがないと言っている（cf. *Recollections*, p.37）。ラッシュ・リーズもウィトゲンシュタインが彼の血統を隠そうとしたと誰かが言ったのを聞いたことがないと書いている（cf. 同書、p.177）。

MS 154, p.1r: 1931, の次の記入を参照（VB, p.40, よりの再引用）、「告白が新しい生活の一部とならなければならない」。［一九三一年のウィトゲンシュタインの告白の試みについては、本文一二四ページの記述、およびそれに対するコメンタール参照］

⑭ フランシス

シドニー・ジョージ・フランシス・スキナー。一九一二年六月九日、サウスケンシントンで生まれ、一九四一年一〇月一一日、ケンブリッジで死去。スキナーは一九三〇年数学の学生としてケンブリッジに入学し、そこでウィトゲンシュタインと知り合った。優れた才能を持っていたにもかかわらず（一九三一年には数学の優等卒業試験の第一部で彼は「一級」を受け、一九三三年には第二部で再び「一級」を受けた）、ウィトゲンシュタインの言うところの手仕事を習うためアカデミックなキャリアーを断念した。彼はケンブリッジ・サイエンティフィック・インスツルメンツ社に見習工として就職して家族をうろたえさせた。後にフィルマ・パイ社に移った。一九三三年からポリオで死去する一九四一年まで、彼はウィトゲンシュタインの極めて親密な友人であり、一時期ケンブリッジのイーストロードのアパートでウィトゲンシュタインと一緒に暮らしていた。二人はしばしば一緒に旅行に出かけ、一九三七年秋（九月一八日—一〇月一日）にはスキナーがノルウェー滞在中のウィトゲンシュタインを訪れている。二人の関係においてはウィトゲンシュタインの哲学的仕事が重要な役割を果たしていた。一九三四—三五年、ウィトゲンシュタインはスキナーに対して『茶色本』を口述しているが、この原稿は二人の会話から発展したものであると想定できる（ファニア・パスカルの回想、*Recollections*, pp.21-29, 参照）。スキナーは物静かで控えめな人間であり、ほとんど「盲目的に」ウィトゲンシュタインに従った。彼の死はこのことに関する罪悪感を呼び起こした。一九四一年一二月二八日付けのMS 125の次の記入を参照、「フランシスについてよく考えるが、常に感じるのは自分の愛情のなさへの後悔の念であり、感謝の気持ちではない。彼の生と死は私をひたすら責めているように思われる。というのも彼の人生の最後の二年間、私は実にしばしば愛情に欠け、心の中で彼に対して不実であったからだ。もし彼があれほどまでに心優しく誠実でなかったなら、私は彼に対して全く愛情を欠いていただろう」（『モンク伝記2』岡田訳、p.479, よりの再引用）。

素晴らしい、心を打つ返事

一九三六年一一月一五日付けのヘンゼルからの手紙（*Hänsel*, pp.136f.）参照。

ミニング

ヘルミーネ・ウィトゲンシュタインの愛称。一八七四年一二月一日、ボヘミアのテプリッツ郊外のエヒヴァルトで生まれ、一九五〇年二月一一日ウィーンで死去。ルートヴィッヒ・ウィトゲンシュタインの長姉で、フリッツ・ロイターの小説『田園の人生』（*Ut mine Stromtid.* 3 Teile. Wismar: Hinstorff'sche Hofbuchhandlung, 1863–64）の登場人物にちなんで「ミニング」と呼ばれた。彼女は生涯独身で、カール・ウィトゲンシュタインの死後は事実上の家長となった。彼女は母親のように弟、妹たち、とりわけルートヴィッヒの面倒を見た。彼女にとって彼の幸福はとても気がかりであった。あるときウィトゲンシュタインはラッシュ・リーズに対して、ヘルミーネは兄弟姉妹の中で群を抜いて最も深い人間だ、と述べている（cf. *Recollections*, ix）。

⑭⑥

アンナ・レブニ

一八六九―一九七〇年。ショルデンの農家の主婦でウィトゲンシュタインと親交があった。彼女はオスロで教師をしていたが、一九二一年ショルデンに戻り、農場（エイデ農場）を経営し、一九二五年からは当地のユースホステルを引き受けた。ウィトゲンシュタインが一九三七年夏にケンブリッジからショルデンに戻ってきた時、一時期（八月一六日から二四日まで）アンナ・レブニの家に滞在した。ウィトゲンシュタインはアンナ・レブニのことを心から気に入っており、二人の良好な関係に誤解によって影がさしたとき、彼は日記に自分の心配について記入している（一九三七年一一月一五、一六日の記述（MS 119 [pp.119r–121r, 128r]）、同一一月二〇、二七日の記述、同一二月七、九日の記述（MS 120 [pp.1r, 17r, 39r, 42r]）参照）。［訳者による補足：これらの中でウィトゲンシュタインの他者との関係を象徴していて興味深いのが、一一月一五日の記述（MS 119, pp.119r–121r）である。それによるとウィトゲンシュタインは、約二ヵ月前から彼に対するアンナの態度がよそよそしくなったと感じていたが、二週間ほど前からそれが確信となったため、アンナに思い切って訳をたずねた。彼女の返事は、彼がステッキでおどしたから、というものだったが、ウィトゲンシュタインとしては、二人が楽しい時を過ごしているとき、親愛の情を込めて彼女の背中をこぶしやステッキで突いていたのだった。こうした彼の意図を彼女が分からなかったはずはないと思い、ウィトゲンシュタインは疑念を持つが、事態打開のため、事情を説明するとともに、彼女の態度を責める手紙を彼女に書く。（当然のことながら）これに対する返事がアンナから来ないため、ウィトゲンシュタインはさらに悩みと疑念を深めることになる］

アルネ・ドレグニ

アルネ・トマソン・ドレグニ。一八七一年九月二一日、ショルデンに生まれ、一九四六年一月四日、ショルデンで死去。ボルスタッド村の農場の農夫。ボルスタッド村にはいくつかの農場が散在していた。アルネ・ドレグニはハルヴァルド・ドレグニとインガ・ソフィア・トマスドッター・ドレグニの兄弟。インガ・ソフィア・ドレグニはハンス・クリンゲンベリと結婚し、ソフィア・クリンゲンベリという名でよく知られている。アルネ・ドレグニは一九三六―三七年のノルウェー滞在後ウィトゲンシュタインが親密な手紙のやり取りをしたショルデンの人々の一人であった（cf. *Norway*, letters Nr.43, 44, 46, 48）。

一九四六年七月一八日付けのアンナ・レブニ宛の手紙でウィトゲンシュタインは狼狽した様子で次のように書いている、「アルネ・ドレグニの死を知らされて私はすごく悲しんでいます。彼はショルデンで私が得た最良の友人でした」（cf. *Norway*, letter Nr.49）。

ベルゲン ⒁⒅

ウィトゲンシュタインはすでに一九一三年九月に（友人のデイヴィッド・ピンセントとともに）ベルゲンに来ている。その時彼はホテル・ノルイェに二泊した後、エイステセに向かった（cf. G. H. von Wright (ed.), *A Portrait of Wittgenstein As a Young Man. From the Diary of David Hume Pinsent 1912–1914*, Oxford: Basil Blackwell, 1990）。

ショルデン

一九一三年九月の最初のノルウェー滞在の後、ウィトゲンシュタインは論理の諸問題について熟考するためにより長く滞在する決心を同年一〇月にした。一〇月中旬、彼はベルゲン北東のソグネフィヨルドに面した小さな村ショルデンに腰を据えた。最初は旅館に、後に郵便局長ハンス・クリンゲンベリ、妻ソフィア、娘カリの家に滞在した。さらに彼はアンナ・レブニ、ハルヴァルド・ドレグニ、そして当時一三歳の生徒だったアルネ・ボルスタッドと友人になった。三月、ジョージ・エドワード・ムーアが約二週間ノルウェーに来て（三月末から四月中旬まで）、ウィトゲンシュタインは彼に論理に関する自分の仕事の成果を口述した。それは「ノルウェーでG・E・ムーアに対して口述されたノート」として公刊されている［大修館全集第一巻所収］。一九一四年春、ウィトゲンシュタインはエイズヴァットネット湖上流での小屋の建設を開始した。一九二一年夏、アルヴィド・シェグレンとともにノルウェー旅行をした際に初めて彼はこの小屋を利用した（cf.『モンク伝記1』pp.97ff., 216ff.; *Norway*, pp.84ff.）。

一九三一年夏、ウィトゲンシュタインは再びショルデンに二週間滞在するが、その一部はマルガリートと一緒であった。一九三六年夏、彼は一九三七年一二月まで続くことになるより長い滞在を決意した。この滞在において彼は『哲学探究』の第一稿を執筆した。彼は同年のクリスマスにウィーンに、引き続いてケンブリッジに旅し、ケンブリッジに一月末まで滞在した後、ノルウェーに戻った。一九三七年五月彼は再びオーストリアに、その後英国に行き、八月九日ノルウェーに戻った。

ホテル

原文は“Hotell”だが、正しくは“Hotel”。

聖書

聖書に関するウィトゲンシュタインの関心はトルストイの小著『要約福音書』を読んだことによって呼び起こされたと考えられる。彼は第一次大戦中、軍務によってガリキアの町タルノウ（Tarnow）を訪れた際にある書店でこの本を購入した。後にオルミュッツの砲兵士官学校に配属され、エンゲルマン〔㊸ページのコメンタール参照〕の家で夜の集まりが催されたときも、聖書、とりわけ新約聖書が読まれた。その際ウィトゲンシュタインはそれをラテン語で読むことを主張したという（cf.『マクギネス評伝』p.430）。本日記の引用からウィトゲンシュタインがマルティーン・ルターによる聖書の翻訳を繰り返し用いていたことがわかる（⑫④ページへのコメンタール参照）。

⑭⑨

レッシング

ゴットホルト・エフライム・レッシング。一七二九年一月二二日、カメンツ（ドレスデン郡）で生まれ、一七八一年二月一五日、ブラウンシュヴァイクで死去。ここでの表現でウィトゲンシュタインはおそらくレッシングの『人類の教育』を指しているのだと思われる。この著作でレッシングは聖書について考察している。ウィトゲンシュタインがレッシングの聖書に関する考察に言及している次の記述を参照。「(聖書について) レッシングを読んでいる。『ここにはさらに、言葉の衣装とスタイルをつけ加えるのだ……それも、トートロジーを満載したもので、鋭い知性を鍛えるものを、である。つまり、あるときは、別のことを言っているように見えながら、そのくせ、おなじことを言っているもの。またあるときは、おなじことを言っているように見えながら、じつは別のことを意味しているようなもの……をつけ加えてみるのだ』」（レッシングよりの引用については『人類の教育』SS48-49参照、MS 110, p.5: 1930. 12. 12, VB, p.33, よりの再引用）。［丘沢訳『反哲学的断章』p.40］

手稿ノート第XI巻 ⑮③

「手稿ノート第XI巻」（"Band XI"）、つまりMS 115にはここでの記述にはっきりと対応するような箇所は見当たらないものの、『哲学探究』には同種の考察が存在する、§§105–109参照。

パウル ⑮⑤

パウル・ウィトゲンシュタイン、一八八七年一一月五日、ウィーンで生まれ、一九六一年三月三日、マンハセット（ニューヨーク州）で死去、ピアニスト。ルートヴィッヒ・ウィトゲンシュタインの四兄。音楽的才能に恵まれていた。第一次世界大戦で右手を失った後も片手でピアノを演奏し、コンサートに出演した。彼はモーリス・ラヴェル、フランツ・シュミット、リヒャルト・シュトラウス、セルゲイ・プロコフィエフ、ヨーゼフ・ラボールら幾人もの作曲家にピアノ協奏曲の作曲を依頼したが、その中ではおそらくラヴェルの左手のためのピアノ協奏曲ニ長調が最も有名だろう。ユダヤ人迫害の時期にパウルは合衆国に亡命した。

路面電車

原文では「電車Elektrischen」という語が用いられているが、これは「路面電車

Straßenbahn」を意味する俗語的な古い表現であり、とりわけウィーン方言で用いられる。"E"が大文字か小文字か、明確には判読できず。

ジェローム

ジェローム・ストンボロー、一八七三年一二月七日、ニューヨークで生まれ、一九三八年六月一五日、ウィーンで死去。化学博士。マルガレーテ・ウィトゲンシュタインの夫（㉘ページ［「グレーテル」］へのコメンタール参照）。

⑯

メンデルスゾーン

原文は"Mendelsohn"となっているが、正しくは"Mendelssohn"。フェーリクス・メンデルスゾーン＝バルトルディ、一八〇九年二月三日、ハンブルクで生まれ、一八四七年一一月四日、ライプチヒで死去。モーゼス・メンデルスゾーンの孫、ドイツの作曲家。メンデルスゾーンに対するウィトゲンシュタインの考察は多岐にわたっている。MS 107, p.72（一九二九年）では、「メンデルスゾーンはもっとも悲劇から遠い作曲家だろう」と書いているし、又これに関連して、「悲劇は非ユダヤ的なものである」とも書いている（以上はVB, p.22, よりの再引用、［丘沢訳『反哲学的断章』p.25］）。MS 154, p.21v（一九三一年）では、「ブラームスは、メンデルスゾーンが中途半端な厳しさでやったことを、手抜きしないで厳しくやっている。あるいは、しばしばブラームスは、欠点のないメンデルスゾーン」である、と書いている（VB, pp.44f., よりの再引用、［丘沢訳『反哲学的断章』p.57］）。MS 156b, p.24v（一九三一—三四年）でウィトゲンシュタインは、「メンデルスゾーンの音楽の本質を述べたいなら、メンデルスゾーンには難解な音楽は存在しない、と言えばいいだろう」（VB, p.56, よりの再引用）、と書いている。ただしドゥルーリーに対してウィトゲンシュタインは、メンデルスゾーンのバイオリン協奏曲はこれまで書かれたものの中で、最後の偉大なバイオリン協奏曲であり、その第二楽章には音楽の壮大な瞬間に属する箇所がある、と述べた（cf. *Recollections*, p.111）。

「ディ・バッカンテン」

原文は“Bachanten”だが、正しくは“Bacchánten”。バッカス祭の参加者のこと。中世においては遍歴学生を意味し、「射撃」（窃盗）に利用された若い仲間は「射手」と呼ばれた。

メンデルスゾーンの作品中に「ディ・バッカンテン」という曲は見当たらないから、夢の中でウィトゲンシュタインが思い違いをしていたのだと想定すべきである。

⑱

それでも我々の対象は崇高 sublime なのだ

『探究』§94参照、「『命題、この不思議なもの！』」、ここにすでに全叙述の昇華

Sublimierungがある。すなわち、命題記号と事実との間に純粋な仲介物を想定する傾向、あるいはまた、命題記号そのものを純化し、昇華sublimierenさせようとする傾向である。──けだし、何事も通常のものごとともに生起しているのだということ、このことをわれわれが見てとるのを、われわれの表現形式がさまざまなしかたで妨げ、われわれをキマイラ狩りへと駆りたてるからである」［藤本訳、大修館全集第八巻、pp.92–93］。加えて『探究』§38, 89も参照。また以下のMS 157a, pp.62r–62v: 1937. 2. 9, も参照。「『命題、この不思議なもの』、ここにどことなくすでに全叙述〈考察／考察方法〉の昇華がある。すなわち、命題記号と事実の間に純粋な仲介物を想定しようとする傾向、あるいはまた、命題そのものをいわば純化し、昇華させようとする傾向である。──けだし、事は全く平凡に進んでいるということ、このことをわれわれが見てとるのをわれわれの表現の仕方が妨げ〈われわれの話し方が様々な仕方で妨げ〉〈このことをわれわれが見てとるのを、われわれの言語形式が〈表現形式が〉様々な仕方で妨げ〉、われわれを想像上の生き物〈キマイラ〉狩りへと駆り立てるからである」。［〈 〉内は異稿を示す］

158／159ページ

深遠なもの
原文は“des profunden”だが、正しくは“des Profunden”。

これら両ページの間にあったノートの一葉をウィトゲンシュタインはおそらく破りとったと見られる。しかし欠損を示す記述はテキスト中には存在しない。

⑲
想い出せ！
ウィトゲンシュタインはこの言葉を暗号体でページ左上隅に記入している。

アダムが動物たちを……と名づける
創世記2：19、20参照、「そして主なる神は野のすべての獣と、空のすべての鳥とを土で造り、人のところへ連れてきて、彼がそれにどんな名をつけるかを見られた。人がすべて生き物に与える名は、その名となるのであった。それで人は、すべての家畜と、空の鳥と、野のすべての獣とに名をつけた……」。〔日本聖書協会口語訳〕

敬虔に
暗号体で書かれており、明確には判読できない。

⑯⓪ **かすめた**
原文は"gestolen"だが、正しくは"gestohlen"。

⑯② **バフチン**
ニコラス・バフチン。言語学者。有名な文学研究者ミハイル・M・バフチン（一八九五—一九七五）の兄弟。ニコラスは一九三〇年代前半ケンブリッジで博士論文に携わっており、ピエロ・スラッファ、ジョージ・トムソン、モーリス・ドッブらと共に共産主義者／マルキストグループに属していたウィトゲンシュタインの友人の一人であった（cf.『モンク伝記2』pp.389, 394）。後にバフチンはサザンプトン、次いでバーミンガムで古典語を教えた。最終的に彼はバーミンガムで言語学の講師となった。『論考』を『探究』と一緒に出版したいというウィトゲンシュタインの望みは、一九四三年に彼がバフチンに対して『論考』の解説を行った際に生まれた（cf. *Nedo*, p.359）。バフチンはウィトゲンシュタインより一年早く死去した。バフチンの未亡人コンスタンスはファニア・パスカルに、ウィトゲンシュタインは「バフチンのことが気に入っていた」と述べたことがある。二人は構えも性格も全く異なっていたにもかかわらず、ウィトゲンシュタインはバフチンの前では異例に快活で幸福そうだったという（cf. *Recollections*, p.14）。

理想

VB, pp.61f.［『反哲学的断章』pp.83f.］参照。『哲学探究』§§101, 103, 105ff., も参照。MS 157a, p.58r, の次のテキストも参照、「一体何故この観念がわれわれの中で理想となるのか。（それともわれわれがまさにある観念にしがみついているがために、この問いはある意味では不当なものなのか。）

何故私は、命題はかくかくに構成されねばならない、と言うのか。

一体何故いつもプラトンでは、それゆえあそこでも事はしかじかでなければならない、という結論になるのか」。

⑯③ **その観念の原型**

これについてはMS 157aとMS 157bを参照。これらのノートでウィトゲンシュタインは原型という概念（プラトンのイデア説）、「理念Idee」という概念、「理想Ideal」という概念について批判的に考察を加えている。例えば次のような箇所がいくつか見出せる。「（理想的な名）；この観念において誤っていたものは何であったのか。何が、どこで、直接示されうるのか。……」(MS 157a, p.54r: 1937. 2. 9)。
さらに以下のように述べられている、「理念、理想とは現実において見出されなければならないだろう。他方われわれは未だにそれがどのようにすれば見出されるか知らないし、この『なければならない』の本質も理解していない。……「理念」には今すでにその完全な適用があるのでなければならない。そしてそれ以外に理想が存在するのは、ただ描写の形式としてのみである。

お前はこの『理想』をどこから得るのか。その原型は何か。というのも、結局それこそが生活が理想に与えるものだからだ」(MS 157a, pp.54v–55r: 1937. 2. 9)。

さらにMS 157b, pp.14v–15r: 1937. 2. 27, 以降の次のテキストも参照、「われわれは哲学者が形而上学的な仕方で使用している言葉を、その日常的な使用法へと連れ戻す、という考察は『理想的な名』と理想の起源に属する。タイプ原稿を見よ」。但しこの問題については、ウィトゲンシュタインが論理的原型についてまだ語っていた『論考』をも参照せよ。cf.『論考』3. 315, 3. 24.

日常茶飯の

しばしばウィトゲンシュタインは「日常茶飯のhausbacken」という言葉を、ある観念の表象と対立させて具体的で日常的なものを示すために用いる。『哲学的文法1』§66の次のテキストを参照。「思考とは、それこそまったく日常茶飯のことがら、ありふれたものでしかありえない。(人は思考を何か霊気のようなもの、測りしれないものと考えがちである。あたかも、われわれはその外側を知っているだけで、内側は未知のままであるところの何ものか、われわれの脳髄がそうなのだが、そうしたものが問題になっているかのように。）人は、『思考、何と不可思議なものよ』などと言いたくなるのかもしれない。……」。〔山本信訳、大修館全集第三巻、p.143〕

同じく『哲学的文法1』§77の次のテキストも参照。「言語や意味について考察していると、われわれはえてして、哲学で語られる語や文は、もともとまったく日常茶飯の意味におけるものとはちがって、純化された抽象的意味におけるものだ、と考えるようになりやすい。——それはあたかも、ある特定の文は、もともと誰か人間が話すものではなくて、理念存在（「同じ意味のすべての文のクラス」とか、それに似たもの）であるかのように、である。しかし、将棋の規則が語る王将の駒も、そうした理念物、抽象的存在なのか。（われわれの言語について、将棋をする人が将棋についてもつ以上の思いすごしは、正当でない。すなわち、いかなる思いすごしも）」。〔山本訳、大修館全集第三巻、p.162〕

『数学の基礎』（第一版）、第五部§§9, 37（Suhrkamp 全集版 Bd.6, pp.266, 291）〔大修館全集第七巻、pp.274, 301〕も参照。

⑯④ 本来の記号について

次の『哲学探究』§105を参照。「かの秩序、理想が現実の言語の中に見出されるはずだ、と信じているとき、われわれは、ひとが日常の生活の中で『文章』『語』『記号』と呼んでいるものでは満足しなくなる。

論理学のとり扱う命題とか語〔名辞〕とかは、純粋ではっきり分別されたものであるべきなのだ。だから、われわれは、いまや本来的な記号の本質について頭を悩ましているのだ。――それは何か記号についての表象なのか、それとも現在の瞬間に与えられた表象なのか、と」。〔藤本訳、大修館全集第八巻、p.97〕

次のMS 157b, p.1v: 1937. 2. 27, も参照、「この理念へと導く誤解、命題、本来的な命題はある純粋な存在でなければならない、という誤解は、われわれが普通に『命題記号』と呼んでいるものと同様に、極めて複合的なものである」。

『哲学探究』§§106, 107, 108も参照。

ツルツルすべる氷の上

次の『探究』§107を参照。「……われわれはなめらかな氷の上に迷いこんでいて、そこでは摩擦がなく、したがって諸条件があるいみでは理想的なのだけれども、しかし、われわれはまさにそのために先へ進むことができない。われわれは先へ進みたいのだ。だから摩擦が必要なのだ。ザラザラした大地へ戻れ！」。〔藤本訳、大修館全集第八巻、p.98〕

熱気球 Montgolfier

熱した空気で浮上する気球。エティエンヌ・ジャック・ド・モンゴルフィエ（一七四五―一七九九）、ミッシェル・ジョセフ・ド・モンゴルフィエ（一七四〇―一八一〇）の兄弟が発明。ミッシェルはパラシュート、自動揚水機（シュトースヘーバー）、一種の気化装置も発明した。

パラシュート状の fallschirmartigen
語頭の“f”が大文字か小文字か明確には判読できず。

⑯⑤ **列車のコンパートメント**
原文は“Koupé”だが、正しくは“Coupé”。ウィトゲンシュタインはここで、多くの外国語において“c”を“k”に変える、という正書法上の変形を誤って適用したか、それとも“Coupé”のスカンジナビア風の綴りを用いたのだと思われる。

⑯⑥ **キルケゴールの著作を in Schriften Kierkegaards**
“in”は明確には判読できず。単なる斜線とピリオドのように見える。

⑯⑦ **どれだけが……いようとも was immer**

“w”が大文字か小文字か明確には判読できず。

⑰⓪ **者は、……ことを知るのである**

原文は“der weiß das”だが、正しくは“der weiß daß das”。

⑰① **レーナウのファウストにおけるメフィストの最後の言葉**

ニコラウス・レーナウ（本名はニコラウス・フランツ・ニームブッシュ）。一八〇二年八月一三日、ハンガリーのチャタード（＝ルーマニアのレーナウハイム）に生まれ、一八五〇年八月二二日、オーバーデーブリンク（ウィーン州）で死去。オーストリアの詩人。特にウィーンで学び、F・グリルパルツァー、J・C・ツェートリッツ、F・ライムント、A・グリューンらと交友する。個人的な失望のために彼の憂鬱症は精神的破綻にまで昂じた。一八四四年以降はサナトリウムに入院した。彼は自然抒情詩と並んで、世界の文学の不朽の題材について叙事詩的、劇的な詩を創作した。作品としては『アルビゲンザー』（一八四二）が、断片としては『ファウスト』（一八三六）、『ドン・ジュアン』（遺稿）、がある。

ウィトゲンシュタインはレーナウについて何度か見解を述べている。これについては次のテキストを参照。

「私はしばしば狂気が恐ろしくなる。奈落でもなんでもないものを、すぐそばにある奈落だと思ってしまうのは、目の錯覚である。そして狂気にたいする恐れが、いわば目の錯覚には由来していない、と仮定するなんらかの理由が、私にはあるのだろうか。錯覚ではないことを語る経験で、私の知っている唯一のものは、レーナウの場合である。彼の『ファウスト』には、私の知っているような考えが見られるのだ。レーナウはそれをファウストにしゃべらせている。だがそれは、自分自身にかんするレーナウの考えにちがいない。ファウストが自分の孤独とか孤立について語っていることが、重要だ。

レーナウの才能もまた、私の才能に似ているようだ。もみ殻がたくさんで——美しい考えはわずか。『ファウスト』のなかの話は、どれもくだらないが、そこに示されている観察は、しばしば真実で偉大だ」（MS 132, p.197: 1946. 10. 19, VB, p.107, よりの再引用）〔丘沢訳、『反哲学的断章』pp.152–153〕。

一九四六年一〇月二〇日付けの MS 132, p.202, では次のように書かれている、「レーナウの『ファウスト』で注目すべき点は、人間が悪魔としかかかわらないことだ。神はじっとしている」（VB, p.107, よりの再引用）。〔丘沢訳、前掲書、p.153〕

VB, pp.24, 75〔同書、pp.28, 102〕も参照。

ペール・ギュント

ヘンリク・イプセン（一八二八—一九〇六）の劇詩 *Peer Gynt*。

「一時間もの間身をやつれさせるこんな震え、という高価すぎる代償を払ってまでも、人は人生の小さなかけらを買おうとする」

引用文は原文では“Zu teuer erkauft man das Bißchen Leben mit solch einer Stunde verzehrendem Beben”となっているが、正しくは“Zu teuer erkauft man das bißchen Leben/Mit solch einer Stunde verzehrendem Beben.”。*Peer Gynt.* Übersetzt von L. Passarge. Zweite umgearbeitete Ausgabe. Leipzig: Reclam jun. Verlag, 1887. Zweiter Aufzug, p.52.

⑰③ 比喩

『ウィトゲンシュタインとウィーン学団』におけるウィトゲンシュタインの宗教に関する次の見解を参照、「語ることは宗教にとって本質的であるか。私は全くしっかりと、或る宗教を心に描くことが出来る。しかしその宗教とは、そこには教義がなく、したがってそこでは何も語られないものである。宗教の本質は明らかに、語られるという事とは何の関わりも有しない。或いはむしろ、次のように言うべきであろう。即ち、もし語られるとすれば、それ自身は宗教的行為の構成要素であって、理論ではない、と。したがって、語られたことが真であるか偽であるか或いは無意味であるかということも、全く問題ではないのである。

宗教の語りはまた比喩でもない。何故なら、さもないと人はそれを比喩でなく語ることも出来ねばならないであろうから。宗教の語りは言語の限界に対する突進であろうか。言語は決して牢獄ではない」。［黒崎宏訳、大修館全集第五巻、p.167］

楽しくあれる fröhlich sein kann
“fröhlich”の原文の暗号体は正しい綴りではなく、明確に判読できないが、おそらくウィトゲンシュタインは“fröhlich”と書こうとしたものと考えられる。

⑰⑤
偽善 Heuchelei
これも原文の暗号体は正しい綴りではなく、明確に判読できない。おそらく“Heuchelei”。

⑰⑥
程度 Grade
ウィトゲンシュタインが「程度 Grade」と書こうとしたのか、「恩寵 Gnade」と書こうとしたのか不明確。

⑰ **自分の原稿 meine Schrift**
原文の暗号体は“Schrif”としか読めない。おそらくは“Schrift”または“Schriften”で、最後の音節が（欄外になったため）欠けているのだと思われる。

神に犠牲として捧げられる
原文は暗号体で“G. z. o.”だが、編者の見解では“Gott zu opfern”（「神に犠牲として捧げる」）の意味にとれる。

⑱ **説明しないこと！——記述すること！**
これについては次の『哲学探究』§109を参照。「われわれの考察が科学的な考察であってはならない、ということは本当のことであった。『われわれの先入見に反して、これこれのことが考えられる』——それがどういうことであろうとも——という経験は、われわれにとって関心をもちえないことであった。（思考を精気のようなものとして把握すること。）だから、われわれはどのような種類の理論も立ててはならない。われわれの考察においては仮設のようなものが許されてはならない。あらゆる説明が捨てられ、記述だけがその代りになさ

そして、かかる記述は、みずからの光明、すなわち目的を、哲学的な諸問題から受けとるのである。もちろん経験的な問題ではなく、われわれの言語の働きを洞察することによって解決されるのであり、それを誤解しようとする衝動にさからって認識されるようなしかたで、解決されるのである。これらの問題が解決されるのは、新しい経験をもち出すことによってではなく、とうに知られていることを整頓することによってである。哲学とは、われわれの言語という手段を介して、われわれの悟性をまどわしているものに挑む戦いである」。〔藤本訳、大修館全集第八巻、p.99〕

次の『哲学探究』§124も参照。「哲学は、いかなるしかたにせよ、言語の実際の慣用に抵触してはならない。それゆえ、哲学は、最終的には、言語の慣用を記述できるだけである。

なぜなら、哲学はそれを基礎づけることもできないのだから。

それはすべてのものを、そのあるがままにしておく。

それは数学をも、そのあるがままにしておくのであり、いかなる数学的発見も哲学を前進させることができない。『数学的論理学の主要問題』は、われわれにとっては、その他の問題と同じく、数学の一問題である」。〔同書、p.104〕

さらに次の『哲学探究』§126も参照、「哲学はまさにあらゆることを立言するだけであって、何事も説明せず、何事も推論しない。――あらゆることが公然とそこにあるから、説明すべきこともない。なぜなら、隠れているようなものに、われわれは興味を抱かないからである。

ひとはまた、およそ新発見や新発明のなされる前に可能であるものを、『哲学』と呼ぶことができよう」。〔同書、p.105〕

お前の心を服従させよ、こんなに自分が苦しまなければならないことに腹を立てるな！

これについては次のトルストイの『要約福音書』におけるヨハネの第一の手紙の解釈を参照。ヨハネの第一の手紙3：19について、「そしてこのように愛する者の心は、自らが父と一体となっているので安らいでいる」。同3：20について、「彼の心が争うなら、彼は自分の心を神に服従させる」。同3：21について、「何故なら神は心の望みより重要だからである。だが彼の心が争わないなら、彼は幸いである」。

⑱⑤ 狂気

ウィトゲンシュタインはたびたび狂気と狂気に対する不安について書いている。レーナウに関して先に引用した彼の見解（⑰①ページへのコメンタール）を参照。MS 127, p.77v: 1944, の次のテキストも参照（VB, p.91, よりの再引用）。「われわれの生が死に囲まれているなら、知性の健康も〈日常の知性も〉狂気に囲まれている」〔丘沢訳『反哲学的断章』p.128、〈 〉内は異稿〕。この考察には次の文章が続く。「哲学者とは、健全な人間悟性の概念に到達する以前に、自分の悟性の多くの病気を直さなければならない人のことである」。［中村秀吉・藤田晋吾訳『数学の基礎』、大修館全集第七巻、p.313］

次も参照、「狂気を病気とみなす必要はない。どうしてそれを突然の——多かれ少なかれ突然の——性格の変化とみなしてはいけないのか」(MS 133, p.2: 1946. 10. 23, VB, p.108, よりの再引用)。［丘沢訳、前掲書、p.154］

⑱⑦ **贖罪の詩篇**

詩篇としてわれわれが理解しているものは、歌謡、さまざまな内容の祈り、および、さまざまな時期のイスラエル史やさまざまな作者や多様な機会を起源とする教訓詩を集めたものである。五巻に分けられた一五〇篇の詩篇の中には七篇の贖罪の詩篇が存在し、そのうち五篇はダヴィデのものである。［訳者による補足：ルター訳ドイツ語聖書では第六、三十二、三十八、五十一、百二、百三十、百四十三の七篇が「贖罪の詩篇」と名付けられている］

ウィトゲンシュタインはマルティーン・ルターを直接参照したのかもしれない。「七つの贖罪の詩篇」、ルター全集第一巻、pp.154–220 参照。(*D. Martin Luthers Werke*. Kritische Gesamtausgabe. 1.Band. Weimar: Hermann Böhlau, 1883)

⑱⑧ **戦い抜くこと durchzufechten**
"f" と "zu" が重なって書かれている。"zu" が挿入されているのか、"f" と重ね書きされているのか明確に判読できないため、ウィトゲンシュタインが意図したのが "durchfechten" なのか "durchzufechten" なのか明確には判読できない。

について von
原文では "von" が二度くり返されて "von von" となっている。

⑲⓪ **しかしそれを求めるのは向こう見ずだろう。**
この文の前にウィトゲンシュタインは次の言葉を書いているが、棒線で抹消している。「この『狂気』の前から私を絶対に逃げさせ給うな！」

⑲⑤ **使徒パウロの手紙**
これについては MS 119, p.71: 1937. 10. 4. のウィトゲンシュタインの次の考察を参照（VB, p.69, よりの再引用）、「福音書では穏やかに清らかに〈透明に〉湧きだしている泉が、パウ

ロの手紙では、ぶくぶく泡を立てているみたいだ。少なくとも私にはそう思える。ことによると私自身が不純であるからこそ、パウロの手紙が濁って見えるだけなのかもしれない。というのも、この不純さが清らかなものを不純にできない訳があろうか。しかし私には、パウロの手紙には、人間の情念が見えるような気がするのだ。それは誇りや怒りといったものであり、福音書の謙虚さとは矛盾するものだ。なにしろパウロの手紙では、自分というものが強調されている――それも宗教的な行為として――ように思えるのだが、それは福音書には見られないことである。私としては、これが冒瀆とならないことを願いながら、『キリストならパウロにどう言っただろうか』と質問したい。

だがその質問には、当然、このような答えが返ってくるかもしれない。『それは、あなたにはどんな関係があるのかね。あなたのほうこそ、もっと行儀よくするべきじゃないか。いまのままじゃ、パウロの手紙にどういう真理があるのか、見当もつかないだろう』。

福音書のほうが――これも私の感じだが――すべてが質素で、謙虚で単純である。福音書が小屋なら、――パウロの手紙は教会である。福音書では人間はみな平等で、神みずからが人だが、パウロの手紙ではすでに、位階とか官職とかいったヒエラルキーのようなものがある。――と言っているのは、いわば私の嗅覚である」〔丘沢訳『反哲学的断章』pp.93–94、〈 〉内は異稿、一部改訳〕。（VB, p.72, も参照〔同書、p.97〕）

⑲⑥ **死に際しても勇気と忍耐力を持て。そうすれば恐らく生がお前に贈られるだろう！**
これについては一九一六年五月四日のウィトゲンシュタインの次の記述を参照（『秘密の日記』p.70［MS 103, p.8v］）、「そのときはじめて私にとっての戦争が始まるのだ。そして生もまた存在しうるのだ。たぶん私にとっては、死に近づくことが生に光をもたらすのだ」。

⑲⑦ **シューベルトの歌曲：あなたは知りつつ……**
確認できず。

もしも Wenn
原文は“Will／Wenn”となっているが、ウィトゲンシュタインはおそらく“Weil”（「だから」）を意味していたのだと思われる。

⑲⑨ **すべてが死んでしまう**
原テキストではここから「完全な真理ではない。」までの部分が、交差する長い複数の斜線によって抹消されている。

単なる「生の終わり」など人は体験しない
次の『論考』6. 4311を参照、「死は生の出来事ではない。人は死を体験しない」。［奥訳、大修館全集第一巻、p.117］

⑳②
この状態 diesem Zustand
原文は“driesem Zuhganw”となっている。ウィトゲンシュタインは最初誤って［“diesem”の“d”の後に］“r”の暗号体である“i”を書き［続いて“iesem”と書き］、同様に“Zustand”の“st”の代わりにその暗号体の“hg”を、“d”の代わりに暗号体の“w”を書いたものと思われる。

⑳③
ルターが神学は「神という言葉の文法」、聖書の文法であると書いた
これについては次の『哲学探究』§373におけるウィトゲンシュタインを参照せよ。「あるものがいかなる種類の対象であるかは、文法が述べる。（文法としての神学）」。［藤本訳、大修館全集第八巻、p.231］
［訳者による補足：ウィトゲンシュタインによるルターと神学と文法への言及としては次の講義録（一九三二

—三三年）も参照（『講義 1932–1935』野矢茂樹訳、p.61）。「ルターは、神学とは『神』という語の文法であると言っている。私はそれを、『神』という語の探求は文法的探求である、という意味に解する。例えば、人々は神が何本の手をもっているのかと論じるかもしれず、そしてまた、神の手については語りえないのだと主張してその議論に加わる人もいるかもしれない。こうした議論は『神』という語の使用に光を投じるだろう。馬鹿げたこと、冒瀆的なこともまた、『神』という語の文法を示すことになる」

としてでなければ ausser als

“ausser” は原文の余白部分を合わせても “ausse” としか読めない。

私はこう言いたい、……

暗号体で書かれているが、その上にウィトゲンシュタインの手で通常体への解読が記されている。

⑳⑸ **「やかましい鐘」になってしまった**

コリント人への第一の手紙13：1参照。

⑳⑹

神よ、事を改めてください Gott besser es
明確には判読できず。原文の余白部分を合わせても“besser”としか読めない。

⑳ ジョー・ボルスタッド
ヨハネス・ヨハンネスソン・ボルスタッド、一八八八年一一月七日ショルデンで生まれ、一九六一年ショルデンで死去。ヨハネス・ヨハンネスソン・ボルスタッド（一八四三―一九三〇）の次男。ウィトゲンシュタインは彼の小屋を父ボルスタッドの土地に建てた。同名の息子は初め船乗りで、一九〇七年米国に移住した。ウィスコンシン州の農場で何年か働き、一九二九年ノルウェーのルスターに戻った。彼はボルスタッド家の農場の不動産の残り、すなわち一九一九年に彼の兄ハルヴァルドによって相続されなかった分を相続した。ヨハネス・ボルスタッドはアルネ・ボルスタッドの兄弟の一人であるが、ウィトゲンシュタインはすでに一九二一年にアルネに彼の小屋を遺贈していた。

嬢 Frk.
「嬢 Fräulein」を意味するノルウェー語“Froeken”の略。

⑳⑧ **死ぬ**
原文は“tod sein”だが、正しくは“tot sein”。

⑳⑨ **人はまず生きねばならず、その後に哲学することもまた可能となる**
ラテン語成句“primum vivere deinde philosophari”（「まずは生きること、哲学はそれから」）参照。

⑵⑩ **ここに hier her**
原文では一語として書かれた後で、斜線で二語に分離されている。

まだ noch
“noch”（「まだ」）なのか“auch”（「さえ」）なのか明確には判読できず。

⑵⑫ **今すでに見ている**

原文は“denn ich jetzt schon sehe”だが、正しくは“den ich jetzt schon sehe”。

㉑④ ある時お前は言う、「神が世界を創造した」と。

これについてはウィトゲンシュタインのウィーン学団との会話を参照。ヴァイスマンの「世界の現存在は倫理的なるものと関係あるのか」という問いに対し、ウィトゲンシュタインは次のように答えた、「ここに或る関係が成り立っているという事を、人々は感じていた。そしてそれを、父なる神がこの世界を創造し、そして神の子なるキリスト（或いは神から出た言葉）が倫理的なるものである、という様に表現したのである。人は神性を分割し、そして再び一つに考えるという事は、ここに或る関係が成り立っているという事を、暗示しているのである」（一九三〇年一二月一七日、水曜日、ノイヴァルトエックにて、『ウィーン学団』よりの再引用）。［黒崎宏訳、大修館全集第五巻、p.168］

㉑⑥ 事実 Factum

“Factum”か“Faktum”か明確には判読できず。

「清い心」
次のマタイによる福音書5：8を参照。「心の清い人たちは、さいわいである、彼らは神を見るであろう」。［日本聖書協会口語訳］

㉑⑧ この言葉
「この言葉」とは一行前の「神」を指す。ウィトゲンシュタインは矢印でその言葉を示している。

㉒⓪ 「お前たちは今赦されたのであり、『今後はもう』罪を負っていないのだと信じよ！」
おそらくウィトゲンシュタインはヨハネによる福音書5：14の安息日における病人の癒し、あるいはヨハネによる福音書8：11の姦淫を働いた女とイエスの出会いに暗に言及しているものと思われる。次のヨハネによる福音書5：14を参照、「そののち、イエスは宮でその人に出会ったので、彼に言われた、『ごらん、あなたはよくなった。もう罪を犯してはいけない。何かもっと悪いことがあなたの身に起るかも知れないから』」。次のヨハネによる福音書8：11も参照、「……イエスは言われた、『わたしもあなたを罰しない。お帰りなさい。今後はもう罪を犯さないように』」。［ともに日本聖書協会口語訳］

あるいはウィトゲンシュタインは「救いの恵みの希望」に関する章（ローマ人への手紙、5章と6章）にも暗に言及しているのかもしれない。そこでも問題となっているのは、キリストを通じてわれわれが得る赦しとわれわれを罪から救った恵みである。

㉑ **マックス**
マックス・ザルツァー医師。一八六八年三月三日、ウィーンで生まれ、一九四一年四月二八日、ウィーンで死去。医局長。ウィトゲンシュタインの姉へレーネの夫。二人の間にはフェーリクス、フリッツ、マリー、クララの四子がいた。

㉒ **いやいやながら**
原文は英語で“reluctantly”。

㉔ **母**
レオポルディーネ・ウィトゲンシュタイン（愛称ポルディ）、旧姓カルムス。一八五〇年三月一四日、ウィーンで生まれ、一九二六年六月三日、ウィーンで死去。レオポルディーネは

感性豊かな女性で、とりわけ音楽を愛した。彼女はピアノとパイプオルガンの優れた演奏者であり、加えて鋭い批評家としても広く認められていた。ルドルフ・コーダーは、彼女は家族の誰よりも、ピアニストである息子のパウルよりもピアノが上手だったと主張したことがある（本書編者にジョン・ストンボローから一九九三年四月二日に寄せられた情報）。

　ヘルミーネ・ウィトゲンシュタインは『家族の想い出』で次のように書いている、「母に関する私自身の意見にもとづいて述べるなら、彼女の人柄の最も目立った特徴として私に浮かぶのは彼女の無私の感覚、強い責任感、彼女自身をほとんど消した謙虚さ、同情する能力、それに、素晴らしい音楽的才能です。……音楽は確かに彼女と子供たちの間の、そして後になっては孫たちとの間の最も素晴らしい絆でした。……でも私は、彼女は自分が正しく善いと認識したことをまっすぐに行い、その際自分の望みは全く眼中にないか、それどころか望みなど全くないみたいだと実にはっきりと分かっていました、あるいは、そう感じていました。……彼女は決して自分をいたわることはせず、それどころか自分自身に対して極めて厳しく、特に彼女の夫と母親の前ではあらゆる痛みを隠していました。……」(*Familienerinnerungen*, pp.90–92)。

㉕ 聖金曜日
原文の“Charfreitag”は「聖金曜日 Karfreitag」の古い綴り方。

㉗ このページは欄外に書き込みがあるため、ページ番号が記されていない。

㉘ **三月二七日**
この日付は記号によって本文から区別して、ページ右上に挿入されている。

㉙ **ロシアに**
原文は"nach Russland"だが、正しくは"nach Rußland"。一九三五年九月ウィトゲンシュタインは現地で職を得て長期滞在するつもりでロシアを訪れた。しかしながら、彼がコルホーズでの単純労働を考えていたのに対し、大学での研究職しか提供されなかったため、彼は一〇月初頭にはすでにロシアを離れた。彼のロシア旅行の動機については『モンク伝記2』pp.389f., 392, 394ff., を参照。
一九三五年七月六日付けケインズ宛のウィトゲンシュタインの次の手紙も参照。「……私がロシアに行きたいという理由をあなたがいかほどかは理解されていると確信します。そしてその理由のあるものは悪しきもの、それどころか子供じみたものであることを私は認めます。しかしその背後に深い理由、善き理由もまた存在するということも真実なのです」(*Briefe*, pp.191f.)。

これ以降もなおウィトゲンシュタインはロシアに戻りたいという願望にとらわれていたようだった。一九三七年六月二一日付けエンゲルマン宛の彼の次の手紙を参照。「……今私は短期間英国にいます。たぶんロシアに行きます。……」(*Briefe*, p.206)。

アイルランドへ

一九三六年八月、ウィトゲンシュタインはダブリンの友人モーリス・オコンナー・ドゥルーリーを数日間訪ねた。当時彼は、医学を学んだ後ドゥルーリーと一緒に開業するという考えを抱いていた。さらに後に、彼は何度もアイルランドを訪れた（一九四七年、一九四八年、一九四九年）。その際彼はダブリンのロス・ホテルに滞在するか、あるいは（一九四八年には）ウィクロー州レッド・クロスの農家に、そして引き続きコネマラの西海岸のロスロに滞在した。そこで彼はMS 137（“Band R”）を書いた。MS 137の後半部とMS 138の大部分は『心理学の哲学に関する最終原稿　第一巻』（LS1）として出版されている（cf. *Nedo*, pp.358, 360)。

㉚ **私のノルウェー滞在**

これについてはMS 118, pp.5f., の一九三七年八月一九日のウィトゲンシュタインの次の記入を参照。「自分でとても不思議な感じがする。今ここに住むのが正しいことなのかどうか、そのための正当な理由があるのかどうか、私にはわからない。私に孤独に対する本当の欲求はないし、仕事への圧倒的な衝動もない。一つの声が、もう少し待て、どうすべきかわかるだろう、と言う。別の声は、お前がここに滞在するなんてとうていできないだろう、お前は最早ここには属していないのだ、と言う。――しかし私はどうすべきなのか。ケンブリッジへ行くのか、あそこでは私は書けないだろう。……一つだけ確かなことがある。いかにして、そして、どんな理由によってここに来たにしろ、私は今ここにいる。それゆえ、私がここにいる限り、その事を私に活用させ給え。……つまり、たとえ私の仕事がどのように進もうが、約六週間私は留まる事ができるのだ。しかし、もしその後で、他所でよりここのほうがよく仕事ができると想定する明確な根拠が私にないのなら、その時は去るべきだろう。ここにいるその時を、私が活用する機会を神が恵み給うように！」

㉛ わが友

おそらくフランシス・スキナーを意味すると思われる。

㉜ そこでお前には救いが必要となる

これについては一九三七年一二月一二日の MS 120, p.55r, の次の記入（暗号体）を参照。「だが、もしも私がほんとうに救われることになっているなら、――その場合――知恵や夢や思弁ではなく――私には確実さが必要となり、その確実さこそが、信仰なのだ。そして信仰とは、私の胸が、私の心が必要とするものを信じることであって、私の思弁する知性が必要とするものを信じることではない。というのも、救いが必要なのは、私の心と、その情念――いわば心の血と肉――のほうであって、私の抽象的な精神ではないのだ。次のように言えるかもしれない。『愛だけが復活を信じることができる』。あるいは、『復活を信じるものこそが、愛である』」（VB, p.74, よりの再引用）。［丘沢訳『反哲学的断章』pp.100–101, 一部傍線追加］

㉝ 天にぶら下がっている

直前の註で引用した箇所の続きを参照、「……疑いと戦うものこそが、いわば、救いなのである。救いへの固執が、その信仰への固執であるにちがいない。とすれば、こういうことになる。『まず救われなさい。そして救いをしっかりつかんで離さないように。――そうすれば、その信仰をしっかりもっていることがわかるだろう』。そういうことが起きるのは、君がこの地上に足で立つのをやめて、天［国］にぶらさがるときだけである」（VB, p.74, より

の再引用)。〔丘沢訳『反哲学的断章』p.101〕

㉞ お前は何にもまして完全な者を愛さねばならない

これについては、聖書の「最も大切な」、つまり「第一の戒律」を参照。「イエスは言われた、『心をつくし、精神をつくし、思いをつくして、主なるあなたの神を愛せよ』」(マタイによる福音書22：37)〔日本聖書協会口語訳〕。ルカによる福音書10：27、マルコによる福音書12：30、申命記6：5、も参照。

㉟ 怖くなる

原文は“geängtet”だが、正しくは“geängstet”または“geängstigt”(“ängstig”, “sich oder jem. ängsten”, “ängstigen”より由来)。

ウィーンに向けて出発する

ウィトゲンシュタインは五月はじめにウィーンに向けて旅立ち、六月二日にウィーンからケンブリッジに向かい、八月九日までケンブリッジに滞在した。そこで彼は『哲学探究』の完成タイプ原稿(TS 220)を口述した。八月一〇日、彼はロンドン、ベルゲン経由で再びシヨルデンに向かい、八月一六日にショルデンに到着し、一二月中旬までそこに滞在した（*Nedo*, p.358, 参照）。

目覚めてから
原文は“beim Auffwachen”だが、正しくは“beim Aufwachen”。

結局のところ、私たちは誤解を取り除きさえすればいいんだ
次の『哲学探究』§91を参照。「ひとはまた、このことを次のようにも言うことができる。われわれは、自分たちの表現をいっそう正確にすることによって、誤解を取りのぞくのだが、しかし、そのとき、あたかもわれわれが完全な正確さという一定の状態へ向って努力しており、それこそわれわれの探究の本来の目的であるかのように見えることがありうるのだ、と」［藤本訳、大修館全集第八巻、p.91］。『哲学探究』§§87, 90, 93, 109, 111, 120, も参照。

これは良い命題だ
原文は“daß ist ein guter Satz”だが、正しくは“das ist ein guter Satz”。

㉓⑦

『皇帝とガリラヤ人』

Kejser og Galilaeer（原著はノルウェー語、ドイツ語題名は *Kaiser und Galiläer*）。ヘンリク・イプセン（一八二八―一九〇六）の「世界史劇」、一八七三年に出版された。一九〇三年三月二〇日、クリスチアーナ（＝オスロ）の国立劇場で初演、ドイツ語では一八九六年一二月五日、ライプチヒでレオポルド・アドラーの演出により初演。劇は各五場の二幕、「シーザーの離反」と「ユリウス皇帝」、から成る。

つまらないこだわり
原文は“Pedantrie”だが、正しくは“Pedanterie”。

(238)
事故に遭ったり
原文では二行にまたがり綴られているため“verunglükken”となっているが、正しくは“verunglücken”。

(239)
歴史的事実
これについては次を参照。「キリスト教は自らを歴史上の真理に立脚させるのではなく、われわれに（歴史に関する）ある知らせを与えて、さあ、信じろ、と言うのである。だが、それを歴史に関する知らせを信じるように信じるのではなく、何があろうとも信じるのだ、一つの生の結果としてのみお前にはそうすることができるのだ、と。さあ、ここに一つの知らせがある。——歴史に関するほかの知らせに対するような態度をこの知らせに対して取ってはならない。お前の生におけるまったく特別な場所にそれを置いてやるのだ。——そうしても、パラドックスとなるようなものはどこにもないのだ！」(MS 120, p.41v: 1937. 12. 8–9, VB, p.72, よりの再引用)。

という訳ではない

原文は“Nicht das man...”だが、“Nicht daß man...”と読む。

……と今朝に ...& in der Früh

“&”は明確には判読できない。

㉔⓪ 植物のようにただ生きながらえている

これについては第一次世界大戦中の日記においてウィトゲンシュタインがこれと似たように自分の「原始的」欲求を叱責している次の記入を参照。「私は時々動物になる。その時私は食べること、飲むこと、眠ること以外には何も考えられなくなる。恐ろしい。その時私は苦しむのも、動物のように内的に救済される可能性のないまま苦しむ。その時私は自分の欲望と嫌悪に身をゆだねる。その時、真の生については考えられないのだ」（1916. 7. 29,『秘密の日記』p.74 [MS 103, p.19v]）。

㉔① 怖くなり

正しくは“beängstigt”だが、原文が“beänztigt”なのか“beängtigt”なのか明確には判読できず。

四月二九日

原文では9と8が重ねて書かれており、ウィトゲンシュタインが最終的にどちらの数字を残そうとしたのか明確には判読できず。

コメンタールで使用された参考文献と略号

1．ウィトゲンシュタインの著作・講義

『論考』『論理哲学論考』（奥雅博訳、大修館全集第1巻）
『草稿』『草稿　一九一四—一九一六』（奥雅博訳、大修館全集第1巻）
『考察』『哲学的考察』（奥雅博訳、大修館全集第2巻）
『文法1』『哲学的文法1』（山本信訳、大修館全集第3巻）
『ウィーン学団』『ウィトゲンシュタインとウィーン学団』（黒崎宏訳、大修館全集第5巻）
『倫理学講話』『倫理学講話』（杖下隆英訳、大修館全集第5巻）
『青色本』『青色本』（大森荘蔵訳、大修館全集第6巻）
『数学の基礎』『数学の基礎』（中村秀吉・藤田晋吾訳、大修館全集第7巻）
『探究』『哲学探究』（藤本隆志訳、大修館全集第8巻）
『確実性』『確実性の問題』（黒田亘訳、大修館全集第9巻）
『断片』『断片』（菅豊彦訳、大修館全集第9巻）
『美学講義』『美学、心理学および宗教的信念についての講義と会話』（藤本隆志訳、大修館全集第10巻）
『心理学1』『心理学の哲学1』（佐藤徹郎訳、大修館全集補巻1）
『心理学2』『心理学の哲学2』（野家啓一訳、大修館全集補巻2）
『講義 1932–1935』アリス・アンブローズ編『ウィトゲンシュタインの講義II　ケンブリッジ　1932–1935年』（野矢茂樹訳、勁草書房、1991）［講談社学術文庫、2013］
『講義 1930–1932』デズモンド・リー編『ウィトゲンシュタインの講義I　ケンブリッジ　1930–1932

年』（山田友幸・千葉恵訳、勁草書房、１９９６）

『雑考』　『反哲学的断章』（丘沢静也訳、青土社、１９９９）

『秘密の日記』　*Geheime Tagebücher 1914–1916*. Herausgegeben und dokumentiert von Wilhelm Baum. Vorwort von Hans Albert. Wien: Turia & Kant, 1991.（邦訳：丸山空大訳『秘密の日記』春秋社、２０１６）

LS1　*Letzte Schriften über die Philosophie der Psychologie*. Band 1. Hrsg. von G. H. von Wright und Heikki Nyman. Chicago: University of Chicago Press, 1982.

VB　*Vermischte Bemerkungen*. Hrsg. von G. H. von Wright unter Mitarbeit von Heikki Nyman. Neubearbeitung des Textes durch Alois Pichler. Frankfurt am Main: Suhrkamp, 1994.（邦訳：丘沢静也訳『反哲学的断章』青土社、１９９９）

2. 手紙

Ficker　Ludwig Wittgenstein: *Briefe an Ludwig von Ficker*. Hrsg. von G. H. von Wright unter Mitarbeit von Walter Methlagl. Salzburg: Otto Müller Verlag, 1969.

Briefe　Ludwig Wittgenstein: *Briefe. Briefwechsel mit B. Russell, G.E. Moore, J.M. Keynes, F. P. Ramsey, W. Eccles, P. Engelmann und L. von Ficker* [Wissenschaftliche Sonderausgabe]. Frankfurt am Main: Suhrkamp Verlag, 1980.

Engelmann Paul Engelmann: *Ludwig Wittgenstein. Briefe und Begegnungen*. Hrsg. von Brian McGuinness. Wien und München: R. Oldenbourg, 1970.

Hänsel *Ludwig Hänsel–Ludwig Wittgenstein. Eine Freundschaft*. Briefe. Aufsätze. Kommentare. Hrsg. von Ilse Somavilla, Anton Unterkircher, und Christian Paul Berger. Innsbruck: Haymonn Verlag, 1994.

Malcolm Norman Malcolm: *Ludwig Wittgenstein. A Memoir*, 2nd edition with a biographical sketch by G. H. von Wright and Wittgenstein's letters to Malcolm, Oxford and New York: Oxford University Press, 1984.

Pinsent David Hume Pinsent: *Reise mit Wittgenstein in den Norden. Tagebuchauszüge, Briefe*. Hrsg. von G. H. von Wright mit einer Einführung von Anne Pinsent Keynes sowie einem Nachwort von Allan Janik und Walter Methlagl. Aus dem Englischen von W. S. Baur. Wien und Bozen: Folio Verlag, 1994.

3. 回想録、評伝、研究書・論文

『マクギネス評伝』 ブライアン・マクギネス『ウィトゲンシュタイン評伝』（藤本隆志他訳、法政大学出版局、１９９４）

『モンク伝記』 レイ・モンク『ウィトゲンシュタイン　１・２』（全二巻）、（岡田雅勝訳、みすず書房、１９９４）

Norway Johannessen, Kjell S., Rolf Larsen and Knut Olav Åmås (eds.): *Wittgenstein and Norway*, Oslo: Solum Forlag, 1994.

Koder, Johannes: "Verzeichnis der Schriften Ludwig Wittgensteins im Nachlaß Rudolf und Elisabeth Koder". In *Mitteilungen aus dem Brenner-Archiv*, Nr.12/1993, pp.52–54.

Nedo Nedo, Michael und Michele Ranchetti (hrsg.): *Ludwig Wittgenstein. Sein Leben in Bildern und Texten*. Frankfurt am Main: Suhrkamp, 1983.

Recollections Rhees, Rush (ed.): *Recollections of Wittgenstein*, revised paperback edition, Oxford and New York: Oxford University Press, 1984.

Familienerinnerungen Wittgenstein, Hermine: *Familienerinnerungen*. Wien, Hochreit und Gmunden, 1944–1947. Typoscript.

ウィトゲンシュタイン、ファニー（旧姓フィグドール）（祖母） 199
Wittgenstein, Hermine（Mining） ウィトゲンシュタイン、ヘルミーネ（ミニング）（姉） 120, 121, 128, 218, 232, 251, 273, 274, 308
Wittgenstein, Karl ウィトゲンシュタイン、カール（父） 216, 250, 273
Wittgenstein, Kurt ウィトゲンシュタイン、クルト（兄） 103, 266
Wittgenstein, Leopoldine ウィトゲンシュタイン、レオポルディーネ（母） 250, 307
Wittgenstein, Paul（Bruder） ウィトゲンシュタイン、パウル（兄） 128, 279, 308
Wittgenstein, Paul（Onkel） ウィトゲンシュタイン、パウル（伯父） 216
Wittgenstein, Rudolf（Rudi） ウィトゲンシュタイン、ルドルフ（ルディ）（兄） 80, 250
Wittgenstein-Salzer, Helene ウィトゲンシュタイン＝ザルツァー、ヘレーネ（姉） 52, 179, 222, 307
Wittgenstein-Stonborough, Margarete（Gretl） ウィトゲンシュタイン＝ストンボロー、マルガレーテ（グレーテル）（姉） 44, 49, 62, 70, 95, 167, 191, 212, 219, 220, 243, 271, 280
Wright, Georg Henrik von フォン・ライト 202, 260

Z

Zweig, Fritz ツヴァイク、フリッツ 242
Zweig, Max ツヴァイク、マックス 242

ント　251
Silesius, Angelus　シレジウス　237
Sjögren, Arvid　シェグレン、アルヴィド　217, 276
Sjögren, Carl　シェグレン、カール　217
Sjögren, Clara geb. Salzer　シェグレン、クララ（旧姓ザルツァー）　307
Sjögren, Hermine（Mima）　シェグレン、ヘルミーネ（ミーマ）　217
Sjögren, Talla　シェグレン、タラ　48, 49, 100, 192, 217, 220
Skinner, Francis　スキナー、フランシス　120, 141, 272, 273, 311
Soldat-Röger, Marie　ゾルダート＝レーガー　199
Spengler, Oswald　シュペングラー　37, 39, 44, 163, 202, 203
Spinoza, Baruch de　スピノザ　84, 85, 210, 211, 253, 254, 255
Spitzweg, Carl　シュピッツヴェック　251
Sraffa, Piero　スラッファ　202, 284
Stockert, Marie von geb. Salzer　シュトッケルト、マリー・フォン（旧姓ザルツァー）　307
Stonborough, Jerome　ストンボロー、ジェローム　128, 212, 280
Stonborough, John　ストンボロー、ジョン　212, 270, 308
Stonborough, Thomas　ストンボロー、トーマス　191, 212
Strauss, Richard　シュトラウス、リヒャルト　279

T

Thomson, George　トムソン　284
Thoreau, Henry David　ソロー　260
Tolstoi, Lew　トルストイ　277, 296

V

Vischer, Robert　ヴィッシャー、ロベルト　208, 209
Vischer, Friedrich Theodor　ヴィッシャー、フリードリヒ・テーオドール　43, 208, 209

W

Wagner, Richard　ヴァーグナー　34, 65, 198, 200, 257
Waismann, Friedrich　ヴァイスマン　305
Weininger, Otto　ヴァイニンガー　202
Whitehead, Alfred North　ホワイトヘッド　193
Wittgenstein, Clara　ウィトゲンシュタイン、クララ（叔母）　46, 199, 216
Wittgenstein, Fanny geb. Figdor

57, 228, 229

O

Oberländer Adolf　オーバーレンダー　80, 250, 251

P

Pascal, Fania　パスカル　271, 284
Pattisson, Gilbert
パティソン、ギルバート　49, 111, 218, 219
Paulus　パウロ　102, 107, 152, 265, 298, 299
Pinsent, David　ピンセント　276
Plato　プラトン　285
Prokofieff, Sergej　プロコフィエフ　279

Q

Quiggin, Alison　クィギン、アリソン　224
Quiggin, George　クィギン、ジョージ　224

R

Ramsey, Frank Plumpton
ラムジー、フランク・プランプトン　32, 192, 193, 200, 219, 220
Ramsey, Lettice　ラムジー、レティス　49, 111, 219, 220
Ravel, Maurice　ラヴェル　279
Rebni, Anna　レブニ、アンナ　121, 160, 274, 275, 276
Respinger, Marguerite
レスピンガー、マルガリート　29, 37, 42, 43, 46, 48, 49, 50, 51, 61, 68, 70, 98, 100, 101, 105, 109, 110, 112, 113, 191, 192, 220, 221, 277
Reuter, Fritz　ロイター　273
Rhees, Rush　リーズ　195, 196, 247, 271, 273
Rothe　ローテ　65, 234
Russell, Bertrand　ラッセル　193, 194, 200, 202

S

Salzer, Felix
ザルツァー、フェーリクス　307
Salzer, Fritz　ザルツァー、フリッツ　307
Salzer, Max　ザルツァー、マックス　170, 307
Scheffel, Joseph Victor von
シェッフェル　251
Schlick, Moritz　シュリック　244
Schmidt, Franz　シュミット　279
Schönberg, Arnold　シェーンベルク　232
Schopenhauer, Arthur
ショーペンハウアー　32, 195, 202
Schubert, Franz　シューベルト　153, 198, 300
Schumann, Clara
シューマン、クララ　44, 62, 199, 212, 213
Schumann, Robert
シューマン、ロベルト　65, 199, 212
Schwind, Moritz von　シュヴィ

230, 231
Keynes, John Maynard　ケインズ　32, 193, 194, 309
Kierkegaard, Sören　キルケゴール　67, 71, 89, 101, 110, 135, 141, 158, 163, 235, 258, 289
King, John　キング　249
Kleist, Heinrich von　クライスト　239
Klingenberg, Hans　クリンゲンベリ、ハンス　275, 276
Klingenberg, Inga Sofia　クリンゲンベリ、インガ・ソフィア　275, 276
Klingenberg, Kari　クリンゲンベリ、カリ　276
Koder, Rudolf　コーダー　308
Kopernikus　コペルニクス　40, 206
Kraus, Karl　クラウス　45, 73, 88, 90, 159, 202, 214, 215, 242, 253

L

Labor, Josef　ラボール　62, 63, 199, 231, 232, 279
Lenau, Nikolaus　レーナウ　138, 198, 290, 291, 296
Lessing, Gotthold Ephraim　レッシング　124, 278
Lichtenberg, Georg Christoph　リヒテンベルク　96, 260, 261
Loos, Adolf　ロース　44, 202, 213, 214, 242
Lukas　ルカ　313
Luther, Martin　ルター　67, 70, 157, 266, 268, 278, 297, 301, 302

M

Mahler, Gustav　マーラー　77, 249
Maisky, Ivan　マイスキー　194
Mann, Thomas　マン　204, 223
Markus　マルコ　313
Matthäus　マタイ　306, 313
Mendelssohn-Bartholdy, Felix　メンデルスゾーン＝バルトルディ　128, 199, 280, 281
Mendelssohn, Moses　メンデルスゾーン、モーゼス　66, 235, 236, 253, 280
Montgolfier, Étienne Jacques de　モンゴルフィエ、エティエンヌ・ジャック・ド　288
Montgolfier, Michel Joseph de　モンゴルフィエ、ミッシェル・ジョセフ・ド　289
Moore, Dorothy Mildred　ムーア、ドロシー・ミルドレッド　34, 197
Moore, George Edward　ムーア、ジョージ・エドワード　51, 52, 55, 197, 200, 221, 222, 271, 276
Mozart, Wolfgang Amadeus　モーツァルト　86, 87, 241
Murakami　ムラカミ　49, 218

N

Nietzsche, Friedrich　ニーチェ

Dobb, Maurice　ドッブ　284
Dostojewski, Fjodor　ドストエフスキー　75, 96, 158, 238, 247, 262
Draegni, Arne　ドレグニ、アルネ　121, 275
Draegni, Halvard
ドレグニ、ハルヴァルド　275, 276
Drury, Maurice O'Connor
ドゥルーリー　200, 238, 241, 265, 281, 310

E

Ebner-Eschenbach, Marie von
エブナー＝エッシェンバッハ
44, 62, 63, 212, 213
Einstein, Albert　アインシュタイン　40, 207
Emerson, Ralph Waldo　エマソン　95, 259
Engelmann, Ernestine
エンゲルマン、エルネスティーネ　242
Engelmann, Paul　エンゲルマン、パウル　70, 213, 230, 242, 243, 247, 271, 277, 310
Ernst, Paul　エルンスト　75, 246, 247

F

Ficker, Ludwig von　フィッカー
213, 215, 238
Frazer, James George, Sir　フレーザー　269
Frege, Gottlob　フレーゲ　202
Freiligrath, Ferdinand
フライリヒラート　251
Freud, Sigmund　フロイト　33, 38, 40, 44, 55, 113, 195, 196, 226, 227, 231

G

Geibel, Emanuel　ガイベル　251
Goethe, Johann Wolfgang　ゲーテ　198, 235
Grimm, Gebrüder　グリム兄弟
247
Groag, Heinrich　グロアク　242

H

Hamann, Johann Georg
ハーマン　66, 67, 235, 236
Hänsel, Ludwig　ヘンゼル　119, 120, 215, 230, 237, 238, 270, 273
Haydn, Joseph　ハイドン　87, 256
Herrmann, Rosalie
ヘールマン、ロザリー　83, 251
Hertz, Heinrich　ヘルツ　202

I

Ibsen, Henrik　イプセン　292, 315

J

Joachim, Joseph　ヨーアヒム
199
Johannes　ヨハネ　247, 296, 306

K

Keller, Gottfried　ケラー　61,

人名索引

人名索引には日記本文とコメンタールに登場する人名を収録した。ただしコメンタールで言及された二次文献の編著者名は除外した。数字は本書のページを示す。

［この人名索引はドイツ語原書の人名索引に基づいて作成されたものである。（訳者）］

A

Adam アダム 130, 283
Anzengruber, Ludwig アンツェングルーバー 248
Augustinus アウグスティヌス 67, 237, 238

B

Bachtin, Constance バフチン、コンスタンス 284
Bachtin, Michail M. バフチン、ミハイル 284
Bachtin, Nicholas バフチン、ニコラス 132, 284
Baumayer, Marie バウマイヤー 199
Beethoven, Ludwig van ベートーヴェン 33, 69, 86, 87, 195, 198, 212, 233, 241
Bolstad, Arne ボルスタッド、アルネ 276, 303
Bolstad, Halvard ボルスタッド、ハルヴァルド 303
Bolstad, Johannes ボルスタッド、ヨハネス 160, 303
Boltzmann, Ludwig ボルツマン 202
Brahms, Johannes ブラームス 34, 35, 61, 72, 73, 91, 198, 199, 212, 245, 258, 280, 281
Bruckner, Anton ブルックナー 34, 72, 73, 91, 92, 197, 198, 245
Busch, Wilhelm ブッシュ 251

C

Casals, Pablo カザルス 199
Chambrier, Benoît de シャンブリエ 192
Chamisso, Adelbert von シャミッソー 222
Chopin, Frédéric ショパン 212
Claudius, Matthias クラウディウス 84, 253
Cumae, Sybille von クーマイの巫女 83, 252

D

Dahn, Felix ダーン 251
Darwin, Charles ダーウィン 206
David ダヴィデ 148, 297

隠された意味へ

ウィトゲンシュタイン『哲学宗教日記』（MS 183）訳者解説

生きるとは恐ろしいほど真剣なことなのだ。[1]　一九三七年二月一三日

I

一、はじめに

この解説の目的

この日記を読む者は誰でも、著者がある深い内的な問題を抱え、それを日記・告白という自己省察的な方法を通じてありのままに暴き出すことによって解決しようとしているのだと感じるだろう。それは著者の生と哲学的活動にとって深刻な問題であり、その解決なしには

いずれについても一歩も先へ進めないようなものにちがいない、とも感じるだろう。そして、この日記が書かれた一九三〇―一九三七年という時期が、著者ウィトゲンシュタインの哲学的活動にとってどんな意味を持っているかを知る読者であれば、その問題が『論理哲学論考』(『論考』)という彼の第一の主著から『哲学探究』(『探究』)という第二の主著への、歴史的移行と深くかかわっているとも感じるだろう。だがその問題がいかなるものであるかについて、この日記は具体的な記述をまったく読者に提供していない。著者の臆病さや虚栄心をめぐる様々な心象風景の描写はこれでもかというほど次々と登場するものの、その背後でそれらを産み出している根源的問題が何なのかについて、読者は、終始霧の中に置かれたままである。それゆえ読者はそこに隠された意味の存在を感じざるを得ないのである。この解説の目的は、可能な限りの解像度でこの問題が何であるかを明らかにし、この日記の隠された意味を読み解くための手引きを提供することである。

分析の方法

以上の作業を次のような資料と分析方法を用いて進めたい。今述べたように、日記本文は根本的な問題についての直接的・具体的な手がかりを一切拒否しているのであるから、解明のとりあえずの糸口はその外部、すなわち日記と同時期かそれに先行する時期に書かれた(あるいは口述された)ウィトゲンシュタインのテキストで、内容的にこの日記の隠れた主題と関連すると考えられるものに求めざるを得ない。それらの中で、この解説の分析の手がかりとして利用したのは次の四種のテキストである。第一はこの日記とともに「コーダー遺稿」の一部として一九九三年にはじめて存在が知られるようになり、二〇〇四年にこの日記と同じハイモン社から出版された一九二二年一月一三日の日記の断片である（*Licht und Schatten*. Hrsg. von Ilse Somavilla, Innsbruck: Haymon-Verlag, 2004, pp.20–21）。この断片に記述されているのは、本日記に記されているいくつかの特異な夢と宗教的体験の原型とも呼ぶべき出来事である。この出来事こそすべての出発点であったと言っても過言ではない。第二はこの日記が始まる直前の時期に執筆された二つの講演原稿、「論理形式について」（一九二九）と「倫理学講話」（一九二九）である（前者は大修館全集第一巻、後者は第五巻所収）。これらは『論考』という丹精こめて築き上げられた壮麗な構築物が、この時期に、その理論・実践両面において破綻しつつあったことを示している。第三は『ウィトゲンシュタインとウィーン学団』（全集第五巻所収）である。本日記第一部の期間、ウィトゲンシュタインは、学期中はケンブリッジ、休暇中はウィーンという生活パターンをくり返していたが、ウィーンにおける彼の重要な活動の一つがフリードリヒ・ヴァイスマンとモーリッツ・シュリックを始めとする少数のウィーン学団のメンバーとの会合であった。そこでは『論考』で示されたウィトゲンシュタインの思想について、論理・言語・数学・倫理・宗教といった様々な観点から相当踏み込んだウィトゲンシュタイン自身の叙述とそれに関する討議が行われた。『ウィトゲンシュタインとウィーン学団』はヴァイスマンによるその詳細な速記録に基づいたテキストである。これを本日記第一部と時間的に重ね合わせるとき、日記の隠されたさまざまな意味が浮かび上がってくる。とりわけ、『論考』という過去との関係がこの時期のウィトゲンシュタインにとっていかに大きな関心事であったかがわかるであろう。第四はこの日記と同時期のウィトゲンシュタインの他の手稿ノートに遺された宗教と倫理に関する考察で、フォン・ライト編『雑考』（邦訳：丘沢静也訳『反哲学的断章』）に収められている。それらは本日記第二部の記述を裏づけ、より厚みを加えるものである。

以上のテキストにより、我々は本日記の周りに、いわば解釈のための足場を築くことができる。それにより、一見すると一般的な観察に見える日記テキストが、ウィトゲンシュタインという人間の生活史と関心群の中に位置づけられることになり、新たな具体的意味を帯びてくる。こうして我々は日記本文を、日々の心象風景の描写の積み重ねとしてではなく、始まりと終わりを持った精神の一運動の記録として解釈することが可能となる。この解説で提示する解釈は、筆者が「スレッド・シークエンス法」(2)と名づける方法によるテキスト分析に基づいているが、分析の詳細には立ち入らず（そのためには何冊かの書物が必要となる）、その結果を、必要に応じてテキストを引用しながら、できるだけわかりやすく叙述したい。

先に結論のみを簡単に述べるなら、この分析によって明らかにされるのは、相互に関連した多数の主題（問題）が、相互作用をくり返しながら展開し、その結果、共同していくつもの不連続な生と思考のステージを形成しながら、全体としてはウィトゲンシュタインという人間の精神の自己生成・自己変革の運動プロセスとして時間の中に現れてゆく在り様そのものなのである。かかる内容と関連して本日記帳は、ウィトゲンシュタインのテキストとして次のようなユニークな特徴を持っている。すなわち、このプロセスの中での新たな精神のステージの出現の多くが、特異な夢の到来により告知されること、すなわちこうした精神の生成展開が意識的思考によってではなく、夢によってパンクチュエートされていることである。そしてこのように日記で展開される遍歴の具体的内容とは、ウィトゲンシュタインの精神が『論考』という自己の過去／原罪に正対し、それを直視し、自らの死と再生を通じて自らを浄め離し、それによって『探究』という清らかな次元を実現できる新たな精神へと自らが成ってゆく、困難な歩みそのものである。

この日記の特別な地位

日記の隠された意味そのものは、日記の内容分析によってしか明らかにすることはできないが、日記がウィトゲンシュタインの生涯と著作の中で持っている位置の特異さはいくつかの外的な状況証拠から既に明らかであり、その確認は分析の予備知識として決して無駄ではないだろう。第一に本日記帳（MS 183）はウィトゲンシュタインの膨大な遺稿の中での唯一の独立した日記専用の手稿ノートという特別な地位を占めている。彼の遺稿の中には数多くの日記的記述が存在するが、二つの例外を除くと、それらはすべて哲学的な考察の中に散在しているにすぎず、日記帳の体裁をなしていない。二つの例外とは第一次大戦中に記入されたいわゆる『秘密の日記』（MS 101, 102, 103）と本日記帳であるが、前者は各ノートの片側に哲学的考察、片側に日記的事項、という具合に記入されており、一冊のノートすべてが一連の日記的記述のために使用されているのはMS 183のみである。ここから、ウィトゲンシュタインが本日記帳にある特別な意図を込めたのではないかと想定することはそれほど的外れなことではないと思われる。

第二に本日記帳は「コーダー遺稿」の一部であり、それはウィトゲンシュタインがこのテキストに特別な個人的意味を認めていたことを示している。コーダー遺稿以外のウィトゲンシュタインの遺稿は、彼の遺言に従って、彼が生前遺稿管理人に指名した三人の弟子の手に委ねられた。彼ら三人はいずれも大学に身を置く学者であるから、このことは、ウィトゲンシュタインがそれらの遺稿が彼の哲学的業績としてアカデミックな世界で公になることを予想していたことを意味する。そしてそれらは事実そうした運命をたどった。他方ウィトゲンシュタインは姉グレーテルを介して一群のテキスト（『論考』のタイプ原稿、一九二二年の日記断片、「倫理学講話」の手書き原稿、本日記帳、『哲学探究』SS1–188の手書き最終原稿[3]）が旧友のルドルフ・コーダーの手に渡ることを明らかに意図していたように思われる（これら重要な五点のテキストを姉が自分の判断で他のテキストから分離してコーダーに委ねた、というのは極めて考えにくい）。

コーダーはウィトゲンシュタインが小学校教師時代に友人になった音楽教師であり、二人の文通がウィトゲンシュタインの死の直前まで続いたことからもわかるように、ウィトゲンシュタインにとって同僚でも弟子でもなく、なにより個人的な一人の友であった。このことはこれらのテキストが彼の哲学的業績の一部として学術的世界で公になることを、彼がどうしても避けようとしたことを意味している。言い換えるなら、これらのテキストの価値は、コーダーのような彼の最も親しい個人的友人のみが理解するであろうこと、そしてそうした人の手によってのみそれらが有意味に世にもたらされるだろうことをウィトゲンシュタインが予想していたことを意味している。一九九三年以降「コーダー遺稿」がたどりつつある運命は、ウィトゲンシュタインのこの予想がおおよそ正しかったことを示しているといえるだろう。そして、これら五点のテキストのいずれもが、これから述べようとするウィトゲンシュタインの魂の決定的な運動と深くかかわっていることを、我々はもはや偶然とみなすべきではないだろう。それこそがウィトゲンシュタインの意図したことなのであり、そうして残されたものこそ、彼が世界に遺した「決してしおれることのない薔薇」（本文二四三ページ参照、以下漢数字は日記原文のページを示す）だったと考えられるのである。

二、原罪としての『論考』について

精神の苦しみを振り払うのは、宗教を振り払うことである。　一九三七年二月二一日

『論考』がウィトゲンシュタインにとっての原罪であり、それを克服するためにこそ、この日記が書かれたのだという言葉に、おそらく多くの読者が驚き、いぶかしがられることと思

う。おそらく次のように考えられるのではなかろうか、「確かにウィトゲンシュタインは『論考』の内容の大部分を後に否定し、それによってはじめて『哲学探究』という第二の主著が成立した、しかしこのことが意味するのは『論考』の言語理論が理論として誤っていたということであり、『論考』が倫理的に誤っていたということではない」。しかし事はそれほど単純ではない。『論考』が罪であるという考えが決して荒唐無稽でないこと、そしてそれが罪でありうるのなら、一体どんな罪なのかについて簡単に述べたい。

ものを書き、それを公にするというのは一つの行為であり、その限りにおいて他のあらゆる行為と同様に倫理的な評価の対象となりうる。例えば、実生活とまったく関係を持たない抽象的な数学理論に関する本を著し出版するという行為でさえ、その理論の叙述が不誠実であったり、権力や権威におもねるために記述が歪曲されていたり、意図的な虚偽であるなら、それは罪と呼びうる様々な色彩を帯びることになる。このようにあらゆる著述行為は潜在的に、罪とも気高い行為ともなりうる可能性を持っているのであり、『論考』も決してその例外ではない。こうした意味での一個の著述行為として『論考』を見なおすとき、その表層に隠されがちな本質が明らかになるのである。

表面的に『論考』は、言語の論理的限界が何かを述べる言語哲学の書物であるかのように見える。しかし言語の限界を明らかにする『論考』の言語理論はこの書物の叙述の最終目的ではなく、別の最終的結論を導くための（あるいは、それに具体的内容を与えるための）手段に過ぎない。その最終的結論とは書物の文字通り最後に登場する、「話をするのが不可能なことについては、人は沈黙せねばならない」(『論考』7)、という「命題」である。より正確にいうならこれは事実を叙述する命題ではなく、人に沈黙を要請、あるいは強制する一つの命令、言葉の使用に関する倫理的命令であり、沈黙律と呼びうるものである。上述の『論考』の言語理論とは、この沈黙律において人が一体何について沈黙しなければならないかを示す手段として用いられているのである。そしてこの理論が、それについて有意味には語りえないとしているものとは、世界の「外部」にあり、世界と世界の出来事に意味を与え、すべての価値の源泉である存在としての「神」である。[4] つまり『論考』とはこうした存在としての「神」について我々が沈黙することを命じている書物なのである。

それゆえ『論考』全体を一個の著述行為としてみるなら、それは沈黙律を唯一の教説とする公の宗教的行為に他ならないのである。それゆえ『論考』が犯しうる罪とは、公の宗教行為に降りかかりうる罪であり、今の場合それは虚偽と偽善のいずれかである。もしウィトゲンシュタインが『論考』で沈黙律を説き、他方で自身が「神」に関する言辞を弄していたなら、『論考』はあからさまな虚偽の罪を犯していることになるが、この点に関して『論考』とウィトゲンシュタインは潔白であり、「神」について可能な限り沈黙を守っている。従って『論考』が犯しうる唯一の罪とは偽善である。この場合、偽善といっても、内心は悪意を抱きながら、表面的に善を装うことではなく、イエスが次のように戒めているものである、「また祈る時には、偽善者たちのようにするな。彼らは人に見せようとして、会堂や大通りのつじに立って祈ることを好む[5]」。すなわちそれは、他人に見られたくて、他人に褒められたくて善を為すこととしての偽善、道徳的虚栄心に駆られて善を演じることとしての偽善、道徳的役者となることとしての偽善である。

『論考』とそれに続く山村の小中学校教師としての隠遁生活において、ウィトゲンシュタインは沈黙律を守った。それは後に彼自身が「倫理学講話」で明らかにしているように、強い宗教的言語衝動との戦いであったに相違なく、断食にも比すべき禁欲的行為であったに違いない。問題はウィトゲンシュタインがそうした禁欲的行為をそれ自身の正しさのゆえに行ったのか、それともそうした行為を行う自己の正しさを他人に知られたくて行ったのかということである。確かに彼は、他の多くの者が神や善について無駄な言葉を弄している時代にあって、それについて沈黙を守るという孤高の存在であった。しかしそれが、孤高の存在であることを知られたくて、孤高の存在として崇敬されたくて演じられたものなら、彼の全行為は偽善の罪に染まっていたことになる。何の痕跡も残さず、誰にも知られることなく、世界の片隅で沈黙律を守り通すこともできたのであるから（きわめて困難なことではあろうが）、『論考』という書物の存在自体が偽善の可能性を示唆しているのである。加えて『論考』の文体には、「この書物で伝達される思想が真理であることは不可侵で決定的である、と私には思われる」という「序文」の言葉が象徴する知的な傲慢さが存在している。もし『論考』の奥底に偽善的精神が存在していたのだとすれば、こうした傲慢さや、それと表裏一体となった『論考』独特の高踏的なアフォリズムという文体も、偽善が生み出す道徳的優越感の反映として、より良く理解できることになるだろう。[6]

しかし外部からは決定的なことは決して知りえない。誰かが大通りで祈っている場合、人に知られたいためにそこで祈っているのか、突然どうしても祈りたくなった場所がたまたま大通りであったのか、わからないからである。しかしそれは当人には何らかの形で必ずわかることである。そうした偽善の自己認識は、長い間意識の奥深くに埋もれたままになることもあろう。しかしいずれそれは外にでることを要求し、意識の壁を食い破り、意識の存在自体を脅かすことになる。これこそウィトゲンシュタインに起こったことであり、この日記の始まりとなったものだと考えられる。

三、ウィトゲンシュタインにとっての日記の必要性と必然性

お前が何なのかを暴き出せ。　一九三一年一〇月一二日

自己欺瞞のベールとしての『論考』

「神」について気高い沈黙を守りつつ、山村の子供たちに教えながらつつましく敬虔に生きる、ただし自分がかくも気高く敬虔であることを人に知らせるためにそのように生きる、こうした行為は喜劇以外の何ものでもなく、それと知りつつそのように行う者はいない。こうした行為の全貌・ありのままの姿がベールによって当人の意識から隠されている場合にのみ

人はこのように振る舞いうる、それが本当に善き行為だと信じて。偽善の本当の姿を本人の意識から覆い隠すこのベールが自己欺瞞である。こうした覆い隠しのベールがベールとして機能するのは、それが覆い隠しのベールだと当人にはわからない場合のみである。従ってこのベールは、嘘や強弁という単純な形ではなく、精緻で複雑な「理論」や「説明」という形を必ずとる。単純な言い逃れによって人は、他人はともかくとして、自分を欺くことは決してできないが、言い逃れが巨大な理論や説明に成長するとき、人は自分を欺きうるのである。ウィトゲンシュタインの場合、『論考』で展開された「理論」と「説明」の体系こそがこうした自己を欺くためのベールであったと考えられる。『探究』以降、彼はいかなる「理論」と「説明」に身をゆだねることをも厳しく拒否するに至るが、それは『論考』の持つ自己欺瞞性の悲劇的認識の結果だと考えられる。「説明しないこと！——記述すること！」（一八三ページ）というこの日記の言葉はそうした劇的認識の瞬間の記録ともいえよう。

一九二二年一月の夢による罪の告知

いずれにしても天才が六年余りの歳月と全エネルギーを注ぎ込んだ『論考』という精緻で壮麗なベールの持つ力は明らかに絶大であった。それは著者ばかりか今日に至るまで、大半の読者を欺き続けてきた。それゆえ、このベールを解体し、自己欺瞞の壁を乗り越えて、根底に潜む偽善という『論考』の罪の存在を自発的に知るに至るのは、ウィトゲンシュタインには不可能であった。罪の存在は意識の奥底から、夢と不安によって告知されるのである。

この告知体験の記録が一九二二年一月一三日付けの日記断片である。日記は次のような夢の記述から始まる。

昨夜特別な体験をした。それは次のように始まった。姉のミニングが何かの機会に（何だったかは憶えていない）私の精神性について、私を喜ばせるような発言をした、という夢を見た（彼女は私を褒める意味で、「まさに人はそこに精神の違いを見るのよ」というようなことを言った）。私は、姉が私より低く評価した人々を擁護することによって自分が特別扱いされるのを拒んだのだが、その実、このお世辞と自分の精神が高貴だと広く認められていることに喜んだ。（*Licht und Schatten.* Hrsg. von Ilse Somavilla, Innsbruck: Haymon-Verlag, 2004, p.20、筆者訳）

ここで目が覚めたウィトゲンシュタインは自分の「虚栄心と卑劣さ」を恥じ、後悔の念とともに十字を切った。起き上がり、ひざまずいてそうすべきだと思ったものの、面倒なのでベッドの中で十字を切った。その時突然、今起き上がるよう神が要求していて、それにそむくなら自分からすべてが奪われ、自分の生が無意味になってしまうという思いに彼はとらわれた。これは幻覚だ、と自分に説明しようとしたものの、もしこれが幻覚なら、自分の宗教をも幻覚と説明し、自分の生の意味を否定しなければならなくなることを悟り、彼はベッドから立ちあがり、鏡をのぞきこんだ。そこに映った自分の顔の恐ろしさのあまりに目を覆った彼は、さらにどんな命令が来るかもしれないという恐怖に駆られ、再びベッドに逃げ込んだ。しかし、「夢の中で自分の全状態が意識に対して明らかになり、もっとも恐るべき事を自分が負わなければならなくなる」のが怖くて彼はしばらく眠れなかった。日記は次の言葉で終わる。

上で述べたように、昨夜自分が完全に無であることがわかってしまった。それを私に示すように神が思し召したのだ。その間中ずっと私はキルケゴールについて考えていた。私の状態が「恐れとおののき」なのだと思った。（同書、p.21、筆者訳）

この夜の体験によって彼は、自分には罪の負債があり、それが支払われない限り自分に救いはないことを認識したはずである。「自分が完全に無であることがわかる」とはそういう意味でなければならない。それが具体的にどのような罪なのかは、姉との無邪気な会話のアレゴリーが間接的に示しているにすぎない。そこで彼が行ったのは、謙遜しながらも褒め言葉に喜ぶ、という罪とも呼べない他愛のないものであるが、そこで示された「虚栄心の充足の喜び」と「欺きのやましさ」という気分が罪のありかを示している。

この罪が具体的に彼のどの行為にかかわるものかに関しては、一九二二年一月一三日という日付が重要な意味を持ってくる。一九一九年秋、ウィトゲンシュタインは『論考』を出版しようとしたが、出版社探しは難航した。ようやく一九二二年一一月になって、『論考』はドイツ語のある雑誌に掲載されるとともに、英国の名の通った出版社から英訳が出ることが決定した。夢で体験された「虚栄心の充足の喜び」とはこの『論考』出版の喜びと深く結びついていたと考えられる。従ってこの段階で、『論考』と虚栄心と欺きにかかわる罪が、自分のどこかに潜んでいることをウィトゲンシュタインは悟ったと言えるだろう。しかし罪を負った「自分の全状態が意識に対して明らかになる」ことには、彼はこの時いまだ耐えられず、自分の罪を暴き出し、それに向き合うことからは逃げ出した、というのがこの日の体験の結末だったのである。

日記による自己解剖の必然性

こうした体験が残したものは、本人が自分の真の姿を直視し、みずから罪の負債を支払うまでは、決して消えることはないだろう。そしてそのためにまず必要なのは、自分の真の姿を自らの目から覆い隠しているベールとしての『論考』を、解体することである。山村からウィーンに戻って数年後の一九二九年にウィトゲンシュタインが再びケンブリッジを訪れた真の目的とは、実はこのことではなかったかとすら想像できるのである。事実、この年彼は『論考』の理論と実践の両面について、決定的な解体作業を開始する、しかもいずれに関しても公の場での「講演」という形によって。理論面に関して言えば、『論考』の言語理論の重要な柱である「要素命題の独立性」というテーゼを否定する論文「論理形式について」を、一九二九年七月のアリストテレス協会とマインド協会の講演のために執筆している。結局その講演において彼は別の内容を話したが、一九二九年一二月二五日のヴァイスマンらとの会合においては、このテーゼを明確に否定している（『ウィーン学団』p.91参照）。他方『論考』の実践面については、一一月の異教徒協会での講演「倫理学講話」において、沈黙律の実質的な撤回とも言える発言をしている。そこで彼は倫理的・宗教的表現が無意味であることを認める一方で、そうした無意味な表現をあえて使用し、世界を超え行こうとする傾向が、すなわち「言語の限界にさからって進む」傾向が人間のうちに、そしてウィトゲンシュタイン自身のうちにあることを言明し、次のような言葉で講演を締めくくっている。「しかし、それ［倫理的・宗教的表現を用いた文書］は人間の精神に潜む傾向をしるした文書であり、私は個人的にはこの傾向に深く敬意を払わざるを得ませんし、また、生涯にわたって、私はそれをあざけるようなことはしないでしょう」（同書、p.394）。つまりこの時点での彼の実践的結論はもはや「語りえぬことについては沈黙せねばならない」ではなく、「語りえぬことをあえて語ろうとする者をあざけってはならない」となっていたのである。

こうしてみると、なぜこのまま『論考』の解体をウィトゲンシュタインは継続できなかったのかが不思議に思えてくるだろう。もしそうできたなら、彼がすべきは単に過去の自分の書物の誤りを正すことであり、罪がどうした、という話は生じなかったはずである。しかし現実に事はそのように運ばなかった。『論考』の解体の前に、彼はまず日記を著し、自己解剖に着手しなければならなかったのである。その理由は一つしかありえないだろう。ウィトゲンシュタインにとって『論考』という書物は、一つの対象として操作できるものではなかったのである。それは彼自身と不可分であり、彼自身であり、彼の奥深くに『論考』自己と呼ぶべきものが存在していたがゆえに、自分自身を解体することなしには『論考』の解体はありえなかったのである。そして『論考』自己の深部が罪に汚されているため、自己の罪からの浄化なしには、『論考』の解体も、それにかわる『哲学探究』の成立もありえなかったのである。『論考』から『探究』への移行が哲学上の理論的行為ではなく、自己の生にかかわる宗教・倫理的行為であったという法外な事態がこうして成立する。『哲学宗教日記』とは、この宗教・倫理的行為の記録にほかならない。「いくばくかの勇気なしには、一度たりとも人は自分自身に関するまともな考察を書くことはできない」という日記冒頭の言葉は、こうした背景の中に置かれるときにはじめて、その真の意味、隠された意味を明らかにするのである。

II

四、精神のステージと夢

睡眠中に、人が遠くや近くに旅することができる思考の空間が存在する。そして目覚める時、大小さまざまの距離から人は帰還するのだ。　一九三二年一月二八日

この日記でウィトゲンシュタインの精神は、自分の奥底に隠された罪の自己を暴き出し、それと一体となり、それとともに死に、そして新たに生まれ変わるという長く困難な道を遍歴する。この過程は、一様に、連続的に進行するのでなく、精神のある状態から別の新しい状態へと不連続で不可逆的な飛躍をくり返しながら進んでゆく。こうした不可逆的な状態をここでは精神のステージと呼ぼう。日記の第一部、第二部はともに三つのステージからなっている。以下これらのステージを順にたどりながら、ウィトゲンシュタインの精神の軌跡のあらましを述べたい。

精神のあるステージから別のステージへのこうした移行・飛躍は、意識的な思考や決断によって為されることは決してない。なぜならそうした意識的行為は、同一のステージ内においてのみ意味を持つ精神作用だからである。新たなステージは常に向こうから訪れる。そしてこの日記にあっては、しばしば夢や特異な宗教体験によって訪れが告知される。ウィトゲンシュタインはこの日記に八つの夢を記録している。それらはウィトゲンシュタインの精神の状態や変化を象徴的に示していると考えられるが、ほとんどの夢において二人の人物、あるいは存在が登場するという事実が、これらの夢の隠された意味への鍵を握っているように思われる。すなわちこれら二つの存在とはウィトゲンシュタインの現在の自己と、『論考』自己と呼ぶべき過去の自己を象徴的に表していると考えられるのである。そしてそれぞれの夢が、あるステージでの二つの自己の関係や、関係の変化を寓意的・象徴的に表しているのだと考えるとき、八つの夢は相互に無関係なエピソードではなく、一貫した意味を持つ一つの物語として理解可能となるのである。以下に八つの夢を表にまとめておこう。

日記に登場する八つの夢

日付	ページ	表題[7]
一九三〇年四月二七日	五—六	ラバの夢
一九三一年一〇月一二日	九三—九四	戦慄の夢

一九三一年一一月一五日	一二六―一二九	電気椅子の夢
一九三二年一月二八日	一三七―一三八	混合bの夢
一九三七年一月二八日	一五五―一五七	種子の夢
一九三七年二月九日	一六四―一六五	熱気球の夢
一九三七年二月二三日	一九七	シューベルト歌曲の夢
一九三七年四月一一日	二三五	哲学の議論の夢

五、日記第一部：絶望の自己認識への道

自叙伝について、それは劫罰を受けた者が地獄から書いているのだ、と言えるだろう。
一九三一年一〇月一二日

ラバの夢と精神の第一ステージ

日記第一部の精神の第一ステージは「検査官」と呼ばれるラバの夢によって開始される。明らかに『論考』自己を象徴するラバを巡るこの夢は、この時点でのウィトゲンシュタインの現在自己（「私」）と『論考』との関係について、二つのことを示している。第一に、「私」がラバを「検査官」と呼び、「反抗的」とみなし、「壁に頭をぶつけておとなしく」なること

を願っている、ことに示されるように、厳格で理想主義的で禁欲的な『論考』という書物の精神を、ウィトゲンシュタインの現在自己（「私」）は困ったもの、何とかすべきもの、と考えている。他方でそうした『論考』自己は、「私」が世話をする「ラバ」として表現され、『論考』自己が自分の一部であるという真の姿は、現在自己すなわち「私」の目から隠されたままである。こうした夢が告知する精神のステージの本質とは、自己の深部に隠れた問題を何とかしたいと考えながらも、自らのベールによって問題を見ることを妨げられている精神のあり方である。より具体的に言うなら、第一ステージにおいてウィトゲンシュタインは、自己の虚栄心（一五―一六ページ：一九三〇年五月二日、八五ページ：一九三一年五月六日）、才能のなさ（三二ページ：一九三〇年五月二六日）、社会性の欠如（四二―四五ページ：一九三〇年一〇月七日）、思考力の弱さ（六五ページ：一九三一年二月八日）、等さまざまな自己暴露・自己批判を試みている。しかし、それらはすべて自分の性格上の欠点の暴露であり、自己を保存しつつも改善可能な問題にすぎない。過去に自分が行ったある具体的行為の持つ罪、というものは完全に「私」の視野からは外れている。自己の罪性と罪の自己性は「私」の視野から巧みに隠されている。自己そのものが問題であることを見ず、すべてを対象の問題だと見ようとするウィトゲンシュタインのこの自己解剖は、それゆえ常にどこかでベールにぶつかるのである。

第一ステージ末尾の次の言葉は、このステージの精神のもっとも正直な告白だと見なせよう。

私の自己認識の仕方は次のようなものである。いくつかのベールが私を覆っている場合、まだ私ははっきりと見ることができる、つまりベールを。しかしそのベールが取り除かれ、自分の視線をもっと自分に近づけられるようになると、自分の像が自分にとってぼやけ始めるのだ。（九〇―九一ページ：一九三一年五月六日）

ウィトゲンシュタイン自身には決して取りのぞき得ないこのベールを暴力的に剝ぎ取り、現在の彼の本当の姿を彼自身に突きつけるのが戦慄の夢である。

戦慄の夢と精神の第二ステージ

この日記に登場する夢の中でもっとも力強い戦慄の夢は、一九二二年一月の夢体験ときわめて似通った気分と内容を持っている。一九二二年にウィトゲンシュタインが夢から覚めた直後に体験したこと、すなわち精神の無化あるいは道徳的死が(8)、ここでは夢の中で地獄の戦慄として体験される。夢の中とはいえ、「たとえ人が夢の中で地獄を体験し、その後目覚めるのだとしても、地獄はやはり存在しているのだろう」（九四―九五ページ：一九三一年一〇月一二日）という日記の言葉どおり、それは本当の精神的死として、地獄として体験される。しかもこの夢でウィトゲンシュタインはこの死を同時に別の「誰か」、すなわち『論考』という書物つまり対象の死として体験する。こうして、解決されるべきなのが『論考』という書物つまり対象の持つ誤りではなく、その書物を著した精神という、「私」と不可分なもう一つの自己の犯した罪なのだということが明らかとなる。「確かにお前はひとかどの者だ」「だが負債は支払われなければならない」(九三ページ：同日)という巫女風の老女の言葉がもたらした認識とは、こうしたものであったに違いない。

夢がもたらした認識はすべてを一変させる。今まで厚いベールに隠されていた自分の真の姿、虚栄心と偽善と自己欺瞞にまみれた自己の真の姿が、ウィトゲンシュタインの精神の目の前に否応なく突きつけられる。それは一九二二年に部屋の鏡で見た自分の顔、恐ろしさのあまり目を覆った自分の顔そのものである。地獄とは自分の本当の姿から目を背けられないということに他ならない。そしてウィトゲンシュタインは、まずスピノザとの対話を通じ、自分が認識しなければならないのが自己の罪性であることを自認するに至るが、同時に罪にまみれた自分の真の姿を認識するという苦痛に満ちた行為を行う勇気がないことも自認する(九六ページ：同日、一〇二ページ：一九三一年一〇月一三日)。さらに日記の次の言葉が示すように、ウィトゲンシュタインは今度はキルケゴールとの対話を通じ、自分の精神の問題が(すなわち根本的な罪が)、精神の舞台で善を演じようとすること、誰かに見られるために善を行うこと、すなわち偽善にあることを自認するに至る。

私が、いわば、魂の中の劇場で(キルケゴール)演じていることとは、魂の状態をより美しくするのではなく、(むしろ)より忌むべきものにする。それなのに私は繰り返し何度も、舞台の美しい場面を通じて魂の状態をより美しくしているのだと信じてしまう。(一

〇二一―一〇三ページ：一九三一年一〇月一三日）

しかしながら自己の偽善のこうした暴露、自己批判的な自己認識は、自己を偽善の罪から救うことはできない。なぜなら自己批判が鋭ければ鋭いほど、深ければ深いほど、そうした困難な精神的作業を遂行したことが、自己の虚栄心を満足させるあらたな材料となるからである。もっとも深く鋭く自己を批判した自己は、もっとも反省的で、もっとも自覚的な精神という栄光を手にするのである。このようにすべての謙遜と自己批判を偽善的自己卑下へと転化させるメカニズムが、偽善の中には存在している。「あるいは最高の方法としては、真実をまったく率直に語ることによって嘘をつくことができる」（一一四ページ：一九三一年一〇月三一日）といった言葉や、（ドストエフスキーに関連した）すべての砦を明け渡してもなお安泰である臆病さ（他人の批判を恐れる道徳的臆病さ）に関する考察（一一五ページ：一九三一年一一月二日）は、こうした根源的偽善のメカニズムとしての偽善的自己卑下について語られたものであると考えられる。

自己の栄光を求める自尊心と虚栄心に根ざした根源的偽善という精神性は、そこから抜け出そうとするあらゆる努力が、その状態をさらに強化するという構造を持っており、その意味で絶望そのものである。こうした絶望を終わらせるには、誇りある自己を解体し、「誇るものは主を誇るべきである」[9]という聖書の言葉に従う以外はないだろう。絶望を終わらせる方法とは、「手足の骨を折（り、以前関節がなかったところに関節を作）ることである」（一二〇ページ：一九三一年一一月七日）と語るこの時期のウィトゲンシュタインは、明らかに自己の絶望を直視していたのである。しかし自己の絶望的な姿を直視しながらも、それを言葉にして自己に突きつける勇気はウィトゲンシュタインにはなかった。自己の罪性を認め、負債を引き受ける勇気が未だなかった。道徳的虚栄心とは道徳的臆病さである。「罪を負った良心は簡単に告白できよう。虚栄心の強い人間は告白できないのだ」（一一六ページ：一九三二年一一月二日）という言葉は、自己の姿に言葉なくおののいているそうした状態のきわめて正直な描写であろう。

電気椅子の夢と精神の第三ステージ

このように自己という深淵のどん底に降り立ち、そこでひたすら恐れおののいているウィトゲンシュタインの精神に、救いの可能性と条件を告知したのが電気椅子の夢である。この夢において『論考』自己は「私」の集金先である「役人」によって表現されている。夢の前半、「役人」が「私」の請求書を受け取り、暗黙のうちに支払いに同意するという象徴行為は、ウィトゲンシュタインが『論考』という問題を、自己の負債の支払いとして、自己の罪の贖い、すなわち自己の解体として解決しようと決意しつつあることを示している。この決意によってウィトゲンシュタインが自分を過去から解放し始めることを夢は暗示している。すなわち、夢の後半においてウィトゲンシュタインは「役人」（過去としての『論考』）に拘束され、電気椅子で死刑に処せられるように見えるが、実は（小指を除いては）まったく拘束されておらず、自由であることが判明するのは、そのことの寓話的表現に他ならないだろう。

『論考』を自分の罪・負債として引き受ける決意はすべてを一変させ、ウィトゲンシュタインの精神にとってすべては今や明瞭となり、すべてが言葉によって自認されるようになる。『論考』という罪の自分に対する告白・自認の条件はこの段階でほぼ整う。まず、自分と自分の業績（『論考』）の一体性が、「お前が成し遂げたもの、それは他人にとってお前自身以上のものではありえない」（一三〇ページ：一九三一年一一月一五日）、とか「お前が費やしただけのものは、それらが支払うだろう」（一三〇ページ：同日）という言葉で自認される。さらに、具体的な過去の出来事としての自分の罪の存在が、「今それらのことを思い出しているということが［罪の存在の］私にとっての証拠であり」（一三三ページ：同日）という言葉によって自認される。しかしこれらの罪が具体的にいかなる行為なのかは、日記において明かされることはない。そして一九三六―三七年の家族・友人への告白においても、知られている限りは『論考』に関する告白は伝えられていない。しかし彼自身の魂とこれほど距離が近く、これほど不可分で、それゆえ書き記すことすらできなかった行為とは、彼のすべてが込められたこの書物に関するもの以外には考えられないのである。

このようにして自分自身の罪が自分に対して認められたことにより、他者に対する告白の基本条件も同時に整うことになる。さらにこの時期、自分が偽善的自己卑下の終わりなき反復の中にあること、すなわち絶望の中にあることが、「私の自己叱責的な考察の中で、それでもやはり自分の欠点を自分で見つめるのは素晴らしいことだ、という感覚をまったく抜きにして書かれているものは、ほとんど一つとして無い」（一三六ページ：一九三二年一月一二日）という言葉によって自認される。こうして第三ステージにおいて、自己の罪と絶望、そしてそこから抜け出る方法、すべてがウィトゲンシュタイン自身に明らかとなったと考えられる。しかしその実行、即ち自己の誇りを解体し、新しい自己へと生まれ変わること、それはとりわけウィトゲンシュタインのような精神にはこのうえなく困難な業であったに違いない。ウィトゲンシュタインにとってばかりではない、自己の尊厳という空気の中で育ったすべての者にとって、それはこのうえなく困難な業なのである。「舞台に立っている限り、何をしようとも人は役者にすぎないのだ」（一三〇―一三一ページ：一九三二年一一月一五日）というこの時期のウィトゲンシュタインの言葉は、偽善すなわち善を演じることとの罪性を認識しながらも、なお舞台から降りることのできない者の苦悩を表現している。ウィトゲンシュタインという精神が、曲がりくねった道をたどりながら、この困難な業を実行してゆく過程が日記の第二部である。

『論考』の解体の始まり

『論考』を自らの罪として引き受け、それを贖う決意をするとは、それを自分から切り離せるようになること、すなわち真の意味で対象化できるようになることを意味する。それだからこそ『論考』の本格的解体は、一九三一年一一月一五日の電気椅子の夢によって開始され、その後急速に進行していったのだと考えられる。一見、突拍子もないとも思えるこの想定は、当時のウィトゲンシュタインの行動とテキストによって驚くほど裏付けられている。第一にこの夢と同じ一一月一五日、ウィトゲンシュタインは手稿ノート（MS 112, pp.93v–96r）において、言語の使用を定まった規則に則った計算のごときものと見る見方の批判をはじめて展開しているが、この批判は『哲学探究』の重要な柱（同書§81参照）となるものであり、『論考』の立場からの決定的な離脱である。さらに日記第一部が終了して間もない一九三二年二―三月にかけて、彼の手稿ノートには、論理法則自体が人間の自然史の産物であるという新しい見解を示すテキストと、言語ゲームという概念がはじめて登場するテキストが相次いで現れる。これらはいずれも『論考』から『探究』への巨大な理論的変遷にとっての決定的なステップである。[10] このように『論考』から『探究』への理論上の移行の鍵となるアイデアは、電気椅子の夢からわずか数ヵ月の間に一挙に生まれているのである。『論考』の理論的側面の解体はこの後急速に進み、『茶色本』（一九三五）においてほぼ完了する。同時に、こうした推移の一環として、ウィトゲンシュタインは一九三一年一二月九日にウィーンでヴァイスマンらに対して、『論考』の根本精神の誤りの告白[11]とも呼べることを行っている（『ウィーン学団』pp.261–263）。すなわち彼は、『論考』理論の個々の問題点についてではなく、「私の本全体を貫いている」誤りについて語っている。その誤りとは、答えの存在しない問いに対して、いずれ答えが存在する問いであるかのように振る舞ったことであり、要素命題が何か、を見出そうとしたのはまさにそうした誤りにほかならない、と彼は述べている

(同書、pp.261–262)。この事実は、この時期にすでにウィトゲンシュタインが、公然と自らを『論考』の根本精神と切り離して提示できる段階、すなわち精神の第三ステージに到達していたことを示している。そしてこの会合の後、それまで続けられていた『論考』の改訂版をヴァイスマンとの共著で著すという計画は頓挫する。すでに第三ステージにあったウィトゲンシュタインにとって、そうした計画はもはやまったく無意味だったのである。

六、日記第二部：信仰と新約への道

孤独を求めてノルウェーに来たことを神に感謝します！　一九三七年二月二〇日

自己のありのままの姿を求めた苦闘の結果、ウィトゲンシュタインは、そこから抜け出ようとするあらゆる努力が自分自身の虚栄心によって偽善へと変造されてしまうという絶望的状況に自分がいることを認識した。そこから抜け出る唯一の方法とは、誇りある自己という「骨」を折り、そこに新たな「関節」、つまり新たな自己を創造することであった。この困難な営みの実行をウィトゲンシュタインが決意したのは、『哲学探究』の執筆が完全に行き詰まった一九三六年一一月のことである。[12] この営みは、まず友人、家族への告白という作業から着手された（一四二一一四四ページ：一九三六年一一月一九—二二日）。これまで大きな謎であったこの告白が、実はウィトゲンシュタインの決定的な宗教体験の終点ではなく、その始点であったという驚くべき事実をこの日記は明かしている。すなわち一九三六年のクリスマスから一九三七年一月にかけて、家族と友人への告白（ただし前述のように、その内容が『論考』に関わるものであったという証拠は存在しない）を終えた後[13]、彼は再び単身でノルウェーに向かったのである。厳冬のノルウェーでの孤独を求めてまで彼が引き受けようとした課題とは、誇りある自己の破壊と新たな自己としての再生であった（「おまえの誇りという建物は取り壊されるべきだ。それは恐るべき大仕事である」、MS 157a, p.57r: 1937. 2. 9、『反哲学的断章』p.81）。それは、別の角度から見れば、ウィトゲンシュタインの精神が「信仰」という特別な状態へと入ってゆくこと、あるいはそうした状態が彼の精神に訪れることであった。それは彼の宗教の歩みにほかならなかった。そして『哲学探究』という記念碑的著作は、この宗教の歩みの結果としてのみ生み出されたのである。これこそが日記が我々に与える最大の驚きである。日記第二部とはこうした彼の宗教の歩みと『探究』生誕の忠実な記録である。

この宗教の歩みは彼がウィーンとケンブリッジでの告白を終えてノルウェーへと向かう一九三七年一月二七日の記入（一四八ページ）から本格的に開始されるが、その全体は彼が直面していた信仰の内容に応じて二つに分けることができる。第一の歩みは彼の精神が狭義における「信仰」へと到達する道のりであり、二月一九日（一八五ページ）まで続く。第二はそれに引き続いて彼が「新約の教え」あるいは「キリスト教の信仰」と否応なく向き合い、悩み、ついに彼独自の解釈の下でその信仰へと入ってゆく過程であり、二月二〇日（一八五ページ）から四月一一日（二三六ページ）まで続く。以下において、これら二つの歩みを概観しよう。

第一の歩み：信仰への道

一九三七年一月二七日の日記には「信仰（Glauben）」と呼ばれる「ある心の状態」（一五〇ページ）が登場する。それはその後、日記第二部全般においてきわめて重要な役割を果たすものである。それは聖書というテキストに対するある態度であり、ウィトゲンシュタインが「倫理的な教えだけではなく、歴史的な教義をも含んでいる」（一四九ページ：一九三七年一月二七日）と言うように、「神が世界を創造した」、「隣人を愛せ」、「イエスがカナの婚礼で水をワインに変える奇跡を行った」、「キリストは自らの命を犠牲にして人間を罪から救い出した」、といったさまざまな「教え」に対するある態度である。ウィトゲンシュタインにとっての宗教の歩みとは、これらのそれぞれに対して向き合い、それが自分の生に対して持っている意味について考え、それを信じることによって自分が負うべき責務について考え・悩み・覚悟し、ついにはそれに対して「信仰」という態度を取るに至る過程であった。

「信仰」とはこれらの教えの事実性や倫理的妥当性を「信じる」ことではあるが、通常我々が何かを事実だと信じる場合の「信じる」とは異なった態度であり、単に我々の知性のみならず、我々の全存在を巻き込んだ生の根本的態度である（「そしてこれは見解ではない――

確信でもない、それは事物と出来事に対するある態度なのだ」二一六ページ：一九三七年三月一五日）。しかもそれは根本的に倫理的なある態度であり、我々の倫理性を規定するものであるとともに、現に我々が持つ倫理性のみが「信仰」という態度を我々に与えることができる（「復活や審判を信じるよう私に命じられるのは書かれたものではなく、ただ良心のみなのである。確からしい何事かとしてでなく、別の意味で信じるように命じるのはただ良心のみなのである」一四九ページ：一九三七年一月二七日）。それゆえ未だ来たらぬ信仰への道とは、自らの倫理性を高める道なのである。このように『論考』期から認められた倫理と宗教の一体性⒁というウィトゲンシュタインの思想の特徴は、ここに来てよりはっきりとしてくる。

信仰という態度を模索するウィトゲンシュタインにとって、聖書に存在するさまざまな教えは究極的に、「神が世界を創造した」と「キリストは自らの命を犠牲にして人間を罪から救い出した」という二つの教えに収斂する。ウィトゲンシュタインは前者への信仰を単に「信仰」と、後者への信仰を「キリスト教の信仰」と呼ぶ（例えば「本当のキリスト教の信仰を——信仰をではない——まだ私は全く理解していない」（一九〇ページ：一九三七年二月二〇日）という言葉を参照）。前者がウィトゲンシュタインにとっての狭義の「信仰」であり、前後者を併せたものが、彼にとっての広義の「信仰」である。こうした彼自身の言葉に従い、この解説では第一の道を単に「信仰への道」と、第二の道を「新約への道」と呼ぶ。

ウィトゲンシュタインにとって「神が世界を創造した」という教えを信じるとは、世界の起源に関する一つの説明としてそれを信じるということではない。なぜならそのように解された教えは自己の生き方と何の倫理的なかかわりも持たず、その意味で宗教ではなく、むしろ迷信と呼ぶべきものだからである（ウィトゲンシュタインの「迷信」概念については一九四ページ参照）。宗教としてとらえるなら、この教えの意味するのは「私は世界の一部として神によって造られた」ということでなければならず、さらにそれは「私を所有し、支配するのは私自身ではなく、世界を創造した存在である神だ」を意味し、それは「私の存在は完全に神に依存し、私の存在と私のすべての持ち物は神の恵みであり、神に由来し、いつ再び奪い去られても何の不思議も無い」を意味する。そうであるからこそウィトゲンシュタインにとって信仰を自らに要求するとは、次のように自らに命じることであったのである、「神はいつでもお前からすべてを要求できると信じよ！　そのことを真に意識せよ！　それから、神がお前に生の賜物を与えてくださるよう請い願え！」（一七四ページ：一九三七年二月一六日）。こうして明らかになるのは、信仰とは、第一部で絶望の唯一の解決法としてウィトゲンシュタインが見出したもの、すなわち誇りある自己の解体以外の何ものでもないということである。従って当然ながら信仰への道はウィトゲンシュタインにとって困難な苦しい道であり、信仰は当初彼にとって闇のかなたにあった（「この信仰についてお前は今まったく何も知らない。それはお前が何も知らないある心の状態であり、お前の良心がそれをお前に対して明らかにするまでは、お前と何の関係もないある心の状態である」一五〇ページ：一九三七年一月二七日）。

信仰が彼に訪れたのは、「セーターの命令」と呼ぶべき経験が彼に生じた二月一九日のことである（一七七―一八五ページ）。この日、彼は以前から人にあげようと思っていた古いセーターを、誰かにあげようと考えていた、すると突然、「新しいセーターもあげるべきだ」という「命令」が来て、彼はそれに対して憤った。なぜならこの命令は、彼の持ついかなるものもいつ取り上げられるかわからないということ、とりわけ現在、彼が心血を注いでいる「原稿」がいつ要求される（「燃やせ」という命令により）かもしれないことを象徴的に示しているからだ。こうして彼の目の前に、自分の全存在の絶対的依存性が自己の本当の姿として突きつけられる。この真理を否認することは、自分の存在の意味すべてを否認することである。このようにこの日の体験は、一九二二年一月の体験ときわめて似通った意味と内容を持っている。異なっているのはそれに対する彼の最終的態度である。苦しみ悩んだのち、彼はひざまずき祈るという象徴行為により自己をその本来の所有者に差し出し、自己の絶対的依存性を認めた。こうして信仰が彼に訪れ、啓かれた。

私に告白させてください。自分にとってつらい一日が終わった後、今日の夕食において私はひざまずき、祈りました、そして突然ひざまずいたままで上を見ながら、「ここには誰もいません」と言いました。その時、あたかも自分にとって大切なことがはっきりとしたかのように気分がよくなりました。（一八四ページ：一九三七年二月一九日）

日記帳に暗号体で書かれているこの言葉は、彼の行為が今や一切の他者の目から自由であること、それゆえ偽善から自由であることを願っている。「ここには誰もいません」とはそうした誓いと解釈できるだろう。

第二の歩み：新約への道

こうした信仰の訪れは、ウィトゲンシュタインの精神につかの間の休息すら与えず、続いて彼を新約の教えへと駆り立てていったように見える。というのもセーターの命令の翌日、彼は次のように書いているからである、「新約を読んでいるが、多くの本質的なことは理解できない、だがそれでも多くのことが理解できる」（二八六ページ：一九三七年二月二〇日）。ただここで「理解できない」というのは、意味がわからない、ということではなく、それを信仰することによって生じる倫理的責務を自分が背負いきれない、あるいは自分が背負いきれるような内容として解釈できない、という意味である。それゆえ日記第二部のウィトゲンシュタインにとって、新約とは難解なテキストではなく、むしろ恐ろしいテキストだったのである。同じ日、彼は次のように書いている。

「お前はそこまで新約にかかわり合いになるべきではない、そんなことをしたら頭がもっとおかしくなるぞ」、と人は私に言うことができよう。――しかし私がそうすべきでないのは、私自身が自分はそうすべきでない、と感じる場合のみである。もしある場所で重要なもの・真理を見ることができると自分が信じるなら、……そこで何が起きようともそこに入ってゆくべきであり、そこに入ってゆくことを避けるべきでない、と確かに自分は感じることができるのである。おそらく内部の光景は身の毛のよだつようなものであり、すぐさま走って外へ出たくなるだろう。だが私は身動きせず留まろうとすべきではないか？
（一八六―一八七ページ：一九三七年二月二〇日）

つまり新約への道においてウィトゲンシュタインを待ち構えていたのは、キリストの犠牲による人間の救済という事実が自分に対して持っている倫理的意味は何か、自分はそれを引き受けられるか、という問題であった。もしキリストの犠牲による人間全体の救済が事実であれば、自分も人類の一員としてそれによって罪から救い出されたことになる。したがって、彼が直面したこの問題とは、もしキリストの犠牲による救済が事実なら、自分はそれにふさわしくどのように生きるべきなのか、という問題にほかならない。少し後に彼は次のように書いている。

信仰という心の状態が人間を幸せにできるということを理解している、と私は信じる。というのも、もし人が心の底から、自分のために完全な者が自らを捧げ、自らの命を犠牲とし、それによって、始まりから自分を神と和解させてくれたのであり、それだから今から自分はこの犠牲にふさわしいようにのみ生き続けるべきである、と信じるのなら、それはその人間全体を高貴にせざるを得ない、いうなれば、貴族の地位へと高めざるを得ないか

らである。（三一九ページ：一九三七年三月二〇日）

言ってみれば、ここまでは新約の教えの解釈について何の問題も存在しない。問題は、「この犠牲にふさわしいようにのみ生き続ける」とは具体的にどのように生きることなのか、である。ここで宗教の道は解釈と決断のもつれ合いとなる。人がある教えを、倫理的にきわめて要求の厳しいものと解釈するなら、そしてその要求がありのままのその人には無理なことなら、どれだけそれを信仰しようとしても、あるいはそれを自分は信仰していると考えたとしても、その教えの信仰はその人にとって闇のかなたにある。他方、その教えの別の解釈にめぐり合い、その要求がありのままの自分に応えられるものなら、その教えの信仰がその人に訪れることになる。それはその人の「あるがままの私の宗教」となる（三月二六日の記述、二二六―二二七ページ参照）。これがウィトゲンシュタインの理解する宗教であり宗教の教えである。従ってウィトゲンシュタインの宗教観によれば、人がある教えの信仰を目指して歩むとは、その教えのある解釈に基づいた倫理的要求に応えられるよう、ありのままの自分を高めることと、ありのままの自分の倫理的高度に見合った、自分にふさわしい解釈を見出すことという二つの努力が一体となったある営みなのである。

そしてこの営みの産み出すものが「あるがままの私の宗教」であり、もはやそこには教えの正しい解釈は何か、という問題は存在しないのである。これは倫理性を介して宗教的テキストと信仰を求める者を直接結びつける、きわめて個人的かつ倫理的な宗教のあり方であり、我々の時代にあって真剣に信仰を求める者が歩みうる一つの道を、ウィトゲンシュタインがここで示していると考えることもできよう。ともあれ、こうした努力の中でウィトゲンシュタインが最初に抱いた新約の解釈とは、倫理的に最も厳しいものであった。旧約〔詩篇〕と新約を比較し、前者は自分にとって糧となるが、後者はならない、と述べた後、彼は次のように書いている。

ダヴィデ〔の詩篇〕では「汝ら完全であれ」という言葉はありえない。人は己の命を犠牲にすべきであり、永遠の幸福は約束されない、とそこには書かれていない。そしてこの〔詩篇には書かれていない〕教えを受け入れるためには、人は次のように言わなければならないように私には思えるのだ、「様々な喜びと痛みを伴ったこの生には結局何の価値もないのだ！……」。（一八七―一八八ページ：一九三七年二月二〇日）

簡単に言うなら、この時、彼をとらえていたキリストの犠牲による救済という教えの解釈は、それを信仰するものは、キリストにならい完全な者として生き、自らの此の世での命と生活を犠牲として捧げる倫理的責務を負う、というきわめて厳しいものである。この解釈は「あなた方の天の父が完全であられるように、あなた方も完全な者となりなさい[15]」というイエスの言葉や、「わたしがキリストにならう者であるように、あなたがたもわたしにならう者になりなさい[16]」というパウロの言葉の字義通りの意味に従うものである。それは、信仰が各人のありのままの状態において成立することを求めるウィトゲンシュタインにとっては、神に等しい存在にしか可能でない信仰であった。それは我々が日常の暮らしの上に「座っている」ことを許さず、彼方へ「行く」ことを要求するものであり、ウィトゲンシュタインにとっては何より彼の日々の「仕事」、すなわち哲学を禁ずるものであった（二〇七－二〇八ページ：一九三七年二月二七日）。「原稿を燃やす」という行為が象徴するように、それは彼にとって最もつらく、受け入れがたいことであり、二月二〇日以降、約一ヵ月の間、彼は自分の弱さに苦しむことになる。この時期の心を彼は次のような印象的な言葉で表現している。

周りが冬であるように、私の心の中は（今）冬だ。すべてが雪に閉ざされ、緑もなく、花もない。
だから私は、春を見るという恵みが自分に分かち与えられるのかどうか、辛抱強く待たなければならない。（一九六ページ：一九三七年二月二一日）

苦しみ続けるウィトゲンシュタインに新約の信仰が訪れたのは三月二六日のことであったと思われる。その前日の三月二五日、彼は二日間に及ぶ「犠牲による救済」についての思索を通じて、新約の教えの新しい解釈に到達し、キリストの犠牲が自分に対して持つ新たな意味を見出している（二二五ページ）。明らかにこの解釈によって、彼のあるがままの宗教性・倫理性がキリストの信仰という形で照らされ、闇から救い出されたのだと思われる。

その思索とは前年末ウィーンで行った告白に関するものである（三二四ページ：一九三七年三月二四日）。告白を書き記すとき、彼はそれによって母の罪（彼と同様に他人に誤解を与えたり、偽りを言ったりしたことだと考えられるが、ウィトゲンシュタインは明言していない）をも事後的に救済できるのではないかと考えた。これは母の負債を彼が事後に支払うことであり、他人の救済のための犠牲の一例と考えられる。しかしそれは、実に小さく、惨めな犠牲である、なぜならそもそもウィトゲンシュタインは告白を、母のためにではなく、自分のためにしたのだから。他人を救済したいという思いで完全な者の行為に通じるところがあるものの、肝心な犠牲の覚悟においては比較を絶して小さい、という自分と完全な者との関係がここには存在する。にもかかわらずウィトゲンシュタインと彼の母の関係は「他人を救うための犠牲」という点においてキリストと人類の関係と相同性を持っており、この相同性が「犠牲による救済」についての深い思索へとウィトゲンシュタインを導いたのである。こうした思索の結果として、完全な者としてのイエス・キリストを信仰するとは、自分を偽って彼にならう事ではなく、思いにおいて彼と一体化するとともに、自分の倫理的小ささ、惨めさをあるがままに認め、徹底的に低くなることだ、そしてそのことによって自らの罪を贖うことだ、という解釈が見出される。彼は書いている。

犠牲による救済とは、私たち全員がしたいと思いながらもできないことを彼がなした、ということかもしれないと考えた。だが信仰において人は彼と同一化する、すなわちその時、人はへりくだった認識という形で負債を支払うのである。それゆえ、人は良くなれないがゆえに徹底して低くなるべきなのである。（二二五ページ：一九三七年三月二五日）

ここにはウィトゲンシュタインの思考の興味深く劇的な展開が示されている。より正確に言うなら、思考者ウィトゲンシュタインという人間の根源的なあり方・態度の劇的な転換が示されている。それは救おうとする者から、救われる者への転換である。そもそもの始まりは、自らの告白によって母を救おうという、ウィトゲンシュタインの自発的な（つまり偽善的動機に汚染されていない）自己犠牲と他者救済の志であった。しかし我々がいったん本気で、つまり偽善的動機抜きに、救いを必要としている者を救済することを考えるとき、つまり、単に救済しようとすることと、現に救済することとの違いを真剣に考えるとき、救済という業にとって自分がいかに卑小な存在かを認識せざるをえない。なぜなら救済とは救済されるべき者が現に救われるまで救い続けることであり、そのために必要なあらゆるものを差し出し、犠牲にし続けることであり、自らのすべてを犠牲にする覚悟（そしてそれに対する何の代償も賞賛も認識も求めない覚悟）のある者にしか取り組めない業だからである。これが、「犠牲による救済」が「私たち全員がしたいと思いながらもできないこと」である、ということの意味である。こうして救済の志を本気で持つ者は、まさにそのことを通じて「犠牲による救済」を行った者（がもし存在するとしてその者）の限りない高さと自らの限りない低さを否応なく認識せざるをえないのである。もしこうした者が、「犠牲による救済を行った者」の存在を信じるなら、その信仰は救済の志と、それを本当には担えない自分の卑小さの認識の両者を含むことになる。こうした信仰あるいは信念を抱く者が、「信仰において彼と同一化する」のである。

　ウィトゲンシュタインの思考と、思考者ウィトゲンシュタインの存在は、まさにここにおいて劇的に転換、あるいは変容する。その転換は次の問いへの答えにおいて示される。すなわち、このように信仰において「彼（完全者）」と同一化した信仰者は、その結果として救済する者となるのだろうか、それとも救済される者となるのだろうか。こうした同一化のそもそもの引き金となったのは救済の志であったのだから、信仰者は微力ではあるが完全者とともに救う者の側に立つというのが自然な思考の流れであるように思われる。しかしウィトゲンシュタインのテキストは、「人はへりくだった認識という形で、負債を支払う」と述べている。負債を支払うとは自らの罪を贖うことに他ならず、それは自らを救われるべき者の側に、救われる者の側に、救いを求める者の側に置くことを意味している。救う者の側から出発した信仰者は、信仰による完全者との同一化を通じて、救われる者の側に回るのである。この劇的な変容の理由は一つしかありえないだろう。それはたとえ他者救済の志を持つ者であっても、それによって自らの卑小さが消滅するわけではなく、あらゆる者と同様に救われるべき者であり続けるからである。完全者と比べるとき、すなわちその本質において、あらゆる人間は等しく卑小であり、善人と悪人の違い、救おうとする者と救おうとしない者の違いは微々たるものなのである。このように本来救いを必要とする存在である人間が、おのれの本来のあり方に忠実に生きるとは、自らが救いを必要とする存在であることを認識すること、すなわち自らの低さを認識し、あるがままに低くあることなのである。「人は良くなれないがゆえに徹底して低くなるべきなのである」という言葉の意味するのはこうしたことでなければならないだろう。そして信じることと低くなることにより、人は「負債を支払う」のである、すなわち結果として、罪から贖い出され、救済されるのである、少なくともここでウィトゲンシュタインが示している信仰概念は我々にそう告げている。そして、自発的な他者救済の志の尊さとは、それが、そしておそらくはそれのみが、人間の本来的卑小さのあるがままの認識へと人を導き、その結果として人を救済へと導くことにあるのだと思われる。

そして翌日、まちがいなくこうした思考の結果として、信仰が訪れた。あるいはむしろ、彼のあるがままの状態がそのまま信仰として、宗教として輝き始めた、と言うべきかもしれない。奇しくもそれは聖金曜日、すなわちキリスト受難の日のことであった。その日彼は断食したと思われる（二二五―二二六ページ）。その日彼は、自分のあるがままの低さを認めることにより、自分がそのあるがままにおいて赦され、あるがままにおいて生きてゆくのを認められている、と認識したように思われる。彼は書いている。

私は自分のあるがままにおいて、自分のあるがままに照らされ、啓かれている。私が言いたいのは、私の宗教はそのあるがままにおいて、そのあるがままに照らされ、啓かれている、ということだ。昨日、私は今日よりも照らされ方が少なかったわけではないし、今日、より多く照らされているわけでもない。なぜなら、もし昨日私が事をこのように見ることができたのなら、私は確かにそう見ただろうからである。（二二七ページ：一九三七年三月二六日）

こうして新約の信仰において、彼の自尊心・虚栄心は鎮まり、彼は偽善の絶望的な闇から解放され、あるがままの晴れやかさを得た（最終的にウィトゲンシュタインがたどり着いたと思われる信仰の内容については、四月六日の「キリスト教教義の一解釈」（二三二—二三三ページ）を参照されたい）。ここで一つの疑問が生じるかもしれない。新約のある解釈が自分には厳しすぎるからといって別の解釈を見つけるというのは、あまりにも都合のよい方法ではないか。もしそんなことができるのなら、なぜ最初からそうした解釈を選ばなかったのか、という疑問が。もしある教えの解釈というものが単に考えを様々にめぐらすことにすぎないのなら、この疑問はもっともである。しかしウィトゲンシュタインにとってある教えの解釈を見出すとは、自分のある根本的な態度を形作ることなのである。すなわち彼が体験した新約の二つの解釈とは、二つの思考ではなく、二つの態度を表しているのである。それは理想に対する二つの態度である。『論考』以来、理想に対する彼の根本的態度とは、それを求めること、自らにおいてそれを実現する努力をすること、であった。それ自身は善良なこの志向は、自分のあるがままの姿、理想に比べた自分の絶対的低さから目をそらすことによって成り立っている。従ってこの志向が活動し、理想が実現されるように見える場合、実はそこで理想が演じられているに過ぎないのである。自己が理想と一致するのではなく、ありのままの自己が偽られるのである。

沈黙律を頂点とした『論考』とはまさに演じられた理想そのものであり、それゆえに偽善だったのである。日記第二部のはじめにおいてウィトゲンシュタインは、理想への志向が偽善へと転落するメカニズムを十分認識していたが、それでもなお理想を演じようとする衝動を抑えきれずにいた。彼は書いている。

理想を持つのは正しいことである。しかし自分の理想を演じようと望まないのはなんと難しいことか！　そして理想を自分から切り離して、それがあるがままの場所において見るのはなんと難しいことか！　それだけですら本当に可能なのか、……？（一五五ページ：一九三七年一月二八日）

従って彼が新約の新たな解釈に到達したというのは、新たに解釈を思いついたということではなく、理想に対する新たな態度が彼自身のうちに芽生えたということなのである。それは古い自己が解体され、彼が新たに生まれ変わったということなのである。これがウィトゲンシュタインにとっての新約の信仰の訪れであり、彼のあるがままの宗教の啓けであった。

III

七、ウィトゲンシュタインにとっての哲学と宗教

私の哲学における思考の動きは、私の精神の歴史、その倫理的概念の歴史、そして私の状況の理解の中にも再び見出されるはずであろう。　一九三一年一一月七日

最後に、ウィトゲンシュタインにとって哲学と宗教がどのように関係していたのか、彼にとって思考することと生きることがどのように関係していたのかについて述べたい。というのもこの日記は、それについて貴重な証言を我々に提供しているからである。まずはこの日記がウィトゲンシュタインの精神史の理解に対して持っているきわめて大きな意味について述べることから話を始めよう。それはこの日記が、『論考』から『探究』への移行における哲学的思考の変化と、彼自身の宗教・倫理的生の変化の間に、見事な相関関係（平行性）が存在することを示しているということである。つまり上に引用した一九三一年一一月の彼自

身の言葉が予告している彼の哲学と倫理・宗教の平行性が、日記第二部において劇的な形で示されているのである。これら二つの領域の変化を結び付けているのが理想に対する態度の変化である。

前章で示されたように、『論考』期の彼の宗教・倫理的生と一九三七年三月末に新約の信仰として出現した新たな宗教・倫理的生の根本的な相違とは、理想に対する態度の相違であった。理想を求めるあまり、自らの本来の姿を忘れて理想を演じ、結果として虚偽と偽善に陥ったのが『論考』期の彼の宗教・倫理的生であった。それに対して新しい生は、理想と自己のどちらもあるがままに見、それによって自己の低さを認識するとともに、そうしたあるがままの自己を受け入れ生きてゆくことであった。それは理想により現実を欺く態度から、理想を尊重しながらも現実をありのままに受け入れる態度への変化であった。日記第二部が示しているのは、この宗教的変化に先立って、言語と論理に関するウィトゲンシュタインの哲学的思考において、それと相似の変化が理想概念について起こっていたということである。そしてこの変化こそが、言語と論理に関する『論考』的見解を最終的に解体し、『探究』という新たなテキストの成立を可能にしたものなのである。

そもそもの問題とは、論理学や言語哲学において考察の対象となる「語」「文」「命題」等といった対象は一体いかなる存在なのか、ということである。この問題に関する『論考』的立場とは、およそ次のようなものであった、「我々は日常の生活でいろんな命題（あるいは語や文）を紙に書いたり、言葉として語ったりするが、論理学・哲学の対象となるのはそうした現実に書かれた命題や話された文ではない。なぜなら、それらは時間とともに消滅し、しかも多くの場合（話者の不注意等のため）不完全であったり、曖昧であったりするのに対し、論理学・哲学の対象としての命題は無時間的で抽象的で厳密な理念的存在としての命題であり、論理法則とはそうした存在としての命題に対してのみあてはまるのである」。対象のこうした性質をウィトゲンシュタインは日記と『探究』において「崇高」と呼ぶ。ウィトゲンシュタインの言うこの「崇高な対象」とは、哲学史的に言えばプラトンのイデア的存在にほかならない。

一方、一九三一年以来、ウィトゲンシュタインは、こうした規定にあてはまらないが現実の日常言語には普通に存在するさまざまな現象（例えば「曖昧な命題」、「曖昧な概念」、「規則のない遊び」）を哲学的考察の対象とすることによって、『論考』という枠を大きく飛び出していた。そうした考察の集大成が『茶色本』であり、一九三六年夏にウィトゲンシュタインがノルウェーでの滞在を開始した際の計画とは、英語で書かれた『茶色本』をドイツ語に書き換えることにより『探究』を完成させることであった。そして、すでに述べたように、この計画が頓挫したために、本日記第二部が執筆されなければならなくなったのである。

これから我々がたどろうとしている日記の記述は、実はこの計画の挫折の背後には、ウィトゲンシュタインが未だ「崇高な対象」という概念から自由でなかったこと、言い換えるなら、プラトン主義から自由でなかったという事情が隠されていたことを示している。論理学や哲学の対象は、燃やせば消滅するようなものではなく、不変で、普遍的な存在であり、論理法則は実在する、という観念から彼は未だ自由ではなかったのである。言い換えるなら、プラトンの呪縛こそが、ウィトゲンシュタインに日記の第二部を書くよう強いたのである。このような事情であったからこそ、日記の次の記述が示すように、一九三七年一月末に再びノルウェーに到着したウィトゲンシュタインの頭の中では、一方で日常的に書かれたり、話されたりしているありのままの現実の言語が論理学・哲学の対象であるべきだ、という考えと、論理法則は崇高な対象にのみあてはまるから、論理学の対象は崇高な対象であるべきだ、という考えが交錯していたのだと考えられる。すなわち彼は一種のジレンマにとらわれていたのだと思われる。

我々の対象は崇高なものである（と思われるのだ）、それゆえ我々の探求は瑣末な、そしてある意味で不確かな対象に関わるのでなく、破壊できないものに関わるべきなのだ（と我々は信じたいのだ）。（一五二ページ：一月二七日）

それでも我々の対象は崇高なのだ、――とすればどのようにして話された記号や書かれた記号を扱えるのか？（一五八ページ：一月三〇日）

このジレンマからの脱出の鍵が、「崇高な対象」とは一つの理想である、という認識であった（「理想的な名とは一つの理想である」一六二ページ：一九三七年二月八日）。崇高な対象が

「理想」だということとは、書かれたり、話されたりした文や語は、それに対して、「現実」だということを意味する。そしてそこで問題になるのが、「理想」と「現実」の関係をどう理解するかということなのである。この問題に関する『論考』以来のウィトゲンシュタインの基本的な姿勢とは、一方でありのままの言語のあり方を尊重しながら（『論考』5. 5563参照、「我々の日常言語の全ての命題は、事実それがあるがままで、論理的に完全に順調である」）、他方で厳密で普遍的な存在として「命題」、「論理」、「言語」といった対象を理解することであった（『論考』3. 324, 3. 325, 4. 002参照）。しかしそれは結局のところ、現実の中に（あるはずのない）理想を見出そうとすることに他ならず、その結果『論考』的精神がそうであるように、「かの秩序、理想が現実の言語の中に見出されるはずだ、と信じているとき、われわれは、ひとが日常の生活の中で『文章』『語』『記号』と呼んでいるものでは満足しなくなる」（『探究』§105）。そしてこの『論考』的精神（「私」）は次のような事態に追い込まれる。

「崇高な把握」は具体的な事例から立ち去るよう私に強いる。というのも私の言っていることは具体的事例には当てはまらないからだ。そして私は霊妙な領域へと赴き、本来の記号について、存在するはずの規則について……語るのだ。——そして「ツルツルすべる氷の上へと」入り込むのである。（一六四ページ：一九三七年二月八日、『探究』§107参照）

これは理想を盾に取り、現実の現実性を否定することに他ならない。これこそが『論考』

とその背後にあるプラトン主義の真の姿であった。こうした転倒、こうした「氷の上」からの出口が、理想と現実の関係を正しく把握すること、「理想というものをそれが本来属する場所に置く」（二六三ページ：一九三七年二月八日）ことであった。これは、理想というものを、現実の中に見出されるはずのものとしてでなく、「我々が現実をそれと比較する像、事態がどうなっているかを我々がそれを使って描く像」（同）として理解することである。このように理解するとは、『論考』で描き出された言語の論理形式とは、現実の言語に存在する何かではなく、それを使うと言語がうまく理解できる一種の補助線のようなものだと理解することである。こうした理解によってはじめてウィトゲンシュタインは、『論考』のプラトン主義、「崇高な対象」という幻影から解放され、『哲学探究』への真の道が開かれたのである。今たどってきた思考の流れは、『探究』§§89–108においてより肉付けされて再現されており、一九三七年冬の日記の思考が『探究』誕生の鍵となったことを裏付けている。

このようにウィトゲンシュタインは一九三七年一月二七日—二月八日の期間に、論理学上、言語哲学上の大転換を、理想（理念的存在）と現実の関係の新しい理解への到達という形で遂行した。それが、理想とは現実の中に見出されるべき何かではなく、現実を理解するのに我々が用いる「像」である、という理解であった。

以上から、ウィトゲンシュタインにとっての哲学と宗教の関係について、すなわち彼にとっての思考することと生きることとの関係について、次の二つのことが言えるように筆者には思われる。第一に、彼の生と宗教は、彼の徹底した哲学的思考に導かれていたように思われる。『論考』完成直後から彼は、自己を偽って理想を演じることに悩み苦しみ続けた。そしてこの苦しみからの救済は、「完全な者」という生の理想から自分を切り離し、自分のあるがままの低さを認め謙虚に生きる、という新たな「理想」概念なしには実現しなかったものである。そしてこの宗教上の新たな理想概念は、今述べた論理学上の理想概念に関する哲学的思考に導かれていたように思われるのである。すなわち、『論考』で自分が描き出した言語の精緻な論理的構造が、実は現実の言語に見出されるものではなく、言語を理解するために我々が利用する物差しや図にすぎないという、『論考』的自己にはまことに苦渋に満ちた認識に到達することによってのみ、ウィトゲンシュタインは宗教的生において理想と自分の新たな関係を見出すことができたのではないかと思われるのである。つまり彼にとっては、厳しい哲学的思考が生を導く灯となっていたように思われるのである。彼は純粋に思考し、その思考に従って真剣に生きた真の哲学者であった。彼自身の次の言葉は、そう我々に伝えているように思われる。

どんな結論からも我を後ずさりさせ給うな、と同時に迷信深くあることは無条件にやめさせ給え!!　不純に思考することを私は欲しない！（一七三ページ：一九三七年二月一五日）

つまり、生きるとは表面で見えているよりずっと真剣なものだということである。生きるとは恐ろしいほど真剣なことなのだ。（一六七ページ：一九三七年二月一三日）

第二に、他方でこうした彼の哲学的思考の究極的な意味そのものは、彼の生と宗教的体験によって与えられたように思われる。言語と論理における理想の意味に関する上述の思考の結果、彼は、話され、書かれた現実の言語のみが本当の言語であり、論理学の対象はそうした現実の言語なのだ、という結論に、つまり、「論理の哲学が命題や語について語るのは、……日常の生活の中でわれわれが語っているのと違った意味においてではない」（『探究』§108、傍点筆者）という結論に到達した。ここでのキーワードが「日常の生活（das gewöhnliche Leben）」という言葉である。厳密で簡潔な構造を持つ理念上の言語ではなく、不ぞろいで不完全な日常生活の言語こそが本当の言語なのだ、というのが『探究』の根本的立場である。

しかしこうした立場には、次のような疑問を呈することができる。「なぜ人間の有限性と不完全性の産物に過ぎない日常の言語がそんなに尊重されなければならないのか、なぜ本来あるべき言語の理念的な姿がそんなに貶められなければならないのか。後者こそが言語の本当の姿であり、論理学が扱うべきなのはそれではないのか」。これに対してウィトゲンシュタインの哲学的考察、そしてその産物である『哲学探究』は何の答えも用意していない。そこには無根拠な根本的選択があるにすぎない。つまり哲学の内部に留まる限り、『探究』の立場に対しては『論考』の立場からの反駁や懐疑が常に可能なのであり、両者の間の疑問と反駁の終わりなき応酬に終止符を打つものは何も存在しないのである。それに対して『探究』とそれ以降のウィトゲンシュタインの立場は、明らかにこうした動揺とは無縁の確固として不変のものであった。この確信の根拠は何であろうか、それはどこから生まれたのだろうか。もしこの確信の背後に、日常の生活がそれ自身において価値があり、我々はそれにおいて赦され、祝福されており、そのありのままを尊重して生きるべきであるという宗教的態度・信念が存在するとすれば、ウィトゲンシュタインの哲学的確信はより良く理解できるだろう。つまり日常言語の実在性に関する彼の哲学的確信の背後には、自分の日常の生がすでに見えない光の中で照らされ意味を与えられているという悦びに満ちた宗教的認識が存在していたのではないかと思われるのである。

「おのれの日常の暮らし（sein gewöhnliche Leben）」の中に隠された光に関する日記の次の記述は、彼によるそうした生の光と意味の認識の源となった体験を記述しているように思われる。今日、『探究』に代表される彼の後期哲学はなお独特の輝きを放ち続けているが、その輝きはこうした生の光に由来しているのである[17]。ウィトゲンシュタインの後期哲学の輝きとは、日常の生に対する、深く、静かな賛歌の輝きなのである。

人間はおのれの日常の暮らしを、それが消えるまでは気がつかないある光の輝きとともに送っている。それが消えると、生から突然あらゆる価値、意味、あるいはそれをどのように呼ぶにせよ、が奪われる。単なる生存——と人の呼びたくなるもの——がそれだけではまったく空疎で荒涼としたものであることを人は突然悟る。まるですべての事物から輝きが拭い去られてしまったかのようになる。すべてが死んでしまう。……これこそが人に

とって恐ろしいものでありうる本当の死なのである。（一九八―一九九ページ：一九三七年二月二二日）

注

（1）以下、本日記よりの引用で、斜体の部分は原文の暗号体を示す。なお本解説での日記本文の引用において、原文の傍線類はすべて省略した。
（2）「スレッド・シークェンス法」の概要については拙著『ウィトゲンシュタインはこう考えた』講談社現代新書、二〇〇三、pp.23–26 参照。より詳細な説明と具体的応用例については拙稿「ウィトゲンシュタイン最後の思考――『確実性について』第四部：§§300–676 を巡って」、筑波大学現代語・現代文化学系『言語文化論集』第五五号、二〇〇一、pp.57–173 参照。
（3）コーダー遺稿の詳細については、ルドルフ・コーダーの子息ヨハネス・コーダーの論文「コーダー遺稿中のウィトゲンシュタインの著作目録」（一九九三）参照。論文の出典についてはイルゼ・ゾマヴィラの「編集ノート」p.22 注（1）参照。
（4）前掲拙著、pp.73–88, 142–146 参照。
（5）マタイによる福音書6：5。
（6）ウィトゲンシュタインの文体に関して言えば、『論考』期から（少なくとも）日記第一部の期間に至るまで、カール・クラウスのアフォリズムが彼にとっての文体上の理想であり、彼がその模倣に腐心していたことは次のような言葉から明らかであるように思われる。「私はしばしば自分がクラウスや彼に類した人々にかなわない事に思い悩んできた。そしてこうした考えを自分に突きつけては傷ついてきた」（一〇四ページ：一九三一年一〇月一三日）。「アフォリズムや考察を書く者は［内容を］消化していなくてはなりません。さもなくばアフォリズムはイカサマになります。(もちろんアフォリズム的な書き方が、特にクラウスを通じて、いかに我々の時代の一部になっているかを私はよく承知しています。そして私自身がいかに彼に影響されているか、しかも悪い意味で影響されているかもよく承知しています)」(ルートヴィッヒ・ヘンゼル宛の一九三七年三月一〇日の手紙、*Hänsel*, p.143)。

ウィトゲンシュタインが彼の比喩的表現においてもいかにクラウスに影響を受けているかについては、例えば、両者の次の表現を比較されたい。「私がこれ以上進めないとは、言葉の壁に突きあたったことを意味する。血まみれの頭をもたげ、私は見すえる。さらに前へと進みたい」(池内紀編訳『カール・クラウス著作集5　アフォリズム』法政大学出版局、一九七八、p.259)。「哲学から生じた諸結果は、ある種の単純な無意味さと、悟性が言語の限界につきあたった際に生じた瘤とが発見された、ということである」(『探究』§119)。

他方、本日記第二部の次の言葉は、ようやくその時期になってウィトゲンシュタインが、クラウス的な文体の偽善性を、自戒を込めて認識し、しかもそれと決別しようと志向するにいたったことを示しているように思える。「それゆえ虚栄心により仕事は価値を失う。このようにして、たとえばクラウスの仕事は「やかましい鐘」になってしまったのである(クラウスとは並外れた才能のある命題建築家であった)」(二〇五ページ：一九三七年二月二四日)。このように、『論考』のアフォリズム的文体とまったく異なった『探究』の散文的な文体が、本日記に記されているウィトゲンシュタインの精神の自覚的な変貌の必然的産物であることに疑問の余地はないように思われる。本日記第一部と第二部の文体的相違は、こうした変化を象徴的に示していると言えるだろう。

(7)　夢の表題は解説筆者によるものである。

(8)　この概念に関しては、「人にとって恐ろしいものでありうる本当の死」(一九九ページ：一九三七年二月二二日)という日記第二部の言葉も参照されたい。

(9)　コリント人への第二の手紙10：17。この言葉の起源であるエレミヤ書9：23も参照。

(10) 以上三つのテキストの詳細については前掲拙著、pp.227–242 を参照されたい。

(11) 『論考』の誤りに対するこの告白的自戒の内容は『探究』§§109, 124, 126 で再現されているとみなすことができる。

(12) 本日記第二部冒頭部に加えて一九三六年一一月二〇日付けのG・E・ムーアへの手紙参照。Brian McGuinness and G. H. von Wright (eds.): *Ludwig Wittgenstein: Cambridge Letters*, Blackwell, 1995, pp.283–284.

(13) この時の「告白」の内容については『モンク伝記』pp.415–420 参照。なお本日記（MS 183）の存在が知られる以前は、『探究』§§1–188 の草稿はこの告白の前にノルウェーで実質的に完成していたと（研究者の間で）広く信じられていた。例えば『モンク伝記』pp.411–412 参照。

(14) 前掲拙著、pp.146–149 参照。

(15) マタイによる福音書5：48。

(16) コリント人への第一の手紙11：1。

(17) 日記第二部と同時期の、彼自身の次の言葉も参照、「仕事の光は美しい。だがそれがほんとうに美しく輝くのは、別の光に照らされたときだけである」(MS 157a, p.67v: 1937. 2. 9,『反哲学的断章』p.83)。

訳者あとがき

ウィトゲンシュタイン『哲学宗教日記』（MS 183）を翻訳し解説を付すという作業を終えるにあたって、二つのことを簡単に述べたい。第一はこの日記の解読を通じて私の前に、いわば新たに登場したウィトゲンシュタインという哲学者が、我々に対して持っている意味についての私見であり、第二はこの作業の簡単な経緯とその中で私が蒙った恩恵や援助に対する感謝の言葉である。

＊＊＊＊

本日記の翻訳と読解は私にとって文字通り驚きの連続であり、その結果、これまでそれなりに知っていると思っていたウィトゲンシュタインという哲学者が、まったく新たな姿で自分の前に登場した。それはこれまでの像を覆すものであるというより、これまでの像がその小さな部分に過ぎないような巨大な全体像の出現であった。それは思索と生が一体となった哲学的生の一つの実例であった。その全貌を把握することは今私にはできないものの、この考え方と生き方が、今を悩みながら生きる我々を、少なくとも次の二つの点で導く灯となりうるように私には思われる。

第一は、宗教と信仰というものが今を生きる我々にとって、今一度完全な現実性を持って、つまり古代や中世に生きた人々にとってとまったく同じ現実性を持って存在しうる、そうした宗教と信仰のあり方の可能性についてである。宗教とは一方で我々の生の最深部においてその根源的意味を与える、いわば深海底に湧出する熱泉のごときものでありながら、同時に我々に最も根本的で包括的な世界像を与える夜空の星座群のごときものでもある。一つの信仰（あるいは信念）がこれら二つの役割を同時に果たすとき、宗教と信仰は我々にとって完全な現実性を持つことができる。古代や中世を生きた人々は、そうした一つの根源的信念の下で生きていたのだと考えられる。我々にとって宗教や信仰が、本来持つべき現実性を失ってしまったのは、いうまでもなく、宗教という夜空の星座群が科学という名の天体図にとって代わられ、しかもこの天体図が我々の生に意味を与えるには、あまりにも温度が低すぎるからである。その結果として多くの者は、自分の根源的信念（それを何と呼ぶにせよ）に対して二つの役割を同時に果たすことを端からあきらめてしまった。そして我々の根源的信念に対しては、迷信であるかニヒリズムであるかという、不毛な二者択一しかないと多くの者が信じるに至ったと言ってよいだろう。それが我々の時代の本質だと言ってよいだろう。こうした時代にあって、おのれの根源的信念に対して、熱泉と星座群という二つの役割を同時に、しかも一切の迷信や自己欺瞞を排して真剣に求めるというのは、文字通りドンキホーテ的な試みだと言わなければならないだろう。日記が示しているのは、まさにこのドンキホーテ的な試みにウィトゲンシュタインが挑戦し、少なくとも本人としては、求める根源的信念としての信仰にたどり着いたということである。この試みとその成果をどのように評価するかは我々一人一人に委ねられているが、それが多くの者にとって一つの灯となりうることを私は疑えない。

第二は、この試みにおいてプラトン主義の徹底的な克服、しかもその結果としてニヒリズムにたどり着かないような克服が、決定的な鍵であるということである。現代の哲学においては多くの者が、自分はプラトン主義とは何のかかわりもなく、それから自由であると考えている。しかしどのような理論的営みにおいてであれ、個物（トークン）とは区別される類（タイプ）の実在性を信じるなら（たとえそれが「言語ゲーム」という類の存在であれ）、その者は「崇高な対象」の存在を信じているのであり、プラトン主義から自由ではないのである。このようにプラトン主義の克服とは、見かけよりはるかに困難なことである。しかしさらに困難なのは、すべての「崇高な対象」の存在を否定しながら、同時に人生に意味と価値を見出すことである。何故なら意味や価値こそは、優れて抽象的で普遍的な「崇高な対象」だからである。それゆえにこそプラトンは、究極的な実在界であるイデア界における究極的実在が「善のイデア」であると考えたのである。「人生に意味や価値はない」と言うことはたやすい。しかしいかなる自己欺瞞もなくこの信念を正視し、それに忠実に生きることは限りなく不可能に近い。何故ならそれこそが「本当の死」だからである。理想を演じることとなく、しかも世界と生に意味を見出すというきわめて困難な考え方と生き方の例として、ウィトゲンシュタインの生は我々に多くを教えているように思われる。

＊＊＊＊

今回の翻訳作業のそもそもの出発点は、二〇〇〇年ごろ、当時大阪大学の奥雅博氏のある論文で、ウィトゲンシュタインの日記が最近出版されたということを目にしたことである。同氏にはこれまでもウィトゲンシュタインの文献学的知識に関して多くを負ってきたが、今回も氏の情報によってこの日記との接点ができたことについて深く感謝したい。ただその当時は日記といっても身辺の雑多な情報の集積ぐらいにしか考えていなかったので、それを自分が翻訳することになるとは想像すらしていなかった。

日記の具体的内容について知るようになったのは拙著『ウィトゲンシュタインはこう考えた』（講談社現代新書、二〇〇三）の第四部を執筆していた二〇〇二年夏のことである。『論考』から『探究』への変遷に関する一資料として日記のドイツ語原本を入手し、少し読んでみたが、ただちにこの日記が単なる身辺雑記ではなく、ウィトゲンシュタインの精神史にとって重要なものであることに気付いた。しかし、執筆中の第四部の資料として日記を利用しようとすれば、相当の時間が必要となるため、拙著の執筆に関しては日記の存在を考慮しないことに決め、そこにどのような内容が書かれていても（とはいえ予想外の内容があるとはまったく予想していなかったが）大きな矛盾の生じないような叙述に努めることにした。拙著出版後の二〇〇三年秋、日記を改めて読み出したが、その内容があまりにも面白いため、ノートに訳を取りながら読んだ。そして第二部にさしかかった段階で、日記が後期ウィトゲンシュタインの宗教性という、拙著においてすっぽり抜け落ちていた部分に関して決定的な内容を持っていることを知り、関わりを持つ研究者としてぜひこの日記を適切な形で日本の読者に提供したいと考え、可能な行動を起こすことにした（なお『論考』期のウィトゲンシュタインの宗教性については、前掲拙著第三部を参照していただければ幸いである）。具体的には手書きの下訳原稿をコピーし、前著でお世話になった講談社の上田哲之氏に送り、出版の可能性を打診した。二、三週間後上田氏から興味深い内容なので出版したい、という返事があった。この段階で出版を快諾していただいた同氏に深く感謝したい。その後、原編者イルゼ・ゾマヴィラ女史にメールで翻訳について問い合わせ、ハイモン社の担当者ヴァレリー・ベスル女史を紹介していただき、出版契約の交渉を開始し、二〇〇四年初めに契約が成立した。この交渉において、できるだけ当方の希望がかなうよう労をとっていただいた両女史に感謝したい。

コメンタールを含む本格的な翻訳の過程では様々な方のお世話になったが、特に筑波大学人文社会科学研究科の同僚である黒田享氏（ゲルマン語文法論）にはドイツ語、ノルウェー語、ルター訳ドイツ語聖書に関して多くのご教示を受けた。同じく同僚の秋山学氏（西洋古典学）にはラテン語、新約聖書原典と聖書関連文書およびハンガリー語に関して多くのご教示を受けた。両氏に改めて感謝の意を表したい。原編者イルゼ・ゾマヴィラ女史にはコメンタールについても何件かの問い合わせに適切に答えていただいたことに感謝したい。

日記本文翻訳に関しては、草稿完成後、アルフレッド・ノードマンの英訳（James C. Klagge and Alfred Nordmann (eds.): *Ludwig Wittgenstein: Public and Private Occasions*, Rowman & Littlefield, 2003, pp.3–255）の存在を知り入手したが、きわめて正確なノードマンの翻訳には教えられる所が多かった。またその訳注もきわめて有用であった。ここに英訳者ノードマンに感謝の意と敬意を表したい。翻訳草稿完成後、目を通していただいた多くの方からは多大の関心を寄せられ、大きな励ましを得たことをここに感謝したい。

解説「隠された意味へ」の執筆に関しては、編集者上田氏の多大の励ましがなければ、おそらくは簡単な内容紹介に留まったはずである。氏の励ましに改めて感謝したい。「原罪としての『論考』」という概念に関しては、二〇〇五年度筑波大学と同大学院での「宗教と言語」に関する講義において提示した際に活発な反応を得て、思考の深化を大いに助けられた。熱心な院生・学生諸君に対して感謝したい。また「新約への道」の内容に関しては、筑波大学外国語センターで偶然知り合った神学者ポール・アクストン氏（Central Christian College of the Bible, U.S.A.）との何週間にもわたる刺激に富んだディスカッションなしにはそもそも芽生えることすらなかったものである。氏からの知的刺激と友情について感謝したい。

最後に、コメンタールを含めた本書の翻訳は、版組みという観点からしても多くの種類の活字を駆使することを要求する、きわめて困難なものである（と素人にも思われる）が、諸条件をクリアし、美しい紙面を作っていただいたブック・デザイナーの古平正義氏と編集者の上田氏の多大の労に対して改めて感謝の意を表したい。

鬼界彰夫

二〇〇五年八月

訳者あとがき補遺（学術文庫化にあたって）

本書原本の「訳者あとがき」で私は、この日記の出現が私にとって「（ウィトゲンシュタインという哲学者の）これまでの像がその小さな部分に過ぎないような巨大な全体像の出現」であったと述べた。「その全貌を把握することは今私にはできない」とも述べた。日記出版以降の十数年間の私の研究は、この全貌をできるだけ明らかにすることに向けられた。たとえ巨大な全貌自体は明らかにできなくとも、日記に示されたウィトゲンシュタインにおける哲学と生（実存）の相関を明らかにすることに向けられた。その研究の成果が『ウィトゲンシュタイン『哲学探究』を読む① 『哲学探究』とはいかなる書物か——理想と哲学』（勁草書房、二〇一八）であり、『哲学探究』の翻訳（講談社、二〇二〇）であった。

こうした研究の結果としてウィトゲンシュタインの生（実存）と哲学（的活動）の相関について日記翻訳時に比べてよりよい理解を持っている現在の時点から見ても、解説「隠された意味へ」として私自身が書いたことは、一点だけを除けば、おおむね妥当だと感じている。ただし例外であるその一点は、ウィトゲンシュタインという哲学者の全体像の理解にとって極めて大きな意味を持つ点なので、この場を借りて、「隠された意味へ」で述べた哲学と生の相関に関する理解の、どの部分がどのように誤っており、正しい理解とはどのようなものなのかを簡単に述べたい。

「隠された意味へ」の「七．ウィトゲンシュタインにとっての哲学と宗教」で私は、彼の哲学と宗教（生）に関して次の二つのことが言える、と述べた。第一は、彼の生と宗教が彼の徹底した哲学的思考に導かれたということ（p.378）であり、第二は、彼の哲学的思考の究極的意味は彼の生と宗教的体験によって与えられているということ（p.380）である。これらのうち、第二点は妥当であるが、第一点は間違いである、と現在私は考えている。むしろ、彼の哲学的思考は彼の生（実存）の在り方に依存し、規定されており、生（実存）の根本的変化なしには、彼の哲学的思考の根本的変化はありえなかった、と我々は言わなければならないのだ。簡単に説明しよう。「隠された意味へ」（pp.376–379）において私は、一九三七年二月八日の日記に記された新しい「理想」概念が、その後の彼の信仰への道、新約への道を導いたと考え、そこから彼の哲学的思考が彼の生（実存）を導いたという結論を引き出した。だが、ここでさらに問うべきは、二月八日の日記に記された画期的な哲学的思考自体はどのように生まれたのか、である。ウィトゲンシュタインが自己の哲学的思考の強度を上げることによってその思考に到達したのなら、なぜ同じことが、彼が「茶色本」を書き換えて『哲学探究』を生みだそうとしていた前年の夏にできなかったのだろうか、なぜその時彼の哲学的思考は挫折せねばならなかったのだろうか。その時それができなかったのは、その時の彼の生（実存）が虚栄心の真っただ中にあり、二月八日の思考を垣間見ることのできる場所にすら立ってはいなかったからなのである。彼の生（実存）の在りようが彼の哲学的思考に挫折を強いたのであり、それを克服するためにこそ、彼は一九三六年一一月単身ノルウェーに赴き手紙で親しい友人、知人に告白を行い、その後ウィーンやケンブリッジでさらに多くの人々に告白を行い、その後再度冬のノルウェーで孤独で自省的な隠遁生活を送ったのであり、その過程でようやく彼の虚栄心は克服され、それから解放された実存的段階に彼は入ることができたのである。これこそが画期的な二月八日の哲学的思考が可能となった根本的な理由と条件なのである（ウィトゲンシュタインにおける哲学的思考の実存への依存、被規定性についてより詳しくは、前掲拙著、勁草書房、二〇一八を参照されたい）。

ウィトゲンシュタインが自らの生を通じて見事に体現している哲学的思考の（思考者の）生への依存、従属は、あらゆる思考者にあてはまる事態である。我々の哲学的思考は我々の生（実存）の在り方、標高によって根本的に規定されている。哲学的思考によって自らの生（実存）の在り方、標高を根本的に変革することは不可能である。無理にそれを行おうとするなら、我々は舞台で理想を演じる偽善的生に転落せざるを得ない。それがウィトゲンシュタインの日記が我々に教えていることである。このように述べると、哲学というものに対して私は極めて小さい役割しか期待していないように聞こえるかもしれない。生を導くという、本来哲学に期待されている役割を哲学から奪っているように聞こえるかもしれない。もし哲学ということで我々が、人間に関わり、人間が用いる根本的カテゴリーに関する抽象的思考を意味するならそのとおりである。そして、ウィトゲンシュタインを含めて現代の我々は「哲学」をこの意味で用いている。それゆえ、もし我々が哲学に対して、本来それに期待されている役割を果たすことを求めるのならば、我々は自分たちが実践している哲学という活動の在り方を根本的に変える必要がある。それは我々の生の在り方に依存し、条件づけられた知的活動としての哲学ではなく、我々の生の在り方を時々刻々規定し続けているような知的であるとともに実存的な活動でなければならない。いわば哲学を、プラトンとアリストテレスが行い、我々がそれをまねるような形で行っている活動から、ソクラテスが行っていたような活動へと連れ戻す必要があるのだ。そうした活動が現在も世界の様々な片隅で行われていることは確実だろう。ただそれは哲学と呼ばれず、哲学とも名乗っていない。我々がそうした活動こそを哲学と呼び、哲学と名乗りながらそうした活動を行うとき、我々が本来哲学に期待することを哲学に期待できる時が来るのではないかと思う。これが日記が私に教えたことである。

最後になったが、今回の文庫化にあたってコメンタールと訳者解説で参照されているウィトゲンシュタインの遺稿のページ番号に関して種々の理由から確認が必要となった場合、The Wittgenstein Archives at the University of Bergen（ＷＡＢ）が web 上で公開しているThe Wittgenstein Nachlass in Interactive Dynamic Presentation（ＩＤＰ）(2016–) に準拠した。ちなみにこのＷＡＢによるウィトゲンシュタイン遺稿ＩＤＰは現時点においては、訳者の知る限り、ウィトゲンシュタインの全遺稿の、容易にアクセスできてかつ高度に信頼できる唯一のソースである。

本日記の文庫化に際してのウィトゲンシュタイン遺稿ＩＤＰの自由な使用に対して、訳者としてＷＡＢに深く感謝したい。

二〇二四年七月

鬼界彰夫

KODANSHA

鬼界彰夫（きかい　あきお）

1954年生まれ。

筑波大学名誉教授。京都大学文学部，同大学院修士課程修了。Ph.D.（City University of New York）。専攻は，言語哲学，ウィトゲンシュタイン研究。

主著に，『ウィトゲンシュタインはこう考えた』『生き方と哲学』など，訳書にウィトゲンシュタイン『哲学探究』がある。

＊本書の原本は、二〇〇五年に講談社から刊行されました。

ルートヴィッヒ・ウィトゲンシュタイン

1889年ウィーン生まれ。1912年，23歳にして，論理学を哲学的に研究するため，ケンブリッジ大学のB・ラッセルのもとを訪ねる。以来，1951年に死去するまで，その生涯を哲学的思考に捧げた。
著書に，『論理哲学論考』『哲学探究』。また，『小学生のための正書法辞典』がある。死の2日前まで『確実性の問題』を執筆した。

講談社学術文庫

定価はカバーに表示してあります。

哲学《てつがく》宗教《しゅうきょう》日記《にっき》

1930–1932／1936–1937

ルートヴィッヒ・ウィトゲンシュタイン

鬼界《きかい》　彰夫《あきお》 訳

2024年12月10日　第1刷発行

発行者　篠木和久
発行所　株式会社講談社
東京都文京区音羽2-12-21 〒112-8001
電話　編集（03）5395-3512
販売（03）5395-5817
業務（03）5395-3615
装　幀　蟹江征治
印　刷　株式会社広済堂ネクスト
製　本　株式会社国宝社
本文データ制作　講談社デジタル製作

ISBN978-4-06-536565-6

「講談社学術文庫」の刊行に当たって

これは、学術をポケットに入れることをモットーとして生まれた文庫である。学術は少年の心を養い、成年の心を満たす。その学術がポケットにはいる形で、万人のものになることは、生涯教育をうたう現代の理想である。

こうした考え方は、学術を巨大な城のように見る世間の常識に反するかもしれない。また、一部の人たちからは、学術の権威をおとすものと非難されるかもしれない。しかし、それはいずれも学術の新しい在り方を解しないものといわざるをえない。

学術は、まず魔術への挑戦から始まった。やがて、いわゆる常識をつぎつぎに改めていった。学術の権威は、幾百年、幾千年にわたる、苦しい戦いの成果である。こうしてきずきあげられた城が、一見して近づきがたいものにうつるのは、そのためである。しかし、学術の権威を、その形の上だけで判断してはならない。その生成のあとをかえりみれば、その根は常に人々の生活の中にあった。学術が大きな力たりうるのはそのためであって、生活をはなれた学術は、どこにもない。

開かれた社会といわれる現代にとって、これはまったく自明である。生活と学術との間に、もし距離があるとすれば、何をおいてもこれを埋めねばならない。もしこの距離が形の上の迷信からきているとすれば、その迷信をうち破らねばならぬ。

学術文庫は、内外の迷信を打破し、学術のために新しい天地をひらく意図をもって生まれた。文庫という小さい形と、学術という壮大な城とが、完全に両立するためには、なおいくらかの時を必要とするであろう。しかし、学術をポケットにした社会が、人間の生活にとってより豊かな社会であることは、たしかである。そうした社会の実現のために、文庫の世界に新しいジャンルを加えることができれば幸いである。

一九七六年六月

野間省一